高等职业教育改革创新教材

小企业会计实务

（第二版）

XIAOQIYE KUAIJI SHIWU

主　编　丁增稳　陈晓雁

新形态
教材

本书另配：教学课件
习题答案

高等教育出版社·北京

内容提要

本书是高等职业教育改革创新教材。

本书以我国2013年1月1日起实施的《小企业会计准则》为指导，根据2019年4月1日《关于深化增值税改革有关政策的公告》(财政部 税务总局 海关总署公告2019年第39号)，采用项目化体系，以工作任务为主线进行编写。

全书共分为八个项目，内容包括认知小企业会计，流动资产的核算，非流动资产的核算，负债的核算，所有者权益的核算，收入、费用和利润的核算，外币业务的核算和财务报表的编制。

本书在系统介绍小企业会计核算原理与方法的同时融合了税法相关规定，并通过"小思考""学中做""涉税规定"和"工作任务"等形式予以展现。书中每个任务前都设有引例，引导学生主动思考；每个项目后设有项目小结、复习思考题、习题与实训等，方便学生复习巩固所学知识。

本书适合高等职业院校经济管理类相关专业学生作为教材使用，也可供社会从业人员自学使用。

图书在版编目(CIP)数据

小企业会计实务 / 丁增稳，陈晓雁主编. —2版
. —北京：高等教育出版社，2019.8(2022.1重印)
ISBN 978-7-04-052480-2

Ⅰ.①小… Ⅱ.①丁… ②陈… Ⅲ.①中小企业—会计实务—高等职业教育—教材 Ⅳ.①F276.3

中国版本图书馆CIP数据核字(2019)第170563号

策划编辑 钱力颖 **责任编辑** 毕颖娟 钱力颖 **封面设计** 张文豪 **责任印制** 高忠富

出版发行	高等教育出版社	**网　　址**	http://www.hep.edu.cn
社　　址	北京市西城区德外大街4号		http://www.hep.com.cn
邮政编码	100120		http://www.hep.com.cn/shanghai
印　　刷	杭州广育多莉印刷有限公司	**网上订购**	http://www.hepmall.com.cn
开　　本	787mm×1092mm 1/16		http://www.hepmall.com
印　　张	19.5		http://www.hepmall.cn
字　　数	467千字	**版　　次**	2019年8月第2版
			2016年2月第1版
购书热线	010－58581118	**印　　次**	2022年1月第4次印刷
咨询电话	400－810－0598	**定　　价**	42.00元

本书如有缺页、倒页、脱页等质量问题，请到所购图书销售部门联系调换

物 料 号 52480-A0

出版说明

当今，新一轮科技革命和产业升级，对现有的产业结构、生产方式和生活方式产生了深远的影响，也对高等职业教育提出了更高的要求和新的挑战。“十三五”时期是我国高等职业教育现代化建设的关键时期，加快发展现代高等职业教育已成为我国教育发展的重要战略。深化教学改革，提高教学质量，培养社会迫切需要的发展型、复合型和创新型的技术技能人才，促进高等职业教育健康持续发展，是高等职业教育工作者的历史使命。

课程和教材是高等职业教育教学改革的关键与核心，其开发和建设也伴随着我国经济发展进入了新的阶段。“十三五”期间，高等教育出版社组织来自全国高等职业院校的骨干教师、行业企业的教育培训专家和从事高等职业教育教学研究的专家，申报、立项了一批中国职业技术教育学会教学工作委员会、教材工作委员会有关高等职业教育课程改革和教材建设的研究课题。这些课题研究成果体现了高等职业教育教学改革的新思想、新观念，有力地促进了高等职业教育教学改革的发展。在此基础上，高等教育出版社上海出版事业部组织编写、修订并出版了一批反映当前高等职业教育教学改革研究与实践成果的创新示范教材。教材的编写着重在以下几个方面进行了创新尝试。

精炼编写内容

教材内容紧扣立德树人的核心要求，把培养学生的职业道德、职业素养和创新创业能力融入教学内容和教学活动设计中，力图通过全局设计、过程贯通、细节安排提升职业教育课程教学的内涵，培养德智体美全面发展的社会主义事业接班人。

技术的快速发展、经济转型升级使职业教育的专业结构调整、课程内容更新更为常态化，编写满足培养行业、企业人才需要的职业教育新教材，也是本系列教材在创新示范方面的突出特色。

系列教材对部分重点课程还采用了“一纲多本”的编写形式，即同一课程编写多种版本，较好地解决了“通用性”和“个性化”的矛盾。教材内容编写遵守共同基础与多样选择相统一的原则，构建更加开放、更具弹性的课程教材体系，为教师选择和使用教材提供空间，以适应“分层教学”和“专业需求多元化”的现实。

丰富内容组织

高等职业教育课程内容的多样化特征决定了教材多样化的特点。本系列教材不拘于统一的内容组织形式，以满足课程教学需要、有助于职业人才的培养为核心，切实服务于任务引领、项目驱动等多种形式的职业教育课程改革。

本系列教材在内容组织和编写体例方面，根据课程性质、教材内容特点和教学的实际需要进行了多样化的尝试，改变了“章节体”一统天下的局面。教材在结构编排上，在每部分内容的开始有导学，构建学习情景，提出本部分内容的学习目标，在结束时用小结方式强调重点，最后用习题等形式帮助学生自我检查评价。在呈现形式上，体例新颖活泼、直观，用大量的插图表达，双色、彩色印刷使“重点”“难点”醒目、鲜明。着重在“便教”与“利学”上努力创新，强化教材的使用功能。

服务教学设计

教学设计是教师以教育教学原理为依据，为了达到教学目标，根据学生认知特点，对教学过程、教学内容、教学组织形式、教学方法和使用的教学手段进行的策划。教学资源在服务教学设计中具有举足轻重的作用。应用现代教育技术的数字化教学资源，具有丰富的表现力，可以突破教学重点和难点；交互性强，可以充分发挥学生的主体作用；信息量大，更新方便，大大提高学习效率；可碎片化，易于二次开发，方便综合化利用和共享。本系列教材依托高等教育出版社已建设成熟的MOOC、SPOC平台，数字出版技术，以及二维码资源平台，统筹规划教学资源建设，为课程教学设计和创新教学方法提供有力的支撑。

教师是教学改革的主体。教学改革与教材建设只有得到教师的支持与参与，才有成功的可能。在教材和配套教学资源建设的同时，我们陆续组织了各种形式的教师培训、教学研讨活动，以帮助教师确立现代职业教育理念，促进教学质量与效率的提高，实现教学改革与教材建设的同步发展。

本系列创新示范教材的出版及其配套工作是一项持续进行、不断完善的工程，我们殷切希望能够得到广大教师的支持和积极参与，共同创新、示范，分享高等职业教育教学改革的成果与经验，为我国高等职业教育的发展做出应有的贡献。

高等教育出版社

第二版前言

无论是在高度发达的市场经济国家，还是处于制度变迁的发展中国家，中小企业已经成为其国民经济的支柱，加快中小企业发展，可以为国民经济持续稳定增长奠定坚实的基础。党的十五届四中全会《关于国有企业改革和发展若干重大问题的决定》明确提出要重视发挥各种所有制中小企业在活跃城乡经济、满足社会多方面需求、吸收劳动力就业、开发新产品、促进国民经济发展等方面的作用。在我国的企业改革中，继续贯彻“抓大放小”的方针，在发展大企业、大集团的同时，高度重视发展小企业，采取更加有效的政策措施，为各种所有制小企业，特别是高新技术企业的成长创造必要的条件。

2013 年 1 月 1 日，财政部发布的《小企业会计准则》在全国范围内实施。该准则的实施，对进一步贯彻《中华人民共和国会计法》《中华人民共和国中小企业促进法》《国务院关于鼓励支持和引导个体私营等非公有制经济发展的若干意见》和《国务院关于进一步促进中小企业发展的若干意见》精神，服务并规范小企业会计行为，促进小企业健康发展，都具有非常重要的现实意义。

高等职业院校经济管理类专业，特别是会计、财务管理、审计等专业的毕业生就业岗位主要面向中小企业，“小企业会计”已经成为高等职业院校经济管理类专业的一门主要专业课。由于小企业会计最主要的信息使用者是税务部门，所以《小企业会计准则》较大程度上消除了会计与税法的差异，减少了会计人员的职业判断。本书最大的亮点和创新之处为系统地讲解小企业会计核算原理与方法的同时介绍了税法相关规定，并通过“小思考”“学中做”“涉税规定”和“工作任务”等形式，将会计知识和税法知识进行融合。此外，本书每个任务前有引例，引导学习者去思考，起到抛砖引玉的作用；每个项目后有项目小结、复习思考题、习题与实训，方便学习者对教材内容复习与巩固。本书根据截稿之日（2019 年 8 月 1 日）的最新财税政策进行编写。

本书由安徽商贸职业技术学院丁增稳和天津商务职业学院陈晓雁担任主编。全书由丁增稳拟订框架结构和写作大纲，并对初稿进行审定。教材编写分工如下：丁增稳编写项目一、项目二、项目三、项目六和项目八，陈晓雁编写项目四、项目五和项目七。

我们在教材编写过程中，得到了丰硕财务咨询有限公司梁静总经理和爱邦财务咨询有限公司江雪莲总经理的大力支持，在此一并表示感谢。

由于作者水平有限，书中疏漏之处在所难免，敬请广大读者批评指正，以便不断修改完善。

编　者

2019 年 8 月

目　录

项目一　认知小企业会计

◇ 职业能力目标

通过本项目学习，熟悉小企业的划型标准，充分认识小企业在我国国民经济建设中的重要地位；熟悉小企业会计核算规范的变迁与社会经济发展的关系；掌握小企业会计账户设置的一般原则和具体内容；掌握《小企业会计准则》和《企业会计准则》的界限划分和规定；掌握小企业的财务会计理论框架。

◇ 典型工作任务

小企业的划型标准；小型微利企业在税收上的相关规定；《小企业会计准则》出台背景；《小企业会计准则》的亮点；小企业会计科目设置；小企业财务会计目标；小企业会计核算基本前提；小企业会计基础；小企业会计信息质量要求；小企业会计要素。

◇ 知识框架

- 认知小企业会计
  - 小企业的认定
    - 小企业的划型标准
    - 小微企业的税收法律规定
    - 我国小企业的地位和作用
  - 认知《小企业会计准则》
    - 小企业会计核算规范的变迁
    - 《小企业会计准则》的亮点
    - 小企业会计科目的设置
    - 《小企业会计准则》的适用范围及衔接规定
  - 构建小企业财务会计理论框架
    - 财务会计目标
    - 会计核算的基本前提
    - 会计基础
    - 会计信息质量要求
    - 会计要素

1

任务一 小企业的认定

引例 1-1

美丽华大酒店是从事餐饮和住宿为主的服务业企业。目前拥有在职人员95人，2018年营业收入为2 100万元，资产总额为500万元，利润总额为100万元。

请问：

(1) 我国哪些法律规定可将企业划分为大型、中型、小型和微型企业？

(2) 小微企业是什么意思？

(3) 按照相关法律，美丽华大酒店属于哪一类企业？在税收方面享有什么优惠政策？

一、小企业的划型标准

为贯彻落实《中华人民共和国中小企业促进法》和《国务院关于进一步促进中小企业发展的若干意见》(国发〔2009〕36号)，工业和信息化部、国家统计局、发展改革委、财政部研究制定了《中小企业划型标准规定》(工信部联企业〔2011〕300号)。

《中小企业划型标准规定》适用的行业包括：农、林、牧、渔业，工业(包括采矿业，制造业，电力、热力、燃气及水生产和供应业)，建筑业，批发业，零售业，交通运输业(不含铁路运输业)，仓储业，邮政业，住宿业，餐饮业，信息传输业(包括电信、互联网和相关服务)，软件和信息技术服务业，房地产开发经营，物业管理，租赁和商务服务业，其他未列明行业(包括科学研究和技术服务业，水利、环境和公共设施管理业，居民服务、修理和其他服务业，社会工作，文化、体育和娱乐业等)。

按照《中小企业划型标准规定》，中小企业划分为中型、小型、微型三种类型，具体标准根据企业从业人员、营业收入、资产总额等指标，结合行业特点制定。中小企业划型标准对照如表1-1所示。

表 1-1 中小微型企业划型标准对照表

行业	中型企业	小型企业	微型企业
农、林、牧、渔业	营业收入20 000万元以下500万元及以上的	营业收入500万元以下50万元及以上的	营业收入50万元以下的
工业	从业人员1 000人以下300人及以上，且营业收入40 000万元以下2 000万元及以上的	从业人员300人以下20人及以上，且营业收入2 000万元以下300万元及以上的	从业人员20人以下，或营业收入300万元以下的
建筑业	营业收入80 000万元以下6 000万元及以上，且资产总额80 000万元以下5 000万元及以上的	营业收入6 000万元以下300万元及以上，且资产总额5 000万元以下300万元及以上的	营业收入300万元以下，或资产总额300万元以下的

续 表

行业	中型企业	小型企业	微型企业
批发业	从业人员200人以下20人及以上，且营业收入40 000万元以下5 000万元及以上的	从业人员20人以下5人及以上，且营业收入5 000万元以下1 000万元及以上的	从业人员5人以下，或营业收入1 000万元以下的
零售业	从业人员300人以下50人及以上，且营业收入20 000万元以下500万元及以上的	从业人员50人以下10人及以上，且营业收入500万元以下100万元及以上的	从业人员10人以下，或营业收入100万元以下的
交通运输业	从业人员1 000人以下300人及以上，且营业收入30 000万元以下3 000万元及以上的	从业人员300人以下20人及以上，且营业收入3 000万元以下200万元及以上的	从业人员20人以下，或营业收入200万元以下的
仓储业	从业人员200人以下100人及以上，且营业收入30 000万元以下1 000万元及以上的	从业人员100人以下20人及以上，且营业收入1 000万元以下100万元及以上的	从业人员20人以下，或营业收入100万元以下的
邮政业	从业人员1 000人以下300人及以上，且营业收入30 000万元以下2 000万元及以上的	从业人员300人以下20人及以上，且营业收入2 000万元以下100万元及以上的	从业人员20人以下，或营业收入100万元以下的
住宿业	从业人员300人以下100人及以上，且营业收入10 000万元以下2 000万元及以上的	从业人员100人以下10人及以上，且营业收入2 000万元以下100万元及以上的	从业人员10人以下，或营业收入100万元以下的
餐饮业	从业人员300人以下100人及以上，且营业收入10 000万元以下2 000万元及以上的	从业人员100人以下10人及以上，且营业收入2 000万元以下100万元及以上的	从业人员10人以下，或营业收入100万元以下的
信息传输业	从业人员2 000人以下100人及以上，且营业收入100 000万元以下1 000万元及以上的	从业人员100人以下10人及以上，且营业收入1 000万元以下100万元及以上的	从业人员10人以下，或营业收入100万元以下的
软件和信息技术服务业	从业人员300人以下100人及以上，且营业收入10 000万元以下1 000万元及以上的	从业人员100人以下10人及以上，且营业收入1 000万元以下50万元及以上的	从业人员10人以下，或营业收入50万元以下的
房地产开发经营	营业收入200 000万元以下1 000万元及以上，且资产总额10 000万元以下5 000万元及以上的	从业收入1 000万元以下100万元及以上，且资产总额5 000万元以下2 000万元及以上的	营业收入100万元以下，或资产总额2 000万元以下的
物业管理	从业人员1 000人以下300人及以上，且营业收入5 000万元以下1 000万元及以上的	从业人员300人以下100人及以上，且营业收入1 000万元以下500万元及以上的	从业人员100人以下，或营业收入500万元以下的
租赁和商务服务业	从业人员300人以下100人及以上，且资产总额120 000万元以下8 000万元及以上的	从业人员100人以下10人及以上，且资产总额8 000万元以下100万元及以上的	从业人员10人以下，或资产总额100万元及以下的
其他未列明行业	从业人员300人以下100人及以上的	从业人员100人以下10人及以上的	从业人员10人以下的

1

二、小微企业的税收法律规定

（一）增值税法的规定

根据国家税务总局发布的《关于统一小规模纳税人标准等若干增值税问题的公告》，将工业企业和商业企业小规模纳税人的年销售额标准由 50 万元和 80 万元上调至 500 万元。

根据《财政部 税务总局关于实施小微企业普惠性税收减免政策的通知》，小规模纳税人发生增值税应税行为，合计月销售额未超过 10 万元（以 1 个季度为 1 个纳税期的，季度销售额未超过 30 万元）的，免征增值税。

（二）企业所得税法的规定

财政部、税务总局《关于进一步扩大小型微利企业所得税优惠政策范围的通知》规定：

符合条件的小型微利企业，是指从事国家非限制和禁止行业，并符合下列条件的企业：

（1）工业企业，年度应纳税所得额不超过 100 万元，从业人数不超过 100 人，资产总额不超过 3 000 万元；

（2）其他企业，年度应纳税所得额不超过 100 万元，从业人数不超过 80 人，资产总额不超过 1 000 万元。

显然，小型微利企业（简称小微企业）是一个税法上的概念，最早来源于《中华人民共和国企业所得税法》的相关规定。税法所称的“小微企业”必须同时满足四个条件：

（1）企业所属行业评定。不能从事国家限制和禁止行业；属于工业企业还是其他企业，评定条件也不同。

（2）企业盈利水平评定。也就是企业年度应纳税所得额不超过认定标准限制。

（3）从业人数评定。即企业的从业人数是所属纳税年度内，与企业形成劳动关系的平均或相对固定的职工人数不得超过认定标准限制。

（4）企业资产总额评定。这里的资产总额是指企业所拥有的所有资产，它等于企业负债加上所有者权益的总和。

【涉税规定 1－1】 《小企业会计准则》（财会〔2011〕17 号）中的小企业是《中小企业划型标准规定》中所规定的小型企业，不同于《增值税暂行条例》中的小规模纳税人和《企业所得税法实施条例》中的小微企业。《增值税暂行条例》中的小规模纳税人按会计口径可能是小型企业，也可能是微型企业。《企业所得税法实施条例》中的“小型”是指规模小，“微利”是指应纳税所得额少。而《小企业会计准则》中的小企业仅指规模。可见，《企业所得税法实施条例》中的小微企业按会计口径可能是小型企业，也可能是微型企业，还可能是中型企业。

三、我国小企业的地位和作用

中外经济发展的实践表明，小企业的大量存在是一个不分地区和发展阶段而普遍存在的现象，是经济发展的内在要求和必然结果，是保证正常合理的价格的形成、维护市场竞争活力、确保经济运行稳定、保障充分就业的前提和条件。无论是在高度发达的市场经济国家还是处于制度变迁的发展中国家，小企业都已经成为国民经济的支柱。加快小企业的发展，可以为国民经济持续稳定增长奠定坚实的基础。

小企业的地位和作用具体表现在以下几个方面：

(一) 小企业是国民经济的重要增长点

小企业在我国的国民经济发展中，始终是一支重要力量，是我国国民经济的重要组成部分。小企业作为市场竞争机制的真正参与者和体现者，在很大程度上可以说是经济发展的基本动力，反映了经济分散化、多样化性质的内在要求，体现出小企业的先进性、革命性和生命力之所在。同时，小企业以其灵活而专业化的生产和经营，给配套的大中企业带来协作一体化的好处，大大节约了成本，减少了风险，增强了盈利性。小企业量大面广，分布在国民经济的各个领域，并且日益成为经济增长的主要因素，对国民经济起到了有效的辅助和补充的作用。据有关部门统计，20 世纪 90 年代以来，我国工业新增产值的 50%以上是由小企业创造的。

(二) 小企业是增加就业的基本场所和社会稳定的重要基础

世界各国都十分重视小企业的发展，一个重要原因就是小企业在解决就业方面的重要作用。小企业一大特点就是量大面广、开业快、投资少、竞争激烈、经营灵活、对劳动者劳动技能要求低，且大部分是从事劳动密集型产业，因而吸纳劳动力的容量相对较大，能创造更多的就业机会。特别是一些高新技术行业，如信息产业等，更适合于规模小、经营灵活的中小企业。伴随着信息技术的扩散和全球经济一体化的推进、以现代科学技术为核心的知识经济的发展，信息的获得更为简便、快捷，社会需求多种多样、瞬息万变，小企业与知识经济有着某种协调性，更易于创造新的就业岗位。小企业的这种吸纳就业和再就业人员的蓄水池功能，对社会稳定起到了重要的作用。

(三) 小企业在技术创新方面具有生力军作用

小企业是科技创新的重要源泉，是推动科技尽快转化为生产力的重要力量，小企业往往是一个国家技术进步的重要载体。小企业是经济发展中的增长点，是技术创新的重要力量，这不仅体现在小企业呈现出以知识和技术密集型取代传统的劳动密集型、资本密集型的发展趋势，而且小企业具有经营灵活、高效的特点，把科学技术转化为现实生产力所耗费的时间和经历的环节也大为缩短。在 20 世纪许多新产品都是小企业发明创造的，如复印机、胰岛素、真空管、青霉素、直升机、彩色电影、圆珠笔等。事实上，20 世纪约 60%的发明是由独立发明人或小企业创造的。因为高科技产业是高风险产业，大企业一般注重常规生产，不愿意冒风险；而小企业往往是科技转化为生产力的“实验田”。

(四) 小企业对活跃市场具有主导作用

社会需求的多层次决定了商品市场的多层次。在这方面与大企业比较，小企业大多是纺织、鞋帽、家电等行业，具有贴近市场、经营机制灵活等优势。尤其是在外部环境恶化时，大中企业的应变比较慢，小企业船小易掉头，对经济变化能迅速作出反应。小企业本钱小，风险大，但机制灵活，富于创新，可以利用自己的优势，活跃在竞争十分激烈的领域，参与那些大中型企业不愿涉足的“多品种”“小批量”“微利多销”和维修服务领域，以及新兴领域，从而使整个市场活跃起来。

（五）小企业是产品出口的一支重要力量

世界各国的小企业的产品出口，活跃了国际市场。日本在20世纪50—60年代的经济腾飞时期，小企业产品出口的比重达50%，为日本成为世界贸易大国奠定了坚实的基础。我国的对外出口产品中，工业制成品的比重逐年增加。其中一些大宗出口产品，如服装、手工艺品、五金工具、轻工、纺织、玩具等产品，主要靠小企业提供。

（六）小企业在制度创新中可发挥重大作用

在市场经济导向的体制改革中，小企业因其改革成本较低，成为改革"试验田"和"前驱"，率先进行各种改革尝试，为更大规模的改革提供经验。小企业还可以提供就业机会，吸收在改革过程中从国有大企业中精简出的人员，从而减少改革带来的社会压力。另外，通过大量小企业的创办与充分的市场竞争，能够培育出大批企业家人才，并培养企业家精神。这种宝贵的企业家资源和精神，对中国社会具有极为深远的历史作用。而国有大企业，因其与传统体制、政府机构的关系，很难从中培育出足够数量与质量的企业家，更难以形成企业家精神的氛围。

任务二　认知《小企业会计准则》

引例1-2

1. 小企业会计准则——总则

昌盛贸易有限责任公司是2008年成立的从事产品生产的小企业，属于增值税一般纳税人。2015年4月审计人员对该企业的会计核算制度、会计核算方法、纳税申报等方面进行审计。通过审计发现该企业会计核算执行1992年颁布的《工业企业会计制度》，但对于原材料、周转材料、库存商品等只设置"存货"账户进行核算，成本核算方法采用完全成本法。

请问：

（1）目前，昌盛贸易有限责任公司应该执行何种会计制度？

（2）我国小企业会计核算规范是如何变迁的？它与我国的经济建设有何关联？

（3）企业能否将原材料、周转材料、库存商品等合并设置为"存货"账户进行核算？为什么？

（4）企业成本核算能否采用完全成本法？为什么？

一、小企业会计核算规范的变迁

（一）分行业会计制度阶段

1993年7月1日起，我国会计制度改革把过去五六十个分行业的、分所有制的企业会计制度整理成10个大行业的13个行业会计制度，包括工业企业会计制度，商品流通企业会计制度，运输企业（铁路、民用航空、交通）会计制度，房地产开发企业会计制度，金融企业会计制度，保险企业会计制度，施工企业会计制度，邮电通信企业会计制度，旅游、饮食服务企业会计制度，对外经济合作企业会计制度和农业企业会计制度等。

(二)《小企业会计制度》阶段

2000年年底，财政部在新一轮会计制度改革中，颁布了不分行业的《企业会计制度》，自2001年1月1日起施行，同时要求股份有限公司企业必须执行。对于我国当时很多中小企业会计机构不健全、各项管理制度不规范、会计人员素质较低、实施《企业会计制度》有较大困难和障碍的情况，财政部于2004年4月27日发布了《小企业会计制度》，要求小企业自2005年1月1日起实施。《小企业会计制度》是在遵循一般会计核算原则的条件下，借鉴国际惯例，结合我国实际情况，以《企业会计制度》为基础制定的，其中主要简化了一些较为复杂的经济业务的核算方法。

(三)《小企业会计准则》阶段

为了贯彻落实《中华人民共和国中小企业促进法》《国务院关于进一步促进中小企业发展的若干意见》等有关法规政策，加强小企业内部管理，促进小企业又好又快发展；加强小企业税收征管，促进小企业税负公平；同时加强小企业贷款管理，防范小企业贷款风险，2011年10月18日，财政部以财会〔2011〕17号文件的形式印发了《小企业会计准则》，自2013年1月1日起施行，《小企业会计制度》同时废止。

《小企业会计准则》分总则、资产、负债、所有者权益、收入、费用、利润及利润分配、外币业务、财务报表、附则，共10章90条。

二、《小企业会计准则》的亮点

《小企业会计准则》有别于《企业会计准则》，以规则导向为主，以原则导向为辅，规范了小企业(含微型企业，下同)的会计确认、计量和报告行为，为小企业会计核算增添了很多亮点。具体表现在：

(一) 简化核算要求

按照我国企业会计改革的总体框架，《企业会计准则——基本准则》(以下简称基本准则)是纲，是会计准则制定的出发点，也是制定各项具体会计准则和《小企业会计准则》的基础，在整个会计准则体系中处于统驭地位。因此，基本准则适用于在我国境内设立的所有企业，小企业也应当遵循基本准则的基本规定。

各项《企业会计准则》和《小企业会计准则》是目，是基本准则框架下的两个子系统，分别适用于大中型企业和小企业。《小企业会计准则》是在遵循基本准则的大前提下，在借鉴《中小主体国际财务报告准则》简化处理的核心理念基础上，充分考虑了我国小企业规模较小、业务较为简单、会计基础工作较为薄弱、会计信息使用者的信息需求相对单一等实际情况，对小企业的会计确认、计量和报告进行了简化处理，减少了会计人员职业判断的内容与空间。

1. 统一采用历史成本计量

在会计计量方面，《企业会计准则》规定，企业可以根据实际需要选用历史成本、重置成本、可变现净值、现值或公允价值等会计计量属性对会计要素进行计量。而《小企业会计准则》仅要求小企业采用历史成本对会计要素进行计量，少数业务涉及评估价格或市场价值，不允许使用其他计量属性。

(1) 对小企业的资产要求按照历史成本计量，不计提资产减值准备，资产实际损失的确

1

定遵循了《企业所得税法》中的有关认定标准。

(2) 对小企业的长期债券投资不要求按照公允价值入账，而是按照成本(购买价款加上相关税费减去实际支付价款中包含的已到付息期但尚未领取的债券利息)入账；对长期债券投资的利息收入不要求在债务人应付利息日按照其摊余成本和实际利率计算，而是在债务人应付利息日按照债券本金和票面利率计算。

(3) 对小企业融资租入固定资产的入账价值不要求按照租赁开始日租赁资产公允价值与最低租赁付款额现值两者中较低者作为会计计量基础，而是按照租赁合同约定的付款总额和在签订租赁合同过程中发生的相关税费等确定。

(4) 对小企业的负债不要求按照公允价值入账，而是按照实际发生额入账；对小企业借款利息不要求按照借款摊余成本和借款实际利率计算，而是按照借款本金和借款合同利率计算。

(5) 在小企业收入确认方面，不要求遵循实质重于形式的原则，而是采用发出商品或者提供劳务交易完成和收到货款或取得收款权利作为标准，减少关于风险与报酬转移的职业判断，同时就几种常见的销售方式明确规定了收入确认的时点。在收入计量方面，不要求小企业按照从购买方已收或应收的合同或协议价款或者应收的合同或协议价款的公允价值确定收入的金额，而是按照从购买方已收或应收的合同或协议价款确定收入的金额。

2. 统一采用直线法摊销债券的折价或者溢价

在长期债券投资中发生的债券折价或者溢价摊销方面，《企业会计准则》规定，债券的折价或者溢价在债券存续期间内，于确认相关债券利息收入时采用实际利率法进行摊销。而《小企业会计准则》规定，债券的折价或者溢价在债券存续期间内，于确认相关债券利息收入时采用直线法进行摊销。

3. 统一采用成本法核算长期股权投资

在长期股权投资的后续计量方面，《企业会计准则》规定，长期股权投资在持有期间，根据投资企业对被投资单位的影响程度，分别采用成本法和权益法进行会计处理。而《小企业会计准则》则要求小企业统一采用成本法对长期股权投资进行会计处理。

4. 固定资产折旧年限和无形资产摊销期限的确定应当考虑税法的规定

《企业会计准则》规定，企业应当根据固定资产的性质和使用情况，合理确定固定资产的使用寿命和预计净残值，而不必考虑税法的规定。而《小企业会计准则》规定，小企业应当根据固定资产的性质和使用情况，并考虑税法的规定，合理确定固定资产的使用寿命和预计净残值。

《企业会计准则》规定，企业应当于取得无形资产时分析判断其使用寿命；使用寿命有限的无形资产，其应摊销金额应当在使用寿命内系统合理摊销；企业摊销无形资产，应当自无形资产可供使用时起，至不再作为无形资产确认时止。而《小企业会计准则》规定，无形资产的摊销期自其可供使用时开始至停止使用或出售时止；有关法律规定或合同约定了使用年限的，可以按照规定或约定的使用年限分期摊销；小企业不能可靠估计无形资产使用寿命的，摊销期不得低于10年。

5. 长期待摊费用的核算内容和摊销期限与税法保持一致

《企业会计准则》规定，“长期待摊费用”账户核算企业已经发生但应由本期和以后各期负担的分摊期限在1年以上的各项费用,如以经营租赁方式租入的固定资产发生的改良支出等,其核算内容、摊销期限与企业所得税法及其实施条例存在较大的差异。而《小企业会计准则》对长期待摊费用的核算内容、摊销期限均与企业所得税法及其实施条例的规定完全一致。《小企业会计准则》规定,小企业的长期待摊费用包括已提足折旧的固定资产的改建支出、经营租入固定资产的改建支出、固定资产的大修理支出和其他长期待摊费用等;长期待摊费用应当在其摊销期限内采用年限平均法进行摊销。

6. "资本公积"仅核算资本溢价(或股本溢价)

《企业会计准则》规定,资本公积包括资本溢价(或股本溢价)和其他资本公积。而《小企业会计准则》规定,资本公积仅包括资本溢价(或股本溢价),是指小企业收到的投资者出资额超过其在注册资本或股本中所占份额的部分。

7. 采用应付税款法核算所得税

《企业会计准则》要求企业采用资产负债表债务法核算所得税,在计算应交所得税和递延所得税的基础上,确认所得税费用。而《小企业会计准则》要求企业采用应付税款法核算所得税,将计算的应交所得税确认为所得税费用,这大大简化了所得税的会计处理。

8. 不核算外币财务报表折算差额

《企业会计准则》规定,企业对境外经营的财务报表进行折算时,应当遵循下列规定:① 资产负债表中的资产和负债项目,采用资产负债表日的即期汇率折算,所有者权益项目除"未分配利润"项目外,其他项目采用发生时的即期汇率折算。② 利润表中的收入和费用项目,采用交易发生日的即期汇率折算,也可以采用按照系统合理的方法确定的、与交易发生日即期汇率近似的汇率折算。按照上述①②折算产生的外币财务报表折算差额,在资产负债表中所有者权益项目下单独列示。

而《小企业会计准则》要求小企业对外币财务报表进行折算时,应当采用资产负债表日的即期汇率对外币资产负债表、利润表和现金流量表的所有项目进行折算。这样,小企业不会产生外币财务报表折算差额,减少了外币财务报表折算的工作量。

9. 简化了财务报表的列报和披露

《企业会计准则》规定,企业的财务报表至少应当包括资产负债表、利润表、现金流量表、所有者权益(或股东权益)变动表和附注五个组成部分,而小企业不必编制所有者权益(或股东权益)变动表。考虑到小企业会计信息使用者的需求,《小企业会计准则》对现金流量表也进行了适当简化,无须披露将净利润调节为经营活动现金流量、当期取得或处置子公司及其他营业单位等信息。此外,小企业财务报表附注的披露内容大为减少、披露要求也有所降低。

10. 统一采用未来适用法对会计政策变更和会计差错更正进行会计处理

《企业会计准则》要求企业根据具体情况对会计政策变更采用追溯调整法或未来适用法进行会计处理,对前期差错更正采用追溯重述法或未来适用法进行会计处理,对会计估计变更采用未来适用法进行会计处理。而《小企业会计准则》要求小企业对会计政策变更、会计估计变更和会计差错更正均应当采用未来适用法进行会计处理,这大大简化了会计政策变更和会计差错更正的会计处理方法。

1

（二）与税法保持协调

税务部门是小企业最主要的外部会计信息使用者。税务部门主要利用小企业会计信息作出税收决策，包括是否给予税收优惠政策、采取何种税收征管方式、如何确定应征税额等，其希望减少小企业会计与税法的差异。为满足这些税收征管信息需求，《小企业会计准则》大大减少了职业判断的内容，基本消除了小企业会计与税法的差异。

在实施《小企业会计准则》后，小企业除会计与税法之间不可能消除的永久性差异以外，只有在少数情况下才可能产生时间性差异。例如，小企业在收到与资产相关的政府补助、收到用于补偿小企业以后相关费用或亏损的其他政府补助时，《小企业会计准则》要求确认为递延收益，而税法要求在收到政府补助时一次性计入当期收入或者在符合条件的情况下作为不征税收入，导致小企业会计与税法存在差异。

《小企业会计准则》基本消除了小企业会计处理与税法规定的差异，需要小企业进行纳税调整的交易或事项较少，《小企业会计准则》要求小企业在财务报表附注中增加纳税调整的说明，披露"对已在资产负债表和利润表中列示项目与企业所得税法规定存在差异的纳税调整过程"。

（三）与《企业会计准则》有序衔接

《小企业会计准则》和《企业会计准则》虽适用范围不同，但为了更好地适应小企业发展壮大的需要，又要相互衔接，从而发挥会计准则在企业发展中的政策效应。为此，《小企业会计准则》对于小企业不经常发生甚至基本不可能发生的交易或事项未作规范，这些交易或事项一旦发生，可以参照《企业会计准则》中的相关规定进行会计处理；对于小企业今后公开发行股票或债券的，或者因经营规模或企业性质变化导致不符合小企业标准而成为大中型企业或金融企业的，应当自次年 1 月 1 日起转为执行《企业会计准则》。

综上所述，《小企业会计准则》以国际趋同为努力方向，立足于我国小企业发展的实际，在简化核算要求、与税法保持协调、与《企业会计准则》有序衔接等方面体现了极其鲜明的特色，是一部为我国小企业"量身定做"的企业会计标准。它的贯彻实施，将有效地促进我国小企业可持续健康的发展，也可以充分发挥小企业在我国国民经济和社会发展中的重要作用。

三、小企业会计科目的设置

小企业会计科目是依据《小企业会计准则》中确认和计量的规定制定，涵盖了各类小企业的交易或者事项。小企业在不违反会计准则中确认、计量和报告规定的前提下，可以根据本单位的实际情况自行增设、分拆、合并会计科目。小企业不存在的交易或者事项，可不设置相关会计科目。对于明细科目，小企业可以按相关规定自行设置。会计科目编号供小企业编制会计凭证、登记会计账簿、查阅会计账目、采用会计软件系统参考，小企业可结合实际情况自行确定会计科目编号。

根据《小企业会计准则》规定，小企业应规范设置和使用会计科目，常用的会计科目按照资产、负债、所有者权益、成本和损益分成五大类，共 66 个一级科目。小企业会计科目表如表 1-2 所示。

表 1－2 小企业会计科目表

顺序号	编号	会计科目名称	顺序号	编号	会计科目名称
		一、资产类	30	1702	累计摊销
1	1001	库存现金	31	1801	长期待摊费用
2	1002	银行存款	32	1901	待处理财产损溢
3	1012	其他货币资金			二、负债类
4	1101	短期投资	33	2001	短期借款
5	1121	应收票据	34	2201	应付票据
6	1122	应收账款	35	2202	应付账款
7	1123	预付账款	36	2203	预付账款
8	1131	应收股利	37	2211	应付职工薪酬
9	1132	应收利息	38	2221	应交税费
10	1221	其他应收款	39	2231	应付利息
11	1401	材料采购	40	2232	应付利润
12	1402	在途物资	41	2241	其他应付款
13	1403	原材料	42	2401	递延收益
14	1404	材料成本差异	43	2501	长期借款
15	1405	库存商品	44	2701	长期应付款
16	1407	商品进销差价			三、所有者权益类
17	1408	委托加工物资	45	3001	实收资本
18	1411	周转材料	46	3002	资本公积
19	1421	消耗性生物资产	47	3101	盈余公积
20	1501	长期债券投资	48	3103	本年利润
21	1511	长期股权投资	49	3104	利润分配
22	1601	固定资产			四、成本类
23	1602	累计折旧	50	4001	生产成本
24	1604	在建工程	51	4101	制造费用
25	1605	工程物资	52	4301	研发支出
26	1606	固定资产清理	53	4401	工程施工
27	1621	生产性生物资产	54	4403	机械作业
28	1622	生产性生物资产累计折旧			五、损益类
29	1701	无形资产	55	5001	主营业务收入

1

续 表

顺序号	编号	会计科目名称	顺序号	编号	会计科目名称
56	5051	其他业务收入	62	5601	销售费用
57	5111	投资收益	63	5602	管理费用
58	5301	营业外收入	64	5603	财务费用
59	5401	主营业务成本	65	5711	营业外支出
60	5402	其他业务成本	66	5801	所得税费用
61	5403	税金及附加			

四、《小企业会计准则》的适用范围及衔接规定

(一)《小企业会计准则》的适用范围

《小企业会计准则》第二条指出，本准则适用于在中华人民共和国境内依法设立的、符合《中小企业划型标准规定》所规定的小型企业标准的企业。

下列三类小企业除外：

(1) 股票或债券在市场上公开交易的小企业。

(2) 金融机构或其他具有金融性质的小企业。

(3) 企业集团内的母公司和子公司。

(二)《小企业会计准则》适用范围的衔接规定

(1) 符合《小企业会计准则》第二条规定条件的小企业，可以执行《小企业会计准则》，也可以执行《企业会计准则》。

(2) 执行《小企业会计准则》的小企业，发生的交易或者事项该准则未作规范的，可以参照《企业会计准则》中的相关规定进行处理。

(3) 执行《企业会计准则》的小企业，不得在执行《企业会计准则》的同时，选择执行《小企业会计准则》的相关规定。

(4) 执行《小企业会计准则》的小企业公开发行股票或债券的，应当转为执行《企业会计准则》；因经营规模或企业性质变化导致小企业不符合《小企业会计准则》规定而成为大中型企业或金融企业的，应当从次年 1 月 1 日起转为执行《企业会计准则》。

(5) 已执行《企业会计准则》的上市公司、大中型企业和小企业，不得转为执行《小企业会计准则》。

(6) 执行《小企业会计准则》的小企业转为执行《企业会计准则》时，应当按照《企业会计准则第 38 号——首次执行企业会计准则》等相关规定进行会计处理。

任务三 构建小企业财务会计理论框架

引例 1－3

昌盛贸易有限责任公司是一个从事汽车配件销售业务的小企业，属于增值税一般

纳税人，2014年1月1日开始执行《小企业会计准则》。2019年4月县财政局会计科对该企业会计制度执行情况进行检查。通过检查发现该企业对应收账款计提坏账准备，对存货计提存货跌价准备。在纳税申报过程中，并没有调整应纳税所得额。

请问：

(1)《小企业会计准则》是否允许采用谨慎性原则对资产计提减值准备？

(2) 昌盛贸易有限责任公司是否可以执行《企业会计准则》？

(3) 按照《企业所得税法》的规定，企业计提的减值准备在税前是否可以抵扣？

一、财务会计目标

2006年我国颁布的《企业会计准则——基本准则》将财务会计的目标定位为"向财务会计报告使用者提供与企业财务状况、经营成果和现金流量等有关的会计信息，反映企业管理层受托责任履行情况，有助于财务会计报告使用者作出经济决策。"显然，我国财务会计目标有两个要点：一是提供什么信息，财务会计应当提供与企业财务状况、经营成果和现金流量等有关的会计信息(这些信息主要由财务报表所提供)；二是会计信息的用途，反映管理层受托责任的履行情况和有助于财务会计报告使用者作出经济决策两个方面的用途。在用途上把"管理层受托责任的履行情况"放在首位，这表明财务会计信息的披露，不仅可供投资人增资扩股或减资缩股决策做参考，而且更为重要的是可对企业高级管理阶层受托经营的资源进行必要的监督，以保证国有资产不流失，所有委托经营的企业的资产都可保值、增值。

二、会计核算的基本前提

会计人员在实务工作中，面对变化不定的经济环境和未被确切认识而存在不确定性的会计业务，往往需要根据客观的正常情况或趋势作出合乎事理的判断，进行正确的记录，以反映经济活动的真实性。这种判断基础就是会计假定，或会计核算基本前提，也是会计要素确认、计量和报告的基本前提。会计核算的基本前提包括四项：会计主体、持续经营、会计期间、货币计量。

(一) 会计主体

会计主体是指会计所服务的特定单位，它是独立于其他机构的某一机构或某一机构的一部分，以及作为独立经济单元的个人。会计上只有各主体间界限分明，才能区分各主体的事务。会计主体可以是一个企业，也可以是由若干家企业通过控股关系组织起来的集团公司，还可以是一个企业的某一特定部分，如分公司、销售区域、零售点以及具有经济业务特点的非营利组织，如学校、机关团体、科研机构等。依据会计主体，就可以在会计上划清公私界限，正确反映会计主体本身所拥有的财产和对外的债权债务，正确计算盈亏，为信息使用者提供有用的会计信息。因此，作为最主要的会计核算前提——会计主体，为会计活动规定了空间范围。

(二) 持续经营

持续经营是指企业的生产经营活动将在未来无限延长的期间内持续不断地经营下去。我们通常将持续经营与企业破产相比较来说明这种假设的意义。在企业破产的情况下，会

1

计的各项资产面临着马上出售，债务无论是否到期都必须清偿。例如，在某一特定时间，如果一家正在生产服装的公司宣告破产，那些尚未完工的服装在出售时几乎是没有什么价值的。在持续经营假定下，这些未完工的服装将被继续加工直至完工，产品以成本计价，待以市价进行出售。然而，如果会计人员有充分的理由相信企业将要破产清算，那么，就要将企业的资源以清算价格进行报告。但这种情况是不多见的。

持续经营前提与会计主体前提密切相关，持续经营前提是在会计主体前提之后提出的，为会计的正常活动规定了时间范围。

（三）会计期间

根据持续经营前提，企业经营期被认为是无限长的。但管理者和其他相关利益者并不愿意等到企业终结了才去了解获得了多少收益，他们需要了解在各个阶段企业运营的情况。这就需要引出会计期间概念。

会计期间是编制供外部当事人使用的会计报表的起讫时间，通常把 1 年作为一个会计期间。卢卡·帕乔利在 1494 年所著的第一部会计教科书《算术、几何、比及比例概要》中写道："账簿应该每年结清一次，特别是在合伙企业内，因为经常性的会计核算有利于保持长期的合作关系"。

按照会计惯例，会计期间通常以年度为单位。我国《企业会计准则》规定会计期间分为年度和中期。中期一般表现为季度和月度，有时也可以是半年度。我国会计期间的起讫日期均采用公历日期。会计期间前提与持续经营前提一样，都是为会计的正常活动作出了时间上的规定。只有立足于企业持续、正常的经营，又尽可能分清各个会计期间的经营业绩，才能对某些会计业务的处理作出一些具体规定，如收入的确认、费用的分配、财产的估计等。

（四）货币计量

会计中记录的仅仅是那些用货币形式表示的信息。采用货币记录的好处是提供了通用的标准，通过采用这种标准可以将会计主体所发生的不同种类的事实表述为可以进行加减的数字。例如，某企业拥有 28 000 元现金，5 000 千克的原材料，两辆货车和一辆轿车，40 台机器设备，10 000 平方米的建筑物等，这些数字不能加总在一起。将这些项目用货币形式表示——28 000 元现金，80 000 元的原材料，150 000 元的货车，120 000 元的小轿车，540 000 元的机器设备，2 000 000 元的建筑物——这样就可以进行汇总，求出企业拥有的资产合计数 2 918 000 元。

货币计量前提同时假定货币的购买力不变，也就是说会计上依照交易发生时的价值用货币登记入账，此后货币购买力的变动不影响账面的数额。按照这个前提规定，2015 年以 100 000 元购买的机器与 2005 年花 100 000 元购买的土地，列示在 2015 年会计记录中总金额为 200 000 元；但实际上 2015 年人民币的购买力远远低于 10 年前的购买力。也就是说，会计计量单位的货币是假定货币价值是稳定不变的，除非在发生恶性通货膨胀时，才对这一假定作某些修正。

三、会计基础

企业会计的确认、计量和报告应当以权责发生制为基础。

权责发生制是指在会计核算中，以权益和责任是否发生为标准来确定本期收入和费用。

凡是当期已经实现的收入和已经发生或应当负担的费用，不论款项是否收付，都应当作为当期收入和费用入账；凡是不属于当期的收入和费用，即使款项已在本期收付，也不能作为本期的收入和费用入账。例如，企业 2015 年 8 月支付的固定资产大修理费用 100 000 元，其受益期 4 年，在会计核算中应分 4 年摊销这项修理费用。如果企业发生的日常维护费用 300 元，则直接计入当期损益。

与权责发生制相对应的则是现金制或收付实现制，按照这种方法，当收到现金时才确认销售收入，同样，当支付现金时才把成本从销售收入中扣除。因此，现金制会计既没有实现概念，也没有配比概念。目前，现金制会计只允许在政府、机关、学校、社会团体等行政事业单位使用。

四、会计信息质量要求

会计作为一门国际通用的商业语言，所提供的信息应当满足投资者、债权人、政府及其有关部门和社会公众的需求，这就是会计信息质量。高质量的会计信息必须有高标准予以保证。按照我国《企业会计准则——基本准则》的规定，会计信息质量标准包括八项：可靠性、相关性、可理解性、可比性、实质重于形式、谨慎性、重要性和及时性。

（一）可靠性

可靠性，又称真实性，它是指企业应当以实际发生的交易或者事项为依据进行会计确认、计量和报告，如实反映符合确认和计量要求的各项会计要素及其他相关信息，保证会计信息真实可靠、内容完整。换句话说，如实反映要求企业提供的会计信息能如实反映企业财务状况、经营成果和现金流量，不存在重大差错和主观偏见，而做到内容真实、数字准确、项目完整、资料可靠。

（二）相关性

相关性，是指会计信息应当与财务会计报告使用者的经济决策需要相关，有助于财务会计报告使用者对企业过去、现在或者未来的情况作出评价或者预测。如果会计核算的信息不符合会计信息使用者的要求，即使是客观真实地反映了企业经营情况的会计信息，亦毫无价值。因此，会计的相关性要求企业会计在收集、处理、传递会计信息的过程中，要考虑会计信息的使用者对会计信息需要的不同特点，确保企业内外有关方面对会计信息的相关需要。

（三）可理解性

可理解性，是指企业提供的会计信息应当清晰明了，便于财务会计报告使用者理解和使用。企业提供会计信息的目的在于使用，要使用会计信息首先必须了解会计信息的内涵，弄懂会计信息的内容，这就要求企业提供的会计信息应尽可能简明易懂，以便会计信息使用者理解和利用这些会计信息。

（四）可比性

这里的可比性是一个广义的概念，它既包括纵向可比，也包括横向可比。

所谓纵向可比，是指同一企业不同时期发生的相同或者相似的交易或者事项，应当采用一致的会计政策，不得随意变更。

所谓横向可比，是指不同企业发生的相同或者相似的交易或者事项，应当采用国家规定

1

的会计政策，确保会计信息口径一致、相互可比。例如，按权责发生制规定，企业必须将购置的机器设备、厂房、车辆等固定资产的价值在一定经营期内进行分摊，分期计入费用。如果有的企业不实行权责发生制而采用现金制，那么不同主体提供的信息就无法比较。

（五）实质重于形式

实质重于形式要求企业应当按照交易或者事项的经济实质进行会计确认、计量和报告，不应仅以交易或者事项的法律形式为依据。在实际工作中，如以融资租赁方式租入的固定资产，虽从法律形式上来讲，企业不拥有其所有权，但是由于租赁合同规定的租赁期接近该资产的有效寿命，租赁期结束时，承租企业有权优先购买该项财产，且在承租期内有权支配资产并从中受益，因此，从该项资产的经济实质来看，使企业能控制其创造未来的经济利益的，在会计核算上应视为企业的资产。由于小企业业务比较简单，在会计上不要求按此原则提供会计信息。

（六）谨慎性

谨慎性又称稳健性，它要求企业对交易或者事项进行会计确认、计量和报告应当保持应有的谨慎，不应高估资产或者收益、低估负债或者费用。

通常，人们在处理一件不确定事项时，往往采取小心谨慎的态度。会计人员也是如此，他们在衡量不确定事项时，宁愿低估资产或者收益也不愿高估它们。在会计核算中，如果对未来不确定的数量有两种估计结果，即使两者发生的可能性相同，会计人员应充分考虑可能出现的风险，不要高估企业的资产或收益；而对可能发生的负债或费用要有充分的预见，使会计核算尽可能建立在较为稳健的基础上，以提高企业应付风险的能力。如企业对未收回的账款估计可能发生的坏账、对存货资产计提存货跌价准备等。由于小企业业务比较简单，在会计上也不要求按此原则提供会计信息。

（七）重要性

在实际工作中，会计人员根本就不打算详细记录那些不重要的交易或事项，因为提供这些琐碎的信息用处不大，而且耗费了大量的人力资源和管理成本。

重要性是指企业提供的会计信息应当反映与企业财务状况、经营成果和现金流量等有关的所有重要交易或者事项。不幸的是，重要与不重要交易或事项之间没有一条公认的准确的界限，这需要会计人员个人的职业判断。

重要性往往与充分披露有关。会计核算对所有会计信息资料都应全面予以反映，但对重要的经济业务应单独反映，尤其是对那些影响决策的重要会计信息，应分项反映，重点说明；而对那些次要的会计信息，则可适当简化核算的程序和方法。

（八）及时性

及时性是指企业对于已经发生的交易或者事项，应当及时进行会计确认、计量和报告，不得提前或者延后。及时性原则可以保证会计信息的时效性，如果会计信息不及时传递出去，则无论多么可靠的会计信息都是不相关的。

五、会计要素

会计要素是对会计对象进行的基本分类，也是构成财务报表框架的基本内容。我国

《小企业会计准则》将小企业的会计要素划分为资产、负债、所有者权益、收入、费用和利润。

(一) 资产

资产是指小企业过去的交易或者事项形成的、由企业拥有或者控制的、预期会给企业带来经济利益的资源。

小企业的资产根据资产流动性划分为流动资产和非流动资产两类。

流动资产是指可以在 1 年或者超过 1 年的一个营业周期内变现、销售或耗用的资产，它包括货币资金、短期投资、应收及预付款项、存货等。

小企业非流动资产是指流动资产以外的资产，包括长期债券投资、长期股权投资、固定资产、无形资产、长期待摊费用等。

小企业的资产应当按照成本计量，不计提资产减值准备。

(二) 负债

负债是指小企业过去的交易或者事项形成的、预期会导致经济利益流出企业的现时义务。

小企业的负债按其流动性划分为流动负债和非流动负债两大类。

流动负债是指将在 1 年或者超过 1 年的一个营业周期内偿还的债务，包括短期借款、应付及预收款项、应付职工薪酬、应交税费、应付利息、应付利润等。

非流动负债是指流动负债以外的负债，包括长期借款、长期应付款等。

小企业的各项负债应当按照其实际发生额入账。

(三) 所有者权益

所有者权益是指小企业资产扣除负债后由所有者享有的剩余权益，其金额为资产减去负债后的余额。

小企业的所有者权益包括实收资本(或股本)、资本公积、盈余公积和未分配利润等，其中盈余公积和未分配利润又合称为留存收益。

(四) 收入

收入是指小企业在日常活动中形成的、会导致所有者权益增加的、与所有者投入资本无关的经济利益的总流入。

按照收入的性质分类，可以分为销售商品收入、提供劳务收入。按照企业经营业务的主次分类，收入可以分为主营业务收入和其他业务收入。

通常，小企业应当在发出商品且收到货款或取得收款权利时，确认销售商品收入。

(五) 费用

费用是指小企业在日常活动中发生的、会导致所有者权益减少的、与向所有者分配利润无关的经济利益的总流出。

小企业的费用包括：营业成本、税金及附加、销售费用、管理费用、财务费用等。

(六) 利润

利润是指小企业在一定会计期间的经营成果。分别通过营业利润、利润总额和净利润来反映。

1

项目小结

小企业的大量存在是一个不分地区和发展阶段而普遍存在的现象，是经济发展的内在要求和必然结果，是保证正常合理价格形成、维护市场竞争活力、确保经济运行稳定、保障充分就业的前提和条件。小企业已经成为国民经济的支柱。加快小企业发展，可以为国民经济持续稳定增长奠定坚实的基础。

为了加强小企业内部管理，促进小企业又好又快发展；加强小企业税收征管，促进小企业税负公平；加强小企业贷款管理，防范小企业贷款风险，2011 年财政部颁布了《小企业会计准则》，自 2013 年 1 月 1 日起施行。

《小企业会计准则》规定，小企业应规范设置和使用会计科目，常用的会计科目按照资产、负债、所有者权益、成本和损益分成五大类，共 66 个一级科目。

小企业财务会计的目标定位为：向财务会计报告使用者提供与企业财务状况、经营成果和现金流量等有关的会计信息，反映企业管理层受托责任履行情况，有助于财务会计报告使用者作出经济决策。

小企业会计核算的基本前提包括：会计主体、持续经营、会计期间、货币计量。

小企业会计信息质量标准包括：可靠性、相关性、可理解性、可比性、重要性和及时性。

我国《小企业会计准则》将小企业的会计要素划分为资产、负债、所有者权益、收入、费用和利润。

复习思考题

1. 小企业存在的重要意义有哪些？
2. 我国小企业会计核算规范是如何演变的？
3. 我国《小企业会计准则》的适用范围是什么？
4. 我国企业如何选择《小企业会计准则》和《企业会计准则》？
5. 我国颁布的《小企业会计准则》有何亮点？
6. 《小企业会计准则》包括哪些内容？

习题与实训

一、单项选择题

1. 在会计信息质量要求中，要求小企业提供的会计信息应当清晰明了，便于财务会计报告使用者理解和使用。这是（　　）。

   A. 可比性原则　　B. 真实性原则

   C. 相关性原则　　D. 可理解性原则

2. 企业发生的下列支出，可以作为资产核算的是（　　）。

A. 支付的业务招待费
B. 支付的专利权研究支出
C. 支付的生产工人工资
D. 支付的土地使用权出让金

3. 下列项目中,符合资产定义的是(　　)。
A. 经营租入的设备
B. 购入的专利权
C. 待处理财产损失
D. 计划购买的某个商品

4. 下列各项支出,应属于费用的是(　　)。
A. 租入固定资产改良支出
B. 企业销售人员的工资支出
C. 购买土地使用权支出
D. 在建工程人员工资支出

5. 下列各项中,不适用于小企业的会计信息质量要求是(　　)。
A. 实质重于形式原则
B. 重要性原则
C. 相关性原则
D. 及时性原则

6. 导致权责发生制的产生以及应收、应付等会计处理方法的运用的基本前提或原则是(　　)。
A. 持续经营　B. 历史成本　C. 会计分期　D. 货币计量

7. 下列项目中,不属于“会计信息质量要求”的是(　　)。
A. 及时性　B. 重要性　C. 真实性　D. 历史成本

8. 下列各项中,能够引起负债和所有者权益同时发生变化的是(　　)。
A. 摊销长期待摊费用
B. 股东大会提出利润分配方案
C. 计提长期债券投资利息
D. 以盈余公积转增资本

9. 下列各项中,不属于《小企业会计准则》规定的会计信息质量要求是(　　)。
A. 及时性原则
B. 可理解性原则
C. 谨慎性原则
D. 可比性原则

10. 企业计提固定资产折旧主要依据的会计核算基本前提或一般原则是(　　)。
A. 货币计量
B. 持续经营
C. 一贯性原则
D. 可比性原则

11. 企业会计核算必须符合国家的统一规定,这是为了满足(　　)要求。
A. 相关性原则
B. 重要性原则
C. 可比性原则
D. 可靠性原则

12. 下列各项中,属于小企业会计计量属性的是(　　)。
A. 历史成本
B. 现值
C. 可变现净值
D. 公允价值

13. 下列各项中,不属于小企业会计科目的是(　　)。
A. 库存商品
B. 坏账准备
C. 无形资产
D. 生产性生物资产

14. 下列企业,可以执行《小企业会计准则》的是(　　)。
A. 在我国境内依法设立的工业企业,从业人员 30 人,年营业收入 500 万元
B. 股票或债券在市场上公开交易的小企业
C. 金融机构或其他具有金融性质的小企业
D. 企业集团内的母公司和子公司

1

15. 下列各会计账户中，不属于农业（种植业）小企业的会计账户的是（　　）。
A. 生产性生物资产　　B. 消耗性生物资产
C. 工程施工　　D. 生产性生物资产累计折旧

二、多项选择题

1. 下列各项中，属于小企业会计假设的有（　　）。
A. 会计主体　　B. 持续经营　　C. 会计期间　　D. 货币计量
2. 按照《中小企业划型标准规定》，中小企业划分为中型、小型、微型三种类型，具体标准根据（　　）等指标，结合行业特点制定。
A. 企业从业人员　　B. 营业收入　　C. 资产总额　　D. 利润总额
3. 按照《中小企业划型标准规定》，属于小型工业企业的标准有（　　）。
A. 从业人员 20 人及以上　　B. 营业收入 300 万元及以上
C. 从业人员 300 人以下　　D. 营业收入 2 000 万元及以下
4. 根据《小企业会计准则》，下列各项中，属于小企业会计信息质量要求的有（　　）。
A. 谨慎性原则　　B. 实质重于形式原则
C. 重要性原则　　D. 可比性原则
5. 下列各项中，最终能引起资产和所有者权益同时减少的项目有（　　）。
A. 摊销长期待摊费用　　B. 提取固定资产折旧
C. 购入无形资产　　D. 无形资产摊销
6. 下列各项中，不属于小企业财务会计计量属性的有（　　）。
A. 历史成本　　B. 可变现净值　　C. 现值　　D. 公允价值
7. 下列说法中，符合小企业核算要求的有（　　）。
A. 以历史成本为计量基础
B. 不对任何资产计提资产减值准备
C. 对长期股权投资采用成本法核算
D. 对所得税费用采用应付税款法核算
8. 下列科目中，小企业可以不设置的会计科目有（　　）。
A. 交易性金融资产　　B. 长期股权投资
C. 长期债券投资　　D. 递延所得税资产
9. 财政部发布的《小企业会计准则》有别于《企业会计准则》，为小企业会计核算增添了很多亮点。具体表现在（　　）。
A. 简化核算要求　　B. 与我国税法保持协调
C. 与《企业会计准则》有序衔接　　D. 采用公允价值对资产进行计量
10. 《小企业会计准则》适用于在我国境内依法设立的、符合《中小企业划型标准规定》所规定的小企业标准的企业，但是不包括（　　）。
A. 民营小企业
B. 股票或债券在市场上公开交易的小企业
C. 金融机构或其他具有金融性质的小企业

D. 企业集团内的母公司和子公司

三、判断题

1. 按照《中小企业划型标准规定》，中小企业划分为中型、小型、微型三种类型，具体标准根据企业从业人员、营业收入、资产总额等指标，结合行业特点制定。（ ）
2. 《小企业会计准则》自 2014 年 1 月 1 日起施行。（ ）
3. 《小企业会计准则》规定，资本公积仅包括资本溢价（或股本溢价）。（ ）
4. 执行《小企业会计准则》的小企业，发生的交易或者事项该准则未作规范的，可以参照《企业会计准则》中的相关规定进行处理。（ ）
5. 小企业的资产应当按照成本计量，不计提资产减值准备。（ ）
6. 已执行《企业会计准则》的上市公司、大中型企业和小企业，在特定条件下可以转为执行《小企业会计准则》。（ ）
7. 因经营规模或企业性质变化导致不符合《小企业会计准则》规定而成为大中型企业或金融企业的，应当从次年 1 月 1 日起转为执行《企业会计准则》。（ ）
8. 《小企业会计准则》所界定的小企业不同于《企业所得税法》所界定的小微企业。（ ）
9. 执行《小企业会计准则》的小企业公开发行股票或债券的，应当转为执行《企业会计准则》。（ ）
10. 小企业的各项负债应当按照其实际发生额入账。（ ）

项目二　流动资产的核算

◇ 职业能力目标

通过本项目学习，熟悉货币资金管理的内容，充分认识货币资金管理的重要性；熟悉各种结算方式的特点、适应范围及结算流程，能根据不同的经济业务，采用恰当的资金结算方式；能及时、准确地完成货币资金、应收及预付款项、短期投资和存货的核算，提供流动资产方面的会计信息。

◇ 典型工作任务

货币资金的管理；货币资金的日常会计核算；应收及预付款项的核算；坏账损失的核算；短期投资的核算；存货的核算。

◇ 知识框架

- 流动资产的核算
  - 货币资金的核算
    - 库存现金的核算
    - 银行存款的核算
    - 其他货币资金的核算
  - 短期投资的核算
    - 短期投资的概念
    - 短期投资的核算
  - 应收及预付款项的核算
    - 应收票据的核算
    - 应收账款的核算
    - 预付账款的核算
    - 其他应收款的核算
    - 坏账损失的核算
  - 存货的核算
    - 存货的概念及构成
    - 存货初始成本的计量
    - 存货发出的计量
    - 原材料按实际成本计价的核算
    - 原材料按计划成本计价的核算
    - 库存商品的核算
    - 周转材料的核算
    - 消耗性生物资产的核算
    - 存货清查

任务一　货币资金的核算

引例 2－1

2018年6月30日，南海贸易公司财产清查小组突击检查了出纳员夏伟经管的“现金日记账”，并清点保险柜中现金及相关凭证。清查发现：

(1) 白条一张，系夏伟私自借款给同事晋华5 000元，并已计入“其他应收款”。

(2) 上月库存现金短缺15元，未经批准，列入“营业外支出”账户进行核算。

(3) 当日清点发现，现金日记账现金余额为4 523元，实际盘点现金为4 510元，短缺13元，原因不明。

请问：

(1) 何谓“白条”？何谓“白条抵库”？

(2) 对于盘亏的库存现金，如果无法查明原因，是否可以列入“营业外支出”账户？

(3) 对于现金的盘盈或盘亏，应该如何进行会计处理？

2. 小企业会计准则——资产

货币资金是指企业在生产经营周转过程中处于货币形态的那部分资金。在企业的各项经济活动中，货币资金起着举足轻重的作用。货币资金按其存放地点和用途不同，可分为库存现金、银行存款和其他货币资金。由于货币资金具有高度的流动性和支付能力，所以加强货币资金的管理和控制是非常重要的。

一、库存现金的核算

(一) 库存现金的管理制度

根据《现金管理暂行条例》等有关规定，现金管理制度主要包括以下内容：

1. 库存现金使用范围的管理

库存现金的使用范围主要包括：

(1) 职工工资、津贴。

(2) 个人劳务报酬。

(3) 根据国家规定颁发给个人的科学技术、文化艺术、体育等各种奖金。

(4) 各种劳保、福利费用以及国家规定的对个人的其他支出。

(5) 向个人收购农副产品和其他物资的价款。

(6) 出差人员必须随身携带的差旅费。

(7) 结算起点(1 000元人民币)以下的零星支出。

(8) 中国人民银行确定需要支付现金的其他支出。

除上述情况可以用库存现金支付外，其他款项的支付应通过银行转账结算。

2. 库存现金的限额管理

库存现金的限额是指为了保证企业日常零星开支的需要，允许单位留存现金的最高数额。

这一限额由开户银行根据单位的实际需要核定，一般按照单位3～5天日常零星开支的需要确定，边远地区和交通不便地区开户单位的库存现金限额，可按多于5天但不超过15天的日常零星开支的需要确定。核定后的现金限额，开户单位必须严格遵守，超过部分应于当日终了前存入银行。需要增加或减少现金限额的单位，应向开户银行提出申请，由开户银行核定。

【小思考2-1】 为什么国家要对企业库存现金规定限额？

3. 库存现金的日常收支管理

开户单位库存现金收支应当依照下列规定办理：

(1) 收入送银行。开户单位库存现金收入应当于当日送存开户银行。当日送存确有困难的，由开户银行确定送存时间。

(2) 坐支有规定。开户单位支付库存现金，可以从本单位库存现金限额中支付或者从开户银行提取，不得从本单位的现金收入中直接支付(即坐支)。因特殊情况需要坐支现金的，应当事先报经开户银行审查批准，由开户银行核定坐支范围和限额。坐支单位应当定期向开户银行报送坐支金额和使用情况。

(3) 付款有程序。开户单位按照《现金管理暂行条例》规定的现金支付范围，从开户银行提取现金，应当写明用途，由本单位财会部门负责人签字盖章，经开户银行审核后，予以支付现金。

(4) 特殊需申请。因采购地点不固定，交通不便，生产或者市场急需，抢险救灾以及其他特殊情况必须使用现金的，开户单位应当向开户银行提出申请，由本单位财会部门负责人签字盖章，经开户银行审核后，予以办理。

4. 库存现金的内部控制制度

(1) 建立合理分工、各司其职的制度。企业内部应当实行钱账分离、相互制约的内部牵制制度，不允许单独一个人自始至终地操作和处理一笔业务的全过程，必须在独立的部门之间有明确合理的分工。经管现金的出纳员不得兼管收入、费用、债权、债务等账簿的登记及会计稽核和会计档案工作。负责现金总账的会计人员，则不得兼管现金。填写银行结算凭证的有关印鉴不能集中由出纳员保管，应实行印鉴分管制度。

(2) 建立审核和签证制度。企业的每笔经济业务都必须根据有关的原始凭证，如销售发票副本、支票存根、银行汇票、购货发票、经领导批准的借款单等，由会计主管或其他指定人员逐笔审核其手续是否完备、数字是否正确、内容是否合理合法。所有原始凭证只有经审核无误后，才能据以编制现金收付款记账凭证。办完现金收支业务的记账凭证和原始凭证，出纳员要在上面加盖“收讫”或“付讫”的戳记，表示款项已经收付。

(3) 建立收据和发票的领用制度。领用的收据和发票必须登记数量和起止编号，由领用人签字。收回收据和发票的存根应由主管人员办理签收手续。对空白收据和发票应当定期检查，以防短缺。

(4) 建立定期核对账目和盘点制度。每日终了，出纳员应将当日全部的经济业务记入日记账，并结出余额，与实存现金相核对。出纳和会计之间应定期核对账目，确保账账相符。内部审计人员应实施经常性和突击性的盘点。

5. 违反现金管理条例的情形

开户单位有下列情形之一的，开户银行应当依照中国人民银行的规定，予以警告或者罚款；情节严重的，可在一定期限内停止对该单位的贷款或者停止对该单位的现金支付：

(1) 对现金结算给予比转账结算优惠待遇的。

(2) 拒收支票、银行汇票和银行本票的。

(3) 违反《现金管理暂行条例》第八条规定，不采取转账结算方式购置国家规定的专项控制商品的。

(4) 用不符合财务会计制度规定的凭证顶替库存现金的。

(5) 用转账凭证套换现金的。

(6) 编造用途套取现金的。

(7) 互相借用现金的。

(8) 利用账户替其他单位和个人套取现金的。

(9) 将单位的现金收入按个人储蓄方式存入银行的。

(10) 保留账外公款的。

(二) 库存现金的日常核算

1. 库存现金的总分类核算

为了总括地反映企业库存现金的收入、支出和结存情况，企业应当设置“库存现金”总账，由不从事出纳工作的会计人员负责登记。该账户借方登记库存现金的增加，贷方登记库存现金的减少，期末余额在借方，反映企业实际持有的库存现金的金额。企业内部各部门周转使用的备用金，应在“其他货币资金”或“备用金”账户核算。

企业现金收入的主要途径有：从银行提取现金、收取转账结算金额起点以下的小额销售货款、职工出差报销时交回的剩余借款、对个人收取的款项等。企业收到现金时，根据审核无误的原始凭证，借记“库存现金”账户，贷记“银行存款”“主营业务收入”“其他应收款”等账户。

企业在允许使用现金的范围内支付现金时，根据审核无误的原始凭证，借记“管理费用”等账户，贷记“库存现金”等账户。

【工作任务 2-1】 2019 年 6 月 15 日，大海公司发生与现金收入有关的业务如下：

(1) 出纳员开出现金支票，提取现金 4 000 元备用。

(2) 采购员郭燕出差归来，报销差旅费 2 900 元(其中增值税税额为 120 元)，交回现金 100 元。

(3) 出售多余材料，收到现金 226 元。

(4) 采购员赵伟预支差旅费 3 000 元，出纳员以现金付讫。

(5) 以现金 237.30 元购买办公用品，其中增值税专用发票上注明税额 27.30 元。

任务处理如下：

(1) 开出现金支票，提取现金：

借：库存现金	4 000	
贷：银行存款		4 000

(2) 采购员报销差旅费，交回剩余现金：

2

借：库存现金 100
　　管理费用——差旅费 2 780
　　应交税费——应交增值税（进项税额） 120
　贷：其他应收款——郭燕 3 000

（3）出售多余材料，收到现金：

借：库存现金 226
　贷：其他业务收入 200
　　　应交税费——应交增值税（销项税额） 26

（4）以现金支付采购员赵伟预支的差旅费：

借：其他应收款——赵伟 3 000
　贷：库存现金 3 000

（5）以现金购买办公用品：

借：管理费用——办公费 210.00
　　应交税费——应交增值税（进项税额） 27.30
　贷：库存现金 237.30

2. 库存现金的明细分类核算

为了全面、系统、连续地反映有关库存现金的收支情况，企业还应设置“库存现金日记账”进行序时核算，由出纳人员根据审核无误的现金收付款凭证，按照业务发生顺序逐笔进行序时登记。每日终了，应当在“库存现金日记账”上计算出当日的现金收入合计额、现金支出合计额和结余额，并将“库存现金日记账”的账面结余额与实际库存现金金额相核对，保证账实相符；月度终了，“库存现金日记账”的余额应当与“库存现金”总账的余额核对，做到账账相符。

有外币现金的小企业，还应当分别按人民币和外币进行明细核算。

【工作任务 2－2】 根据【工作任务 2－1】完成的任务，登记的库存现金日记账，如表 2－1所示。

表 2－1　库存现金日记账　　单位：元

2019 年		凭证		对方账户	摘　要	借方	贷方	余额
月	日	字	号					
8	15				承前页	82 500.00	80 700.00	4 520.00
	15	记	048	银行存款	提取现金	4 000.00		
	15	记	055	其他应收款	郭燕差旅费退款	100.00		
	15	记	063	其他业务收入	销售多余材料	226.00		
	15	记	071	其他应收款	赵伟出差借款		3 000.00	
	15	记	076	管理费用	购买办公用品		237.30	
	15				本日合计	4 326.00	3 237.30	5 608.70

(三) 库存现金的清查

库存现金的清查是对库存现金的盘点与核对。企业应根据现金管理的规定,对库存现金进行定期和不定期的清查,以便保证账实相符和库存现金的安全完整。库存现金的清查,一般采用实地盘点法。对于清查的结果,应当编制“现金盘点报告单”。如果有挪用现金、“白条顶库”的情况,应及时予以纠正。对于超限额留存的现金应及时送存银行。如果账款不符,发现有待查明原因的现金短缺或溢余,应先通过“待处理财产损溢”账户核算,待查明原因按管理权限报经批准后,再分情况进行处理。

1. 库存现金盘亏的核算

库存现金清查后,如为现金短缺,属于应由责任人赔偿或保险公司赔偿的部分,记入“其他应收款”账户;属于无法查明的其他原因,记入“营业外支出”账户。

【小思考 2-2】 查阅有关资料,《企业会计准则》对于无法查明原因的库存现金短缺是如何核算的?

2. 库存现金盘盈的核算

库存现金清查后,如为现金溢余,属于应支付给有关人员或单位的,记入“其他应付款”账户;属于无法查明原因的,记入“营业外收入”账户。

【工作任务 2-3】 2019 年 8 月 15 日,公司在现金清查中发现现金短缺 200 元,经查属于出纳人员王平的责任,根据批复意见,由责任人王平赔偿。

任务处理如下:

(1) 库存现金盘亏,查明原因前:

借:待处理财产损溢——待处理流动资产损溢　　200
　贷:库存现金　　200

(2) 库存现金盘亏,查明原因后:

借:其他应收款——王平　　200
　贷:待处理财产损溢——待处理流动资产损溢　　200

【工作任务 2-4】 2019 年 8 月 31 日,公司在现金清查中发现现金溢余 85 元,经查属于顾客找零差错,正在等待顾客取款。

任务处理如下:

(1) 库存现金盘盈,查明原因前:

借:库存现金　　85
　贷:待处理财产损溢——待处理流动资产损溢　　85

(2) 库存现金盘盈,查明原因后:

借:待处理财产损溢——待处理流动资产损溢　　85
　贷:其他应付款——某顾客　　85

【涉税规定 2-1】 根据《财政部 国家税务总局关于企业资产损失税前扣除政策的通知》(财税〔2009〕57 号)的规定,企业清查出的现金短缺减除责任人赔偿后的余额,作为现金损失在计算应纳税所得额时扣除。

《国家税务总局关于发布〈企业资产损失所得税前扣除管理办法〉的公告》(〔2011〕25 号,2013 修订)规定,企业发生现金损失,应向税务机关提供以下证据材料确认:

(1) 现金保管人确认的现金盘点表(包括倒推至基准日的记录);

(2) 现金保管人对于短缺的说明及相关核准文件;

(3) 对责任人由于管理责任造成损失的责任认定及赔偿情况的说明;

(4) 涉及刑事犯罪的,应有司法机关出具的相关材料;

(5) 金融机构出具的假币收缴证明。

二、银行存款的核算

(一) 银行转账的结算方式

小企业之间的业务结算按规定可以使用现金的以外,都应通过银行转账结算。银行转账结算就是企业之间发生款项收付时,不用现金而是通过银行从付款单位的存款中把款项转到收款单位的存款账户上。现行的转账结算方式主要包括支票、银行本票、汇票(银行汇票、商业汇票)、银行卡、电子支付方式、委托收款、托收承付和其他结算方式。

1. 支票

(1) 支票的概念和适用范围。

支票是指由出票人签发的,委托办理支票存款业务的银行在见票时无条件支付确定的金额给收款人或者持票人的一种票据。单位和个人的各种款项结算,均可以使用支票。2007 年 7 月 8 日,中国人民银行宣布,支票可以实现全国范围内互通使用。支票结算方式结算程序如图 2-1 所示。

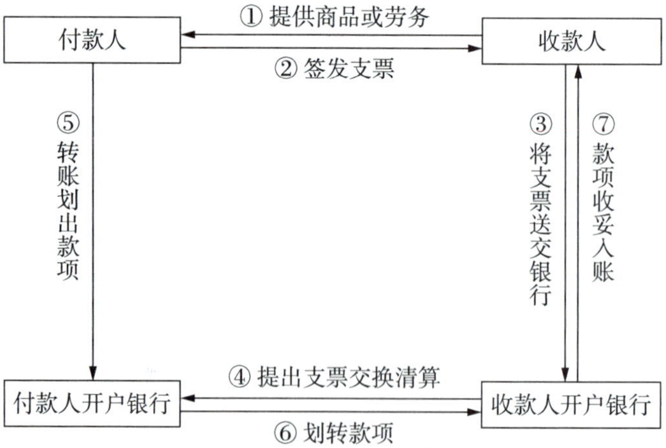

图 2-1 支票结算方式结算程序

（2）支票的种类。

支票按支付票款的方式不同，分为现金支票、转账支票和普通支票。

① 现金支票。支票上印有“现金”字样的为现金支票，现金支票只能用于支取现金。

② 转账支票。支票上印有“转账”字样的为转账支票，转账支票只能用于转账。

③ 普通支票。支票上未印有“现金”或“转账”字样的为普通支票，普通支票可以用于支取现金，也可以用于转账。在普通支票左上角划两条平行线的，为划线支票，划线支票只能用于转账，不得支取现金。

（3）签发支票的要求。

① 签发支票应使用碳素墨水或墨汁填写，中国人民银行另有规定的除外。

② 签发现金支票和用于支取现金的普通支票，必须符合国家现金管理的规定。

③ 支票的出票人签发的金额不得超过付款时在付款人处实有的存款金额。禁止签发空头支票。

④ 支票的出票人预留银行的签章是银行审核支票付款的依据。银行也可以与出票人约定使用支付密码，作为银行审核支付支票金额的条件。

⑤ 出票人不得签发与其预留银行签章不符的支票；使用支付密码的，出票人不得签发支付密码错误的支票。

⑥ 出票人签发空头支票、签章与预留银行签章不符的支票，使用支付密码的地区，支付密码错误的支票，银行应予退票，并按票面金额处以5%但不低于1 000元的罚款；持票人有权要求出票人赔偿支票金额2%的赔偿金。对于屡次签发的出票人，银行应当停止其签发支票。

⑦ 支票可以背书转让，但用于支取现金的支票不能背书转让。支票的持票人应在自出票日起10日内提示付款。

（4）兑付支票的要求。

① 持票人可以委托开户银行收款或直接向付款人提示付款。用于支取现金的支票仅限于收款人向付款人提示付款。

② 持票人委托开户银行收款时，应作委托收款背书，在支票背面背书人签章栏签章，记载“委托收款”字样、背书日期，在背书人栏记载开户银行名称，并将支票和填制的进账单送交开户银行。

③ 持票人持用于转账的支票向付款人提示付款时，应在支票背面背书人签章栏签章，并将支票和填制的进账单送交出票人开户银行。

④ 收款人持用于支取现金的支票向付款人提示付款时，应在支票背面“收款人签章”处签章，持票人为个人的，还需交验本人身份证件，并在支票背面注明证件名称、号码及发证机关。

（5）支票的会计核算。

在会计核算中，收款方和付款方对于支票的核算账户均为“银行存款”账户，即收款方收到支票收账通知时借记“银行存款”账户；付款方根据支票存根和银行进账单回单贷记“银行存款”账户。

2. 银行本票

（1）银行本票的概念和适用范围。

银行本票是指银行签发的，承诺自己在见票时无条件支付确定的金额给收款人或持票人的一种票据。单位和个人在同一票据交换区域需要支付的各种款项，均可以使用银行本票。银行本票结算方式结算程序如图 2－2 所示。

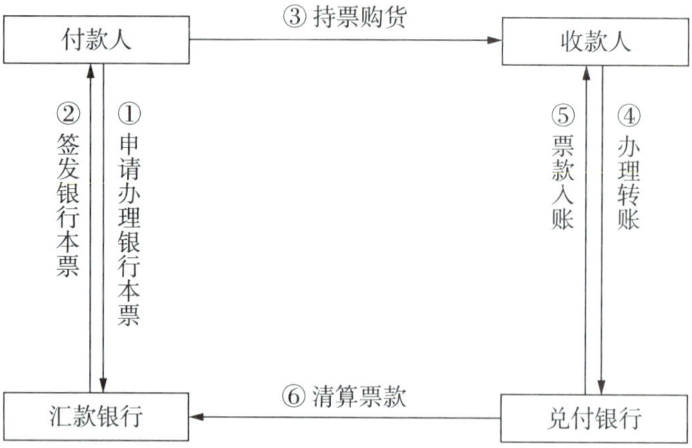

图 2－2 银行本票结算方式结算程序

（2）银行本票的种类。

银行本票分为不定额本票和定额本票两种。

不定额银行本票是指凭证上金额栏是空白的，签发时根据实际需要填写金额(起点金额为 5 000 元)，并用压数机压印金额的一种银行本票。

定额银行本票是指凭证上预先印有固定面额的一种银行本票。定额本票面额为1 000 元、5 000 元、10 000 元和 50 000 元。

（3）银行本票的出票与退票。

申请人使用银行本票，应向银行填写“银行本票申请书”。申请人或收款人为单位的，不得申请签发现金银行本票。出票银行受理银行本票申请书，收妥款项后签发银行本票，在本票上签章后交给申请人。申请人应将银行本票交付给本票上记明的收款人。

银行本票的提示付款期限自出票日起 2 个月。在有效付款期内，银行见票付款。持票人超过付款期限提示付款的，银行不予受理。申请人因银行本票超过提示付款期限或其他原因要求退款时，应将银行本票提交到出票银行并出具单位证明。出票银行对于在本行开立存款账户的申请人，才能退付现金。

（4）银行本票的会计核算。

用于转账的，在银行本票上划去“现金”字样；申请人和收款人均为个人需要支取现金的，在银行本票上划去“转账”字样。申请人或收款人为单位的，银行不得为其签发现金银行本票。对付款人而言，收到银行退回的“银行本票申请书”存根联和不定额银行本票第一联时借记“其他货币资金”账户，贷记“银行存款”账户；持票人向银行提示付款时，应提交银行本票和解讫通知及有关销售凭证，借记“银行存款”账户，贷记“主营业务收入”等账户。

3. 银行汇票

（1）银行汇票的概念和适用范围。

银行汇票是指由出票银行签发的，由其在见票时按照实际结算金额无条件支付给收款人或者持票人的一种票据。 单位和个人各种款项结算，均可使用银行汇票。银行汇票结算方式结算程序如图 2-3 所示。

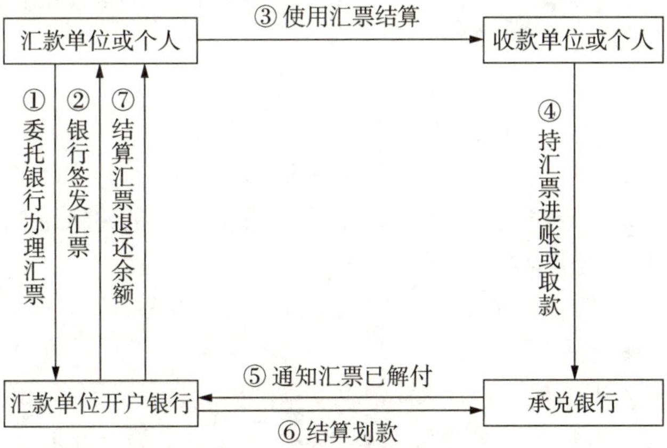

图 2-3 银行汇票结算方式结算程序

银行汇票一式四联，第一联为卡片，在承兑行支付票款时用作付出传票；第二联为银行汇票，与第三联解讫通知一并由汇款人自带，在兑付行兑付汇票后此联做联行往来账付出传票；第三联解讫通知，在兑付行兑付后随报单寄签发行，由签发行做余款收入传票；第四联是多余款通知，并在签发行结清后交付汇款人。

(2) 银行汇票申办的基本程序和规定。

① 申请人使用银行汇票，应向出票银行填写"银行汇票申请书"，填明收款人名称、汇票金额、申请人名称、申请日期等事项并签章，其签章为预留银行印鉴。申请人或收款人为单位的，不得在"银行汇票申请书"上填明"现金"字样。

② 出票银行受理银行汇票申请书，收妥款项后签发银行汇票，并用压数机压印出票金额，将银行汇票和解讫通知一并交给申请人。

③ 申请人应将银行汇票和解讫通知一并交付给汇票上记载的收款人。

④ 申请人因银行汇票超过付款提示期限或其他原因要求退款时，应将银行汇票和解讫通知同时提交出票银行，并提供本人身份证件或单位证明。

(3) 银行汇票兑付的基本程序和规定。

① 收款人受理银行汇票依法审查无误后，应在出票金额以内，根据实际需要的款项办理结算，并将实际结算金额和多余金额填入银行汇票和解讫通知的有关栏内。未填明实际结算金额和多余金额或实际结算金额超过出票金额的，银行不予受理。银行汇票的实际结算金额不得更改，更改实际结算金额的银行汇票无效。

② 持票人向银行提示付款时，必须同时提交银行汇票和解讫通知，缺少任何一联，银行不予受理。

③ 持票人超过提示付款期限向代理付款银行提示付款不获付款的，必须在票据权利时效内向出票银行作出说明，并提供本人身份证件或单位证明，持银行汇票和解讫通知向出票银行请求付款。

(4) 银行汇票的会计核算。

出票银行受理银行汇票申请书，收妥款项后签发银行汇票，并用压数机压印出票金额，将银行汇票和解讫通知一并交给申请人。申请人将银行汇票和解讫通知一并交付给收款人时，借记“其他货币资金”账户，贷记“银行存款”账户。

持票人向银行提示付款时，应提交银行汇票和解讫通知及有关销售凭证，借记“银行存款”账户，贷记“主营业务收入”等账户。

4．商业汇票

（1）商业汇票的概念和适用范围。

商业汇票是由出票人签发的，委托付款人在指定日期无条件支付确定的金额给收款人或持票人的一种票据。无论同城，还是异地，在银行开立账户的法人之间根据购销合同进行的商品交易，均可使用商业汇票结算方式。

商业汇票一式三联，第一联卡片，第二联汇票，第三联存根。

（2）商业汇票的种类。

商业汇票按照承兑人不同，可以分为商业承兑汇票和银行承兑汇票。

商业承兑汇票是指由付款人签发并承兑，或由收款人签发并由付款人承兑的一种商业汇票。商业承兑汇票的付款人收到开户银行的付款通知，应在当日通知银行付款。付款人在接到通知后次日起 3 日内未通知银行付款的，视同付款人承诺付款，银行将于付款人接到通知日的次日起第 4 日上午开始营业时，将票款划给持票人。银行在办理划款时，付款人银行账户不足支付的，银行应填制付款人未付票款通知书，连同商业承兑汇票邮寄持票人开户银行转交持票人。

银行承兑汇票是指由在承兑银行开户的存款人签发，由承兑银行承兑的一种商业汇票。企业申请使用银行承兑汇票时，应向其承兑银行按票面金额的万分之五缴纳手续费。银行承兑汇票的出票人应于汇票到期前将票款足额缴存其开户银行，承兑银行应在汇票到期日后的见票当日支付票款。银行承兑汇票的出票人到期前未能足额缴存票款的，承兑银行除凭票向持票人无条件付款外，对出票人尚未支付的汇款金额按照每天万分之五计收利息。商业汇票结算方式结算程序如图 2－4 和图 2－5 所示。

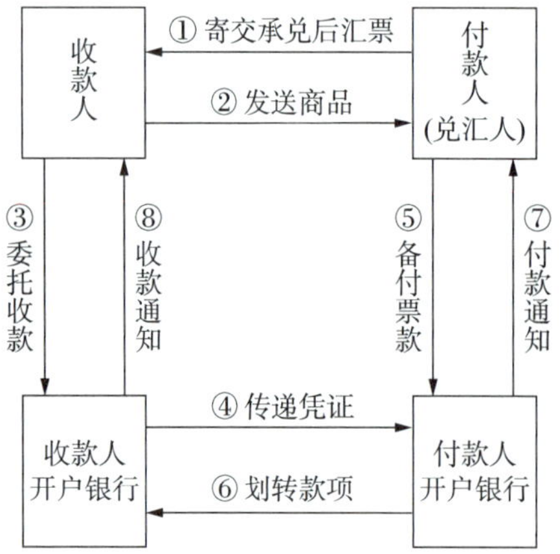

图 2－4 商业承兑汇票结算方式结算程序

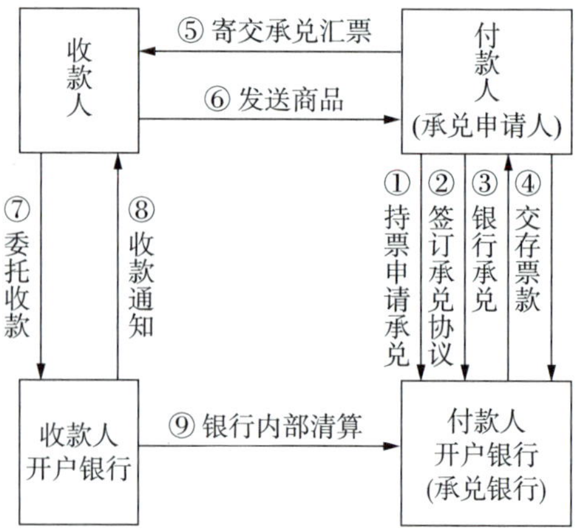

图 2－5 银行承兑汇票结算方式结算程序

商业汇票的付款期限最长不超过6个月。符合条件的商业汇票持票人可以持未到期的商业汇票向银行申请贴现。

【小思考2-3】 银行本票、银行汇票和商业汇票有何区别和联系?

(3) 商业汇票的会计核算。

在会计核算中,商业汇票对债权人而言,使用“应收票据”账户;对债务人而言,使用“应付票据”账户。

5. 银行卡

(1) 银行卡的概念和适用范围。

银行卡是指经批准由商业银行(含邮政金融机构)向社会发行的具有消费信用、转账结算、存取现金等全部或部分功能的一种信用支付工具。银行卡因其具有的携带便利、使用简单、集多功能为一体的特点,在社会经济活动中的应用日益广泛。银行卡结算方式结算程序如图2-6所示。

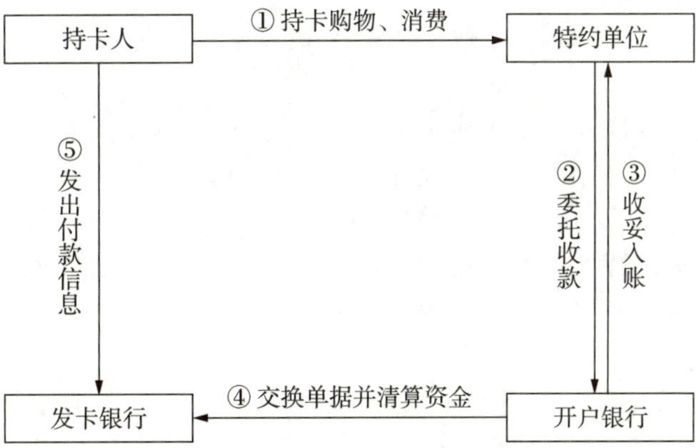

图2-6 银行卡结算方式结算程序

(2) 银行卡的种类。

① 按照发行主体是否在境内分为境内卡和境外卡。境内卡是指由境内商业银行发行的,既可以在境内使用,也可以在境外使用的一种银行卡。境外卡是指由境外设立的外资金融机构或外资非金融机构发行的,可以在境内使用的一种银行卡。

② 按照是否给予持卡人授信额度分为信用卡和借记卡。信用卡是指发卡银行向持卡人签发的、给予持卡人一定信用额度,持卡人可以在信用额度内先消费、后还款的一种银行卡。信用卡按照是否向发卡银行交存备用金分为贷记卡和准贷记卡。贷记卡是指发卡银行给予持卡人一定信用额度,持卡人可以在信用额度内先消费、后还款的一种信用卡,它具有透支消费、期限内还款可免息、卡内存款不计付利息等特点。准贷记卡是指持卡人必须先按照发卡银行要求交存一定金额的备用金,当备用金余额不足支付时,可以在规定的信用额度内透支的信用卡。借记卡是指发卡银行向持卡人签发的、没有信用额度,持卡人先存款、后使用的银行卡。

2

③ 按照账户币种的不同分为人民币卡、外币卡和双币种卡。人民币卡是指存款、信用额度均为人民币,并且应当以人民币偿还的一种银行卡;外币卡是指存款、信用额度均为外币,并且应当以外币偿还的一种银行卡;双币种卡是指存款、信用额度同时有人民币和外币两个账户的一种银行卡。

(3) 银行卡交易的基本规定。

① 单位人民币卡可办理商品交易和劳务供应款项的结算,但不得透支。单位卡不得支取现金。

② 发卡银行对贷记卡的取现应当每笔进行授权,每卡每日累计取现不得超过限定额度(2 万元)。

③ 准贷记卡的透支期限最长为 60 天。贷记卡的首月最低还款额不得低于其当月透支余额的 10%。

(4) 银行卡的申领、注销和挂失。

① 银行卡的申领。凡在中国境内金融机构开立基本存款账户的单位,可凭中国人民银行核发的开户许可证申领单位卡。单位卡可申领若干张,持卡人资格由申领单位法定代表人或其委托的代理人书面指定和注销。凡具有完全民事行为能力的公民,可凭本人有效身份证件及发卡银行规定的相关证明文件申领个人卡。个人卡的主卡持卡人,可为其配偶及年满 18 周岁的亲属申领附属卡,申领的附属卡最多不得超过两张,也有权要求注销其附属卡。

② 银行卡的注销。持卡人在还清全部交易款项、透支本息和有关费用后,可申请办理销户。销户时,单位卡账户余额转入其基本存款账户,不得提取现金;个人卡账户可以转账结清,也可以提取现金。发卡银行办理销户,应当收回银行卡。

③ 银行卡的挂失。持卡人丧失银行卡,应立即持本人身份证件或其他有效证明,并按规定提供有关情况,向发卡银行或代办银行申请挂失。

(5) 银行卡的会计核算。

支付人刷卡消费后,根据 POS 小票及相关原始凭证,借记"原材料"等账户,贷记"银行存款"账户。

收款人根据打印的电子凭证及有关销售凭证,借记"银行存款"账户,贷记"主营业务收入"等账户。

6. 电子支付

(1) 电子支付的概念。

所谓电子支付,是指从事电子商务交易的当事人,包括消费者、厂商和金融机构,通过信息网络,使用安全的信息传输手段,采用数字化方式进行的货币支付或资金流转。

(2) 电子支付的种类。

电子支付的业务类型按电子支付指令发起方式分为网上支付、电话支付、移动支付、销售点终端交易、自动柜员机交易和其他电子支付。随着计算机技术的发展,电子支付的工具越来越多,可以分为三大类:电子货币类,如电子现金、电子钱包等;电子信用卡类,包括智能卡、借记卡、电话卡等;电子支票类,如电子支票、电子汇款、电子划款等。这些方式各有自己的特点和运作模式,适用于不同的交易过程。

(3) 电子支付的会计核算。

会计核算时,可在"其他货币资金"账户下增设明细账户"电子货币"等,同时在涉及"应收账款”“应付账款”等账户时也可增设明细账户“电子货币”等。这样，电子货币和现实生活中的货币就有必要相互转化，并且转化时企业所做的会计处理与“信用卡”的会计处理相类似。

7. 委托收款

（1）委托收款的概念和适用范围。

委托收款是指收款人委托银行向付款人收取款项的结算方式。单位和个人凭已承兑商业汇票、存单等付款人债务凭证办理款项的结算，均可使用委托收款结算方式。委托收款在同城和异地均可使用。委托收款结算方式的划回方式，分为邮寄和电报两种，由收款人选用。委托收款结算方式结算程序如图 2-7 所示。

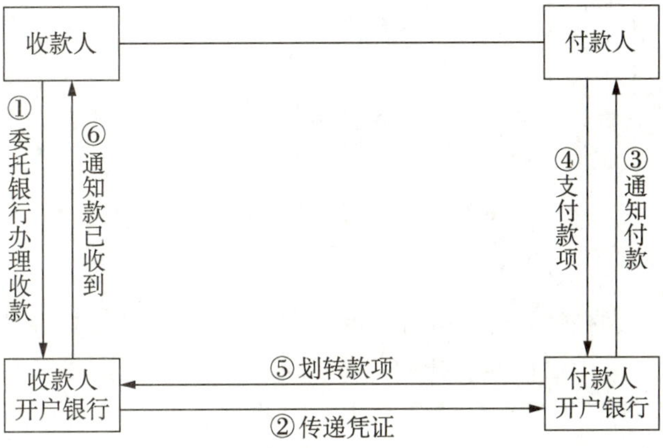

图 2-7 委托收款方式结算程序

（2）委托收款的办理。

收款人办理委托收款应向银行提交委托收款凭证和有关债务证明。银行接到寄来的委托收款凭证及债务证明，审查无误后办理付款。其中，以银行为付款人的，银行应在当日将款项主动支付给收款人；以单位为付款人的，银行应及时通知付款人，按照有关办法规定，需要将有关债务证明交给付款人的应交给付款人，并签收。付款人应于接到通知的当日书面通知银行付款，付款人未在接到通知日的次日起 3 日内通知银行付款的，视同付款人同意付款。

（3）委托收款的会计核算。

收款人在办妥委托收款手续时，应借记“应收账款”账户，贷记“主营业务收入”“应交税费——应交增值税（销项税额）”等账户。

付款人通知银行付款时，应借记“原材料”“应交税费——应交增值税（进项税额）”等账户，贷记“银行存款”账户。

8. 托收承付

（1）托收承付的概念和适用范围。

托收承付是指根据购销合同由收款人发货后委托银行向异地付款人收取款项，由付款人向银行承认付款的结算方式。使用托收承付结算方式的收款单位和付款单位，必须是国有企业、供销合作社以及经营管理较好，并经开户银行审查同意的城乡集体所有制工业企业。办理托收承付结算的款项，必须是商品交易以及因商品交易而产生的劳务供应的款项。

代销、寄销、赊销商品的款项，不得办理托收承付结算。收款人办理托收，必须具有商品确已发运的证件及其他有效证件。托收承付结算每笔的金额起点为 10 000 元。新华书店系统每笔结算的金额起点为 1 000 元。托收承付方式结算程序如图 2-8 所示。

2

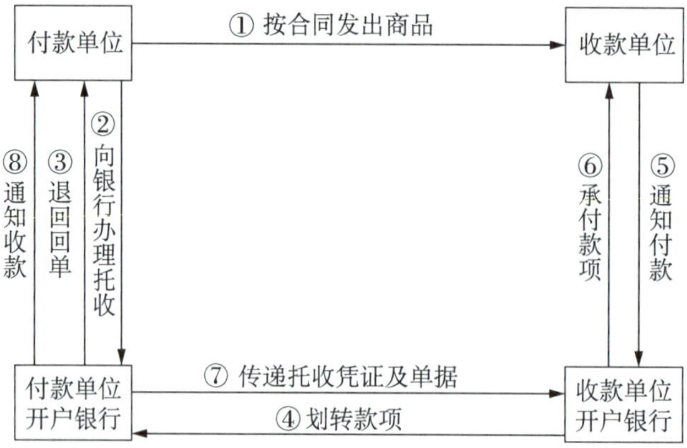

图 2-8 托收承付方式结算程序

(2) 托收承付的办理。

托收承付结算款项的划回方法，分邮寄和电报两种，由收款人选择使用。收款人按照签订的购销合同发货后，委托银行办理托收。收款人应将托收凭证并附发运证件或其他符合托收承付结算的有关证明和交易单证送交银行。收款人开户银行接到托收凭证及其附件后，应按照托收的范围、条件和托收凭证记载的要求认真审查，必要时还应查验收付款人签订的购销合同。审查时间最长不得超过次日。付款人开户银行收到托收凭证及其附件后，应及时通知付款人付款。承付货款的方式由收付款双方商量选用，并在购销合同中明确规定。

(3) 托收承付的会计核算。

收款人在办妥托收手续时，应借记“应收账款”账户，贷记“主营业务收入”“应交税费——应交增值税(销项税额)”等账户。

付款人通知银行付款时，应借记“原材料”“应交税费——应交增值税(进项税额)”等账户，贷记“银行存款”账户。

【小思考 2-4】 上述结算方式中，哪些结算方式适用于同城结算？哪些结算方式适用于异地结算？哪些结算方式同城和异地均可采用？

(二) 银行存款的账务处理

1. 银行存款的总分类核算

企业应当设置“银行存款”账户，进行银行存款的总分类核算。企业向银行或其他金融机构存入款项时，借记“银行存款”账户，贷记“库存现金”“主营业务收入”“应收账款”等账户；企业从银行提取或支出款项时，贷记“银行存款”账户，借记“库存现金”“原材料”“管理费用”“应付账款”等账户。

【工作任务2-5】 2019年4月10日，A公司发生与银行存款有关的业务如下：

(1) 开出现金支票一张，提取现金8 000元作为备用金。

(2) 支付行政管理部门的电话费5 830元(含增值税)，开出转账支票一张。

(3) 销售给C公司产品一批，售价50 000元，增值税6 500元，收到银行汇票一张，存入银行。

(4) 购买材料一批，增值税专用发票上注明的价款72 000元，增值税税额9 360元。材料已经验收入库，价款以转账支票支付。

任务处理如下：

(1) 开出现金支票，提取现金：

借：库存现金	8 000	
贷：银行存款		8 000

(2) 开出转账支票，支付行政管理部门的电话费：

借：管理费用——电话费	5 500	
应交税费——应交增值税(进项税额)	330	
贷：银行存款		5 830

(3) 销售产品一批，收到银行汇票存入银行：

借：银行存款	56 500	
贷：主营业务收入		50 000
应交税费——应交增值税(销项税额)		6 500

(4) 开出转账支票，购买材料：

借：原材料	72 000	
应交税费——应交增值税(进项税额)	9 360	
贷：银行存款		81 360

2. 银行存款的明细分类核算

为了全面、系统、连续地反映有关银行存款的收支情况，企业还应设置“银行存款日记账”进行序时核算，由出纳人员根据审核无误的银行存款收、付款凭证，按照业务发生顺序逐笔进行序时登记。每日终了，应结出余额。

有外币存款的小企业，还应当分别按人民币和外币设置“银行存款日记账”进行明细核算。

(三) 银行存款的清查

企业应定期或不定期地进行银行存款的清查，将企业银行存款日记账的账面余额与其开户银行转来的对账单进行核对，至少每月核对一次。若双方余额不一致，除记账错误外，双方还可能存在未达账项。

2

【工作任务 2－6】 根据【工作任务 2－5】的资料，登记的银行存款日记账如表 2－2 所示。

表 2－2 银行存款日记账 单位：元

2019 年		凭证		对方账户	结算方式		摘要	借方	贷方	余额
月	日	字	号		种类	号码				
4	10						承前页	147 800.00	135 200.00	168 920.00
	10	记	065	银行存款	现支	略	提取现金		8 000.00	
	10	记	078	管理费用	转支	略	支付电话费		5 830.00	
	10	记	082	主营业务收入	银汇	略	销售产品	56 500.00		
	10	记	091	原材料	转支	略	购买材料		81 360.00	
	10						本日合计	56 500.00	95 190.00	130 230.00

未达账项，是指由于企业与银行取得有关结算凭证的时间不同而发生的一方已经取得结算凭证登记入账，另一方未取得结算凭证尚未入账的款项。发生未达账项的具体情况有 4 种：一是企业已收款入账，银行尚未收款入账；二是企业已付款入账，银行尚未付款入账；三是银行已收款入账，企业尚未收款入账；四是银行已付款入账，企业尚未付款入账。无论是记录有误，还是未达账项，都要通过小企业银行存款日记账的记录与银行开出的“银行存款对账单”进行逐笔核对才能发现。

具体做法是：小企业出纳人员根据银行提供的“对账单”同自己的“银行存款日记账”进行核对。核对时，需要对凭证的种类、编号、摘要、记账方向、金额、记账日期等内容进行逐项核对，凡是对账单与银行存款日记账记录内容相同的可用“√”在对账单和日记账上分别标示，以查明该笔业务核对一致。经过逐笔核对后，对账单与银行存款日记账记录上没有打“√”视为“未达账项”。

对于未达账项应由出纳人员以外的会计人员编制“银行存款余额调节表”，如没有记账错误，调节后的双方余额应相等。

【工作任务 2－7】 2019 年 6 月 30 日，A 公司“银行存款日记账”的余额为 540 000 元，银行转来的“银行对账单”的余额为 830 000 元。经逐笔核对，发现以下未达账项：

(1) 东海公司支付本公司货款，送存转账支票 600 000 元，企业已登记银行存款日记账，但银行尚未记账。

(2) 公司开出一张转账支票 380 000 元给南方公司，但南方公司尚未到银行办理转账，银行尚未记账。

(3) 公司委托银行代收中华公司购货款 480 000 元，银行已收妥并登记入账，但公司尚未收到收款通知，尚未记账。

(4) 银行代公司支付电话费 40 000 元，银行已登记公司银行存款减少，但公司未收到银行付款通知，尚未记账。

(5) 公司签发银行本票一张给北方公司，面值 70 000 元，企业已经登记到银行存款减少，银行尚未记账。

根据以上资料，编制银行存款余额调节表如表 2 3 所示。

表 2-3　　银行存款余额调节表

2019 年 6 月 30 日　　单位：元

项　　目	金额	项　　目	金额
企业银行存款日记账余额	540 000	银行对账单余额	830 000
加：银行已收企业未收款		加：企业已收银行未收款	
(3) 银行代收中华公司货款	480 000	(1) 收到东海公司货款	600 000
减：银行已付企业未付款		减：企业已付银行未付款	
(4) 银行代付电话费	40 000	(2) 支付南方公司货款	380 000
		(5) 签发银行本票	70 000
调节后余额	980 000	调节后余额	980 000

从本例中可看出，A 公司银行存款账面余额与银行对账单余额之间不一致的原因，是因为存在未达账项。如果双方账目没有发生其他差错，所求得的双方账面余额必定相符；否则，就要进一步检查不符的原因。

需要指出的是，“银行存款余额调节表”只起到对账的作用，不能作为调节账面余额的凭证。银行存款日记账的登记，必须待收到有关原始凭证后再进行。

【小思考 2-5】 A 公司可以动用的银行存款实有额是多少？

小企业在对银行存款进行清查时，如果有确凿证据表明存在银行或其他金融机构的款项已经全部或部分不能收回，如吸收存款单位已宣告破产，其破产财产不足以清偿的部分，或者全部不能清偿的，应作为当期损失，冲减银行存款，借记“营业外支出”账户，贷记“银行存款”账户。

【涉税规定 2-2】 根据《财政部 国家税务总局关于企业资产损失税前扣除政策的通知》的规定，企业将货币资金存入法定具有吸收存款职能的机构，因该机构依法破产、清算，或者政府责令停止、关闭等原因，确实不能收回的部分，作为存款损失在计算应纳税所得额时扣除。

2

《国家税务总局关于发布〈企业资产损失所得税前扣除管理办法〉的公告》规定，企业发生存款类损失，应向税务机关提供以下证据材料确认：

（1）企业存款类资产的原始凭据。

（2）金融机构破产、清算的法律文件。

（3）金融机构清算后剩余资产分配情况资料。

金融机构应清算而未清算超过3年的，企业可将该款项确认为资产损失，但应有法院或破产清算管理人出具的未完成清算证明。

三、其他货币资金的核算

（一）其他货币资金概述

其他货币资金是指企业除库存现金、银行存款以外的货币资金，包括银行汇票存款、银行本票存款、信用卡存款、信用证保证金存款、外埠存款、存出投资款和备用金等。

（1）银行汇票存款。

银行汇票存款，是指采用银行汇票结算方式的企业为取得银行汇票而交存当地开户银行的款项。

（2）银行本票存款。

银行本票存款，是指采用银行本票结算方式的企业为取得银行本票而交存当地开户银行的款项。

（3）信用卡存款。

信用卡存款，是指企业为取得信用卡而存入银行信用卡专户的款项。

（4）信用证保证金存款。

信用证保证金存款，是指采用信用证结算方式的企业为开具信用证而存入银行信用证保证金专户的款项。

（5）外埠存款。

外埠存款，是指企业为了到外地进行临时或零星采购，而汇往采购地银行开立采购专户的款项。该账户的存款不计利息、只付不收、付完清户，除了采购人员可从中提取少量现金外，一律采用转账结算。

（6）存出投资款。

存出投资款，是指企业已存入证券公司但尚未进行实际投资的资金。

（7）备用金。

备用金，是指企业预付给内部单位或职工个人应对日常零星开支的备用现金。

（二）其他货币资金的日常核算

1. 账户设置

为了反映和监督其他货币资金的收支和结存情况，企业应当设置“其他货币资金”账户，借方登记其他货币资金的增加数，贷方登记其他货币资金的减少数；期末余额在借方，反映企业实际持有的其他货币资金。该账户应按其他货币资金的种类设置明细账户。

2

2. 账务处理

(1) 银行汇票存款的核算。

购货企业填写"银行汇票申请书"、将款项交存银行时，借记"其他货币资金——银行汇票"账户，贷记"银行存款"账户；企业持银行汇票购货、收到有关发票账单时，借记"在途物资""材料采购""原材料""库存商品""应交税费——应交增值税(进项税额)"等账户，贷记"其他货币资金——银行汇票"账户；采购完毕收回剩余款项时，借记"银行存款"账户，贷记"其他货币资金——银行汇票"账户。

销货企业收到银行汇票、填制进账单到开户银行办理款项入账手续时，根据进账单及销货发票等，借记"银行存款"账户，贷记"主营业务收入""应交税费——应交增值税(销项税额)"等账户。

【工作任务 2-8】 A 公司 2019 年 8 月采用银行汇票结算方式购买材料。有关业务如下：

(1) 10 日，A 公司向银行提交"银行汇票申请书"，并将 60 000 元转账支票交存开户银行，要求银行办理银行汇票用于异地购料。银行受理后开出银行汇票，公司收到银行汇票和解讫通知。

(2) 15 日，A 公司的采购员持银行汇票去异地采购材料，取得的增值税专用发票上注明的材料价款 50 000 元，增值税 6 500 元，材料已验收入库。

(3) 21 日，A 公司收到开户银行转来的银行汇票多余款项收款通知，银行汇票多余款项 3 500 元已退回开户银行。

根据以上业务，任务处理如下：

(1) 8 月 10 日，取得银行汇票及解讫通知时：

借：其他货币资金——银行汇票	60 000	
贷：银行存款		60 000

(2) 8 月 15 日，购买材料时：

借：原材料	50 000	
应交税费——应交增值税(进项税额)	6 500	
贷：其他货币资金——银行汇票		56 500

(3) 8 月 21 日，收到退回的余款时：

借：银行存款	3 500	
贷：其他货币资金——银行汇票		3 500

【学中做 2-1】 2019 年 5 月 4 日，A 公司为了取得定额银行本票，向银行填交"银行本票申请书"，并要求将 50 000 元银行存款转作银行本票存款。5 月 10 日，企业持银

行本票采购材料，取得的增值税专用发票上注明的材料价款 42 000 元，增值税税额 5 460 元，材料已验收入库。11 日，A 公司收到退回多余款项。请编制相关会计分录。

2

（2）存出投资款的核算。

企业向证券公司划出资金时，应按实际划出的金额，借记“其他货币资金——存出投资款”账户，贷记“银行存款”账户；实际购买股票、债券等时，借记“短期投资”等账户，贷记“其他货币资金——存出投资款”账户。

【工作任务 2-9】 黄河公司 2019 年 4 月发生存出投资款业务如下：

（1）4 日，向国元证券公司存入资金 300 000 元。

（2）8 日，购买 S 上市公司股票 40 000 股，每股单价 6 元，发生交易费用 720 元。

（3）15 日，将购买的 S 上市公司股票全部出售，取得价款 281 200 元。

任务处理如下：

（1）4 月 4 日，存入投资款时：

借：其他货币资金——存出投资款　　300 000
　贷：银行存款　　300 000

（2）4 月 8 日，购买股票时：

借：短期投资——S 上市公司　　240 720
　贷：其他货币资金——存出投资款　　240 720

（3）4 月 15 日，出售股票时：

借：其他货币资金——存出投资款　　281 200
　贷：短期投资——S 上市公司　　240 720
　　　投资收益　　40 480

（三）其他货币资金的清查

企业应该开展其他货币资金的清查工作。对于外埠存款，应查明采购专户银行对账单的结余额与企业账面结存额是否相符，是否有挪用公款等非法行为发生。对于银行汇票存款和银行本票存款，也应定期核对，以防银行汇票和银行本票的丢失，并查明其付款的有效期限，防止逾期不能办理结算业务。对于信用卡存款应核实其余额，防止存款余额过低发生透支，并检查其具体用途，防止公款私用行为的发生。

2

任务二　短期投资的核算

引例 2－2

2019 年 5 月 3 日，昌盛公司从证券市场购入 M 上市公司股票 10 000 股，每股交易价格为 5 元，价款为 50 000 元，交易费用为 100 元。企业持有该股票作为短期投资核算。5 月 10 日，M 上市公司宣告分派股票股利，每 10 股送 2 股，并于当日配送完成。

请问：

（1）企业取得的短期投资的成本应包括哪些项目？

（2）企业收到的股票股利是否要进行账务处理？

（3）企业收到的股票股利是否影响现有股票的单位成本？

一、短期投资的概念

短期投资，是指小企业购入的能随时变现并且持有时间不准备超过 1 年（含 1 年，下同）的投资，如小企业以赚取差价为目的从二级市场购入的股票、债券、基金等。

二、短期投资的核算

（一）账户设置

为了核算短期投资的取得、收取现金股利或利息、处置等业务，企业应当设置“短期投资”和“投资收益”等账户。

1.“短期投资”账户

“短期投资”账户核算小企业购入的能随时变现并且持有时间不准备超过 1 年（含 1 年，下同）投资的实际成本。“短期投资”账户的借方登记短期投资的取得成本；贷方登记出售短期投资时结转的成本。企业应当按照股票、债券、基金等短期投资种类进行明细核算。

2.“投资收益”账户

“投资收益”账户核算企业持有短期投资等期间取得的投资收益以及处置短期投资等实现的投资收益或投资损失，贷方登记企业出售短期投资等实现的投资收益；借方登记企业出售短期投资等发生的投资损失。期末转入“本年利润”账户，结转后应无余额。

（二）账务处理

1. 取得短期投资

企业取得短期投资时，应当按照实际支付的全部价款（买价加相关税费），借记“短期投资”账户，贷记“银行存款”“其他货币资金”等账户。

企业购入股票，如果实际支付的价款中包含已宣告但尚未发放的现金股利，应当按照实际支付的全部价款扣除已宣告但尚未发放的现金股利，借记“短期投资”账户，按应收的现金股利，借记“应收股利”账户，按实际支付的全部价款，贷记“银行存款”“其他货币资金”账户。

企业购入债券，如果实际支付的价款中包含已到付息期但尚未领取的债券利息，应当按照实际支付的全部价款扣除已到付息期但尚未领取利息，借记“短期投资”账户，按应收的利息，借记“应收利息”账户，按实际支付的全部价款，贷记“其他货币资金”或“银行存款”账户。

2. 短期投资持有期间取得现金股利或利息

企业持有短期投资期间对于被投资单位宣告发放的现金股利或企业在资产负债表日按分期付息、一次还本债券投资的票面利率计算的利息收入，应当确认为应收项目，借记“应收股利”或“应收利息”账户，贷记“投资收益”账户。实际收到现金股利或利息，借记“银行存款”账户，贷记“应收股利”或“应收利息”账户。

3. 处置短期投资

出售短期投资时，企业应按实际收到的金额，借记“银行存款”或“其他货币资金”账户；按该金融资产的账面余额，贷记“短期投资”账户；按其差额，贷记或借记“投资收益”账户。

【工作任务 2-10】 百威公司进行短期股票投资，发生业务如下：

(1) 7 月 5 日，从证券交易所购入 D 上市公司股票 50 万股，价值 152 000 元，其中包含了已宣告但尚未发放的现金股利 12 000 元。

(2) 7 月 10 日，收到现金股利。

(3) 9 月 18 日，将该股票出售，取得价款 158 000 元。

任务处理如下：

(1) 7 月 5 日，购入股票时：

借：短期投资——D 股票　　140 000
　　应收股利　　12 000
　贷：其他货币资金——存出投资款　　152 000

(2) 7 月 10 日，收到现金股利时：

借：其他货币资金——存出投资款　　12 000
　贷：应收股利　　12 000

(3) 9 月 18 日，股票出售时：

借：其他货币资金——存出投资款　　158 000
　贷：短期投资——D 股票　　140 000
　　　投资收益　　18 000

【小思考 2-6】 查阅《企业会计准则》，企业取得交易性金融资产发生的交易费用应记入什么账户？

2

【工作任务 2－11】 2019 年长江公司从交通银行购入一批国债划归为短期投资。2019 年发生业务如下：

(1) 1 月 4 日，长江公司以存出投资款 210 000 元购入面值为 200 000 元、票面利率为 6%、每半年付息一次的国债。该国债于 2018 年 7 月 1 日发行。价款中包含 2018 年下半年利息 6 000 元。

(2) 1 月 5 日，公司收到购买价款中包含的已到付息期的国债利息 6 000 元。

(3) 6 月 30 日，公司确认半年期的国债利息 6 000 元。

(4) 7 月 2 日，公司收到持有期间的国债利息 6 000 元。

(5) 8 月 15 日，出售了所持有的国债，售价为 207 500 元。

任务处理如下：

(1) 1 月 4 日，公司购入国债时：

借：短期投资——国债	204 000	
应收利息	6 000	
贷：其他货币资金——存出投资款		210 000

(2) 1 月 5 日，收到购买价款中包含的已到付息期的国债利息时：

借：其他货币资金——存出投资款	6 000	
贷：应收利息		6 000

(3) 6 月 30 日，确认持有期间的国债利息收入时：

借：应收利息	6 000	
贷：投资收益		6 000

(4) 7 月 2 日，公司收到持有期国债利息时：

借：其他货币资金——存出投资款	6 000	
贷：应收利息		6 000

(5) 8 月 15 日，出售国债时：

借：其他货币资金——存出投资款	207 500	
贷：短期投资——国债		204 000
投资收益		3 500

【涉税规定 2－3】 根据《中华人民共和国企业所得税法》(2018 年修正)和《企业所得税法实施条例》(2007 年公布，2019 年修改)的规定，企业的下列收入为免税收入：

(1) 国债利息收入。

(2) 符合条件的居民企业之间的股息、红利等权益性投资收益。

(3) 在中国境内设立机构、场所的非居民企业从居民企业取得的与该机构、场所有实际联系的股息、红利等权益性投资收益。

上述第(2)和(3)项所称的股息、红利等权益性投资收益，不包括连续持有居民企业公开发行并上市流通的股票不足12个月取得的投资收益。企业确认股息、红利等权益性投资收益应以被投资企业股东大会作出的利润分配或转股的决定的日期，确认收入的实现。如果持有不超过12个月的投资收益，应补缴企业所得税。

任务三 应收及预付款项的核算

引例 2-3

2019年4月10日，佳成公司收到禾丰公司破产清算的通知。根据法院的有关通知，企业应收禾丰公司的56 000元只能收回41 000元，其余账款无法收回。

请问：

(1) 小企业确认坏账损失的标准有哪些？

(2) 小企业对应收款项的坏账损失是否可以采用备抵法核算？

(3) 小企业确认坏账损失后，如何得到税务机关的认可？

一、应收票据的核算

(一) 应收票据概述

应收票据是指企业因销售商品、提供劳务等而收到的商业汇票，包括商业承兑汇票和银行承兑汇票。

为了反映和监督应收票据取得、票款收回等经济业务，企业应当设置“应收票据”账户。该账户借方登记取得的应收票据面值，贷方登记到期收回票款或到期前向银行贴现的应收票据的票面余额，期末余额在借方，反映企业持有的商业汇票的票面金额。该账户可按照开出、承兑商业汇票的单位进行明细核算，并设置“应收票据备查簿”，逐笔登记商业汇票的种类、号数和出票日、票面金额、交易合同号和付款人、承兑人、背书人的姓名或单位名称、到期日、背书转让日、贴现日、贴现率和贴现净额以及收款日和收回金额、退票情况等资料。商业汇票到期结清票款或退票后，在备查簿中应予注销。

(二) 应收票据的账务处理

1. 应收票据的取得

应收票据取得的原因不同，其会计处理也有所区别。因债务人抵偿前欠货款而取得的应收票据，借记“应收票据”账户，贷记“应收账款”账户；企业因销售商品或提供劳务收到已承兑的商业汇票时，按应收票据的面值，借记“应收票据”账户，按实现的营业收入，贷记“主营业务收入”等账户，按专用发票上注明的增值税税额，贷记“应交税费——应交增值税(销项税额)”账户。

【工作任务2-12】　2019年7月3日,A公司销售一批产品给C公司,货已发出,专用发票上注明的销售收入为80 000元,增值税税额为10 400元。收到C公司交来的金额为90 400元的商业承兑汇票一张,期限4个月。A公司应作如下账务处理:

借:应收票据——C公司　　90 400
　贷:主营业务收入　　80 000
　　应交税费——应交增值税(销项税额)　　10 400

【工作任务2-13】　2019年7月4日,A公司收到E公司签发的银行承兑汇票一张,面值为80 000元,用于抵偿以前所欠的货款。A公司的会计处理如下:

借:应收票据——E公司　　80 000
　贷:应收账款——E公司　　80 000

2. 应收票据的转让

实务中,企业可以将自己持有的商业汇票背书转让。背书是指在票据背面记载有关事项并签章的票据行为。背书转让后,背书人仍应承担票据责任。企业将持有的商业汇票背书转让以取得所需物资时,按应计入取得物资成本的金额,借记“在途物资”或“材料采购”或“原材料”“库存商品”等账户,按专用发票上注明的可抵扣的增值税税额,借记“应交税费——应交增值税(进项税额)”账户,按商业汇票的账面余额,贷记“应收票据”账户,按尚未计提的利息,贷记“财务费用”账户,如有差额,借记或贷记“银行存款”等账户。

【工作任务2-14】　大海公司将持有的华威公司面值90 000元的商业承兑汇票背书转让给东升公司以取得生产经营所需的甲材料,该材料金额为90 000元,增值税税额11 700元,运费700元,增值税税额63元。另外,大海公司以转账支票补付差价款16 077元。大海公司会计处理如下:

借:原材料　　90 700
　应交税费——应交增值税(进项税额)　　11 763
　贷:应收票据——华威公司　　90 000
　　银行存款　　12 463

3. 应收票据的贴现

应收票据贴现是指持票人因急需资金,将未到期的商业汇票背书转让给银行,银行受理后,从到期金额中扣除按银行的贴现率计算的贴现息后,将余额付给贴现企业的业务活动。票据贴现实质上是企业融资的一种形式。在贴现中,企业付给银行的利息称为贴现利息,银行计算贴现利息的利率称为贴现率。企业从银行获得的票据到期值扣除贴现利息后的货币收入,称为贴现所得,即贴现净额。

2

应收票据的贴现要计算贴现期、贴现利息和贴现净额。其中贴现期是指自贴现日起至到期日止的实际天数，采用“算头不算尾”或“算尾不算头”的方法计算确定。与贴现相关的计算公式如下：

贴现利息＝票据到期值×年贴现率÷360×贴现期

贴现净额＝票据到期值－贴现利息

不带息应收票据的到期值就等于面值。带息应收票据的到期值是其面值加上按票面利率计算的票据全部期间的利息之和。

企业持有未到期的带息应收票据向银行申请贴现时，应根据银行盖章退回的贴现凭证第四联收账通知，按贴现净额，借记“银行存款”账户，贷记“应收票据”或“短期借款”账户，按两者的差额，借记或贷记“财务费用”账户。

【工作任务2－15】 A公司因资金紧张，于2019年8月5日将一张面值为94 536元的银行承兑汇票持往银行贴现，银行贴现率为8%。贴现后，银行无追索权。已知，该汇票取得日为2019年7月1日，票据期限为120天。A公司会计处理如下：

贴现利息＝94 536×8%÷360×(120－35)＝1 785.68(元)

实收贴现款＝94 536－1 785.68＝92 750.32(元)

借：银行存款	92 750.32	
财务费用	1 785.68	
贷：应收票据		94 536

4. 收回到期的应收票据

应收票据到期，应分别以下情况处理：

(1) 商业汇票到期，应按实际收到价款，借记“银行存款”账户，贷记“应收票据”账户。

(2) 因付款人无力支付票款，或到期不能收回应收票据，借记“应收账款”账户，贷记“应收票据”账户。

二、应收账款的核算

(一) 应收账款概述

应收账款是指企业因销售商品、提供劳务等经营活动而应向购货单位或接受劳务单位收取的款项，主要包括企业销售商品或提供劳务等应向有关债务人收取的价款及代购货单位垫付的包装费、运费等。

企业应加强应收账款的管理，严格控制应收账款的数额和收回时间，采取有效措施组织催收，加速资金周转，减少机会成本和坏账损失。

(二) 应收账款的入账价值

应收账款通常应按实际发生额计价入账。在确认应收账款入账价款时需考虑商业折扣

2

与现金折扣等因素。

1. 商业折扣

所谓商业折扣，是指销售企业为了鼓励客户多购买商品而在商品标价上给予的扣除。它是企业最常用的促销手段。通常用百分数来表示，如10%、20%等。扣减后的净额才是实际销售价格。商业折扣一般在交易发生时就已确定，它仅仅是确定实际销售价格的一种手段，不需在买卖双方任何一方的账上反映，所以商业折扣对应收账款的入账价值没有影响。因此，在存在商业折扣的情况下，企业应收账款入账金额应按扣除商业折扣以后的实际售价确认。

2. 现金折扣

所谓现金折扣，是指债权人为了鼓励债务人在规定的期限内早日付款，而向债务人提供的债务扣除。现金折扣通常发生在以赊销方式销售商品及提供劳务的交易中。企业为了鼓励客户提前偿付货款，通常与债务人达成协议，债务人在不同的期限内付款可享受不同比例的折扣优惠。现金折扣一般用符号"折扣率/付款期限"来表示。例如"2/10，1/20，*n*/30"表示10天内付款，可按售价给予2%的折扣；超过10天但不超过20天付款按售价给予1%的折扣；超过20天(信用期为30天)付款则不给折扣。

《小企业会计准则》规定，在存在现金折扣的情况下，应按总价法核算，即应收账款的入账金额就是扣除现金折扣前的金额。现金折扣只有客户在折扣期内支付货款时，才予以确认。实际发生的现金折扣作为一种理财费用，计入发生当期的财务费用。

(三) 应收账款的账务处理

为了反映和监督应收账款的增减变动及其结存情况，企业应设置"应收账款"账户。不单独设置"预收账款"账户的企业，预收的账款可在"应收账款"账户核算。"应收账款"账户的借方登记应收账款的增加，贷方登记应收账款的收回及坏账损失的确认，期末余额一般在借方，反映企业尚未收回的应收账款；如果期末余额在贷方，则反映企业预收的账款。

小企业因销售商品或材料等发生的应收账款，应按应收的全部金额，借记"应收账款"账户，贷记"主营业务收入""其他业务收入""应交税费——应交增值税(销项税额)"等账户。

小企业代购货单位垫付包装费、运杂费也应通过"应收账款"账户核算。

【工作任务2-16】 2019年4月8日，东方公司采用托收承付结算方式向南方公司销售商品一批，货款为313 000元，增值税税额为40 690元，以银行存款代垫运杂费1 790元，已办理托收手续。5月10日，收到全部款项存入银行。

任务处理如下：

(1) 1月8日，销售商品时：

借：应收账款——南方公司	355 480	
贷：主营业务收入		313 000
应交税费——应交增值税(销项税额)		40 690
银行存款		1 790

(2) 5月10日，收到款项时：

借：银行存款　　355 480
　贷：应收账款——南方公司　　355 480

三、预付账款的核算

(一) 预付账款概述

预付账款是指小企业按照合同规定预付的款项，包括根据合同规定预付的购货款、租金和工程价款等。

(二) 预付账款的账务处理

企业应当设置"预付账款"账户，核算小企业按照合同规定预付的款项。该账户可按供货单位或个人进行明细核算。预付款项情况不多的企业，可以不设置"预付账款"账户，而直接通过"应付账款"账户核算。

1. 预付货款的核算

小企业因购货而预付的款项，借记"预付账款"账户，贷记"银行存款"等账户。收到所购物资，按照应计入购入物资成本的金额，借记"在途物资""原材料""库存商品"等账户，按照应交增值税进项税额，借记"应交税费——应交增值税(进项税额)"账户，按照应支付的金额，贷记"预付账款"账户。补付的款项，借记"预付账款"账户，贷记"银行存款"等账户；退回多付的款项，做相反的会计分录。

2. 预付工程款的核算

小企业进行在建工程预付的工程价款，也在"预付账款"账户核算。预付工程价款时，借记"预付账款"账户，贷记"银行存款"等账户。按工程进度结算工程价款，借记"在建工程"账户，贷记"预付账款""银行存款"等账户。

【工作任务2-17】 东江公司向香江公司采购材料一批，合同约定预付材料价款80 000元的60%，验收货物后补付其余款项。发生业务如下：

(1) 6月8日，东江公司以银行存款预付货款48 000元。

(2) 6月30日，东江公司收到采购的甲材料1 000千克，每千克单价为80元，价款为80 000元，增值税税额为10 400元，对方代垫运费1 400元，增值税税额126元。材料已验收入库。

(3) 7月5日，东江公司以银行存款补付差价款。

任务处理如下：

(1) 6月8日，预付货款时：

借：预付账款——香江公司　　48 000
　贷：银行存款　　48 000

(2) 6月30日，收到材料时：

借：原材料	81 400	
应交税费——应交增值税(进项税额)	10 526	
贷：预付账款——香江公司		91 926

(3) 7月5日，补付价款时：

借：预付账款——香江公司	43 926	
贷：银行存款		43 926

四、其他应收款的核算

(一) 其他应收款的内容

其他应收款是指企业除应收票据、应收账款、预付账款等以外的其他各种应收及暂付款项，包括各种赔款、罚款、应向职工收取的各种垫付款项等。具体包括：

(1) 应收的各种赔款、罚款，如因企业财产等遭受意外损失而应向有关保险公司收取的赔款等。

(2) 应向职工收取的各种垫付款项，如为职工垫付的水电费、应由职工负担的医药费、房租费等。

(3) 存出保证金，如租入包装物支付的押金。

(4) 应收的出租包装物租金。

(5) 其他各种应收、暂付款项。

(二) 其他应收款的账务处理

为了反映和监督其他应收款的增减变动及其结存情况，企业应当设置“其他应收款”账户进行核算。“其他应收款”账户的借方登记其他应收款的增加，贷方登记其他应收款的收回，期末余额一般在借方，反映企业尚未收回的其他应收款项。

五、坏账损失的核算

(一) 坏账损失概述

坏账是企业无法收回的应收款项。由于发生坏账而造成的损失，称为坏账损失。

小企业确认坏账时，应具体分析各应收款项的特性、金额的大小、信用期限、债务人的信誉和当时的经营情况等因素。一般来说，小企业应收及预付款项符合下列条件之一的，减除可收回的金额后确认的无法收回的应收及预付款项，作为坏账损失：

(1) 债务人依法宣告破产、关闭、解散、被撤销，或者被依法注销、吊销营业执照，其清算财产不足清偿的。

(2) 债务人死亡，或者依法被宣告失踪、死亡，其财产或者遗产不足清偿的。

(3) 债务人逾期3年以上未清偿，且有确凿证据证明已无力清偿债务的。

(4) 与债务人达成债务重组协议或法院批准破产重整计划后，无法追偿的。

(5) 因自然灾害、战争等不可抗力导致无法收回的。

(6) 国务院财政、税务主管部门规定的其他条件。

已确认为坏账的应收款项，并不意味着企业放弃了对其追索权，一旦重新收回，应及时入账。

(二) 坏账损失的账务处理

我国《小企业会计准则》规定采用直接转销法确定坏账损失，即应收及预付款项的坏账损失应当于实际发生时记入"营业外支出"账户，同时冲减应收及预付款项。

小企业确认坏账损失时，应当按照实际收回的金额，借记"银行存款"账户，按照应收及预付款项的坏账损失的金额，借记"营业外支出"账户，贷记"应收账款""预付账款""其他应收款"等账户。

【小思考 2-7】 《企业会计准则》中对坏账损失是如何核算的？为什么？

【工作任务 2-18】 中原公司应收西海公司货款 45 000 元。2019 年 6 月 30 日因西海公司破产，实际收回货款 26 000 元，其余款项无法收回。任务处理如下：

借：银行存款	26 000	
营业外支出	19 000	
贷：应收账款——西海公司		45 000

【涉税规定 2-4】 根据《国家税务总局关于发布〈企业资产损失所得税前扣除管理办法〉的公告》的规定，企业应收及预付款项的坏账损失应依据以下相关证据材料确认：

(1) 相关事项的合同、协议或注明。

(2) 属于债务人破产清算的，应有人民法院的破产、清算公告。

(3) 属于诉讼案件的，应出具人民法院的判决书或裁决书或仲裁机构的仲裁书，或者被法院裁定终(中)止执行的法律文件。

(4) 属于债务人死亡、失踪的，应有公安机关等有关部门对债务人个人的死亡、失踪证明。

(5) 属于债务人停止营业的，应有工商部门注销、吊销营业执照证明。

(6) 属于债务重组的，应有债务重组协议及其债务人重组收益纳税情况说明。

(7) 属于自然灾害、战争等不可抗力而无法收回的，应有债务人受灾情况说明以及放弃债权申明。

企业逾期三年以上的应收款项在会计上已作为损失处理的，可以作为坏账损失，但应说明情况，并出具专项报告。

任务四 存货的核算

引例 2－4

美华公司于2019年9月6日购入A材料2 000千克，单位成本为10元，增值税专用发票上注明的材料价款为20 000元，增值税税额为2 600元。对方代垫运费300元，运输专用发票上注明的增值税税额为27元，价税款均以银行存款支付。A材料运抵企业后，实收1 980千克，有20千克的材料属于运输途中的合理损耗。

请问：

(1) 美华公司购入材料发生的运输途中合理损耗应如何处理？

(2) 按照《小企业会计准则》的规定，外购材料的成本应包括哪些内容？

(3) 美华公司购入的A材料实际成本为多少？A材料的单位成本为多少？

一、存货的概念及构成

(一) 存货的概念

存货，是指小企业在日常生产经营过程中持有以备出售的产成品或商品、处在生产过程中的在产品、将在生产过程或提供劳务过程中耗用的材料和物料等，以及小企业（农、林、牧、渔业）为出售而持有的、或在将来收获为农产品的消耗性生物资产。

(二) 存货的构成

小企业的存货包括：原材料、在产品、半成品、产成品、商品、周转材料、委托加工物资、消耗性生物资产等。

(1) 原材料，是指小企业在生产过程中经加工改变其形态或性质并构成产品主要实体的各种原料及主要材料、辅助材料、外购半成品（外购件）、修理用备件（备品备件）、包装材料、燃料等。

(2) 在产品，是指小企业正在制造尚未完工的产品，包括正在各个生产工序加工的产品，以及已加工完毕但尚未检验或已检验但尚未办理入库手续的产品。

(3) 半成品，是指小企业经过一定生产过程并已检验合格交付半成品仓库保管，但尚未制造完工成为产成品，仍需进一步加工的中间产品。

(4) 产成品，是指小企业已经完成全部生产过程并已验收入库，符合标准规格和技术条件，可以按照合同规定的条件送交订货单位，或者可以作为商品对外销售的产品。

(5) 商品，是指小企业（批发业、零售业）外购或委托加工完成并已验收入库用于销售的各种商品。

(6) 周转材料，是指小企业能够多次使用、逐渐转移其价值但仍保持原有形态且不确认为固定资产的材料，包括包装物、低值易耗品、小企业（建筑业）的钢模板、木模板、脚手架等。

(7) 委托加工物资，是指小企业委托外单位加工的各种材料、商品等物资。

(8) 消耗性生物资产，是指小企业（农、林、牧、渔业）生长中的大田作物、蔬菜、用材林以及存栏待售的牲畜等。

二、存货初始成本的计量

小企业取得的存货，应当按照成本进行计量。在实际工作中，根据存货取得方式不同，其实际成本的构成也各不相同。

（一）外购存货的成本

外购存货的成本包括：购买价款、相关税费、运输费、装卸费、保险费以及在外购存货过程中发生的其他直接费用，但不含按照税法规定可以抵扣的增值税进项税额。

（1）购买价款，是小企业购入的材料或商品的发票账单上列明的价款，但不含按照税法规定可以抵扣的增值税进项税额。

（2）相关税费，包括计入存货成本的进口关税、消费税、资源税、不能抵扣的增值税。

（3）运输费、装卸费、保险费，是指存货的购进过程中发生的运输费、装卸费、保险费等。

（4）外购存货过程发生的其他直接费用，包括仓储费用、包装费、运输途中的合理损耗、入库前的挑选整理费等。

小企业（批发企业、零售企业）在购买商品过程中发生的运输费、装卸费、保险费、包装费、运输途中的合理损耗、入库前的挑选整理费等直接计入“销售费用”，不计入存货成本。

（二）通过进一步加工取得存货的成本

通过进一步加工取得存货的成本包括直接材料、直接人工以及按照一定方法分配的制造费用。直接材料是企业因生产产品而直接耗用的原材料及辅助材料。直接人工是企业生产产品过程中直接从事产品生产的工人的职工薪酬。制造费用是指企业生产车间（或分厂）为生产产品和提供劳务而发生的各项间接费用。

经过1年期以上的制造才能达到预定可销售状态的存货发生的借款费用，也计入存货的成本，包括借款利息、辅助费用以及因外币借款而发生的汇兑差额等。

（三）投资者投入存货的成本

投资者投入存货的成本，应当按照评估价值确定。根据我国《公司法》的规定，投资者既可以用货币出资，也可以用实物资产和无形资产等出资，并且应当评估作价，不得高估或者低估作价。

（四）提供劳务的成本

有些小企业的日常生产经营活动主要是对外提供劳务，如从事建筑安装、修理修配、交通运输、仓储租赁、咨询经纪、技术服务、餐饮住宿、中介代理、社区服务、娱乐等活动。

小企业提供上述服务时，与工业企业生产产品一样，也会发生各种成本，在相关劳务收入没有实现之前，这些劳务成本类应计入劳务成本。提供劳务的成本具体包括与劳务提供直接相关的人工费、材料费和应分摊的间接费用。

（五）消耗性生物资产的成本

自行栽培、营造、繁殖或养殖的消耗性生物资产通常是针对从事农、林、牧、渔业的小企业而言的，主要包括生长中的大田作物、蔬菜、用材林以及存栏待售的牲畜等。这类存货成本的确认应把握直接相关性原则和时间性原则。

直接相关性原则，是指消耗性生物资产在自行繁殖或营造过程中发生的直接相关的直接材料、直接人工、其他直接费用和应分摊的间接费用应该计入存货成本。

时间性原则，是指消耗性生物资产在收获、郁闭、出售、入库这些时点之前发生的合理支出可以计入存货成本。

（六）盘盈存货的成本

盘盈存货的成本，应当按照同类或类似存货的市场价格或评估价值确定。

三、存货发出的计量

（一）存货发出计量的法律规定

（1）小企业发出存货应采用实际成本法。

（2）小企业在确定发出存货的成本时，可以采用先进先出法、移动加权平均法、月末一次加权平均法和个别计价法四种方法。计价方法一经确定，不得随意变更。

（3）对于性质和用途相似的存货，应当采用相同的成本计算方法确定发出存货的成本。

（4）对于不能替代使用的存货、为特定项目专门购入或制造的存货以及提供的劳务，采用个别计价法确定发出存货的成本。

（5）对于周转材料，采用一次转销法进行会计处理，在领用时按其成本计入生产成本或当期损益；金额较大的周转材料，也可以采用分次摊销法进行会计处理。出租或出借周转材料，不需要结转其成本，但应当进行备查登记。

（6）对于已售存货，应当将其成本结转为营业成本。

（二）存货发出的计价方法

1. 个别计价法

个别计价法亦称个别认定法、具体辨认法、分批实际计价法，采用这一方法是假设存货具体项目的实物流转与成本流转相一致，按照各种存货逐一辨认各批发出存货和期末存货所属的购进批别或生产批别，分别按其购入或生产时所确定的单位成本计算各批发出存货和期末存货成本的方法。在这种方法下，是把每一种存货的实际成本作为计算发出存货成本和期末存货成本的基础。

个别计价法的成本计算准确，符合实际情况，但在存货收发频繁的情况下，其发出成本分辨的工作量较大。因此，这种方法适用于一般不能替代使用的存货以及为特定项目专门购入或制造的存货，如房屋、汽车、船舶、珠宝、名画等数量和品种较少、单位价值较高的存货。

2. 先进先出法

先进先出法，是指以先购入的存货应先发出（销售或耗用）这样一种存货实物流动假设为前提，对发出存货进行计价的一种方法。采用这种方法，先购入的存货成本在后购入存货成本之前转出，据此确定发出存货和期末存货的成本。具体方法是：收入存货时，逐笔登记收入存货的数量、单价和金额；发出存货时，按照先进先出的原则逐笔登记存货的发出成本和结存金额。

2

【工作任务2-19】 富邦公司对存货采用先进先出法计价。有关资料如下：

(1) 7月1日，期初结存A材料1 000千克，单价6.00元。

(2) 7月8日，购进A材料600千克，单价6.10元。

(3) 7月10日，领用A材料500千克。

(4) 7月15日，领用A材料800千克。

(5) 7月18日，购进A材料2 000千克，单价6.15元。

(6) 7月27日，领用A材料600千克。

根据资料，发出和结存的A材料的成本计算如表2-4所示。

表2-4 原材料明细分类账

类别：A材料 计量单位：千克 金额单位：元

2019年		凭证号数	摘要	收入			发出			结存		
月	日			数量	单价	金额	数量	单价	金额	数量	单价	金额
7	1		期初余额							1 000	6.00	6 000
	8	略	购进	600	6.10	3 660				1 000 600	6.00 6.10	9 660
	10	略	发出				500	6.00	3 000	500 600	6.00 6.10	6 660
	15	略	发出				500 300	6.00 6.10	3 000 1 830	300	6.10	1 830
	18	略	购进	2 000	6.15	12 300				300 2 000	6.10 6.15	14 130
	27	略	发出				300 300	6.10 6.15	1 830 1 845	1 700	6.15	10 455
	31		本月合计	2 600		15 960	1 900		11 505	1 700	6.15	10 455

先进先出法可以随时结转存货发出成本，但较烦琐。如果存货收发业务较多且存货单价不稳定时，其工作量较大，一般适用于存货种类少、采购量较大、采购批次较少的企业。在物价持续上升时，期末存货成本接近于市价，而发出成本偏低，会高估企业当期利润和库存存货价值；反之，会低估企业存货价值和当期利润。

3. 月末一次加权平均法

月末一次加权平均法，是指以本月全部进货数量加上月初存货数量作为权数，去除本月全部进货成本加上月初存货成本，计算出存货的加权平均单位成本，以此为基础计算本月发出存货的成本和期末存货的成本的一种方法。计算公式如下：

$$\text{月末加权平均单价}=\frac{\text{期初结存存货的实际成本}+\text{本期购入存货的实际成本}}{\text{期初结存存货的数量}+\text{本期购入存货的数量}}$$

本月发出存货的成本＝本月发出存货的数量×月末加权平均单价

本月月末库存存货成本＝月末库存存货的数量×月末加权平均单价

或：

本月月末库存存货成本＝月初库存存货的实际成本＋本月购入存货的实际成本－本月发出存货的实际成本

2

【工作任务2-20】 承【工作任务2-19】，采用月末一次加权平均法核算时，发出和结存A材料的成本计算如表2-5所示。

表2-5 原材料明细分类账

类别：A材料　　　　计量单位：千克　　　　金额单位：元

2019年		凭证号数	摘要	收入			发出			结存		
月	日			数量	单价	金额	数量	单价	金额	数量	单价	金额
7	1		期初余额							1 000	6.00	6 000
	8	略	购进	600	6.10	3 660				1 600		
	10	略	发出				500			1 100		
	15	略	发出				800			300		
	18	略	购进	2 000	6.15	12 300				2 300		
	27	略	发出				600			1 700		
	31		本月合计	2 600		15 960	1 900		11 590	1 700	6.10	10 370

$$月末加权平均单价=\frac{6\ 000+3\ 660+12\ 300}{1\ 000+600+2\ 000}=6.10(元)$$

发出存货成本＝1 900×6.10＝11 590(元)

期末结存存货成本＝1 700×6.10＝10 370(元)

或：

期末结存存货成本＝6 000＋3 660＋12 300－11 590＝10 370(元)

月末一次加权平均法较为简单，平时核算工作量小。但这种方法将发出材料的全部计算工作集中在月末进行，平时只知道库存数量，不能从账上反映和结存材料的单价和金额，发出存货成本只能在月末计算出来，平时无法随时了解材料资金的占用情况，不利于加强对材料的管理。

【小思考 2-8】 月末一次加权平均法与先进先出法相比有哪些优缺点？

2

4. 移动加权平均法

移动加权平均法，是指以每次进货的成本加上原有库存存货的成本，除以每次进货数量加上原有库存存货的数量，据以计算加权平均单位成本，作为在下次进货前计算各次发出存货成本依据的一种方法。计算公式如下：

$$移动加权平均单价=\frac{以前结存存货的实际成本+本批购入存货的实际成本}{以前结存存货的数量+本批购入存货的数量}$$

本次发出存货的成本=本次发出存货的数量×移动加权平均单价

本月月末库存存货成本=月末库存存货的数量×移动加权平均单价

【工作任务 2-21】 承【工作任务 2-19】，采用移动加权平均法核算时，发出和结存的 A 材料的成本计算如表 2-6 所示。

表 2-6 原材料明细分类账

类别：A 材料 计量单位：千克 金额单位：元

2019 年		凭证号数	摘要	收入			发出			结存		
月	日			数量	单价	金额	数量	单价	金额	数量	单价	金额
7	1		期初余额							1 000	6.00	6 000
	8	略	购进	600	6.10	3 660				1 600	6.037 5	9 660
	10	略	发出				500	6.037 5	3 018.75	1 100	6.037 5	6 641.25
	15	略	发出				800	6.037 5	4 830	300	6.037 5	1 811.25
	18	略	购进	2 000	6.15	12 300				2 300	6.135 3	14 111.25
	27	略	发出				600	6.135 3	3 681.18	1 700	6.135 3	10 430
	31		本月合计	2 600		15 960	1 900		11 529.93	1 700	6.135 3	10 430

【小思考 2-9】 如果加权平均单价是一个除不尽的数字，会计上应如何计算发出存货成本和结存存货成本？

采用这种方法，能够随时反映发出存货和库存存货的成本，有利于存货的日常管理，而且计算的发出和结存的存货成本比较客观，但由于每次收货都要计算一次平均单价，因此计算工作量较大，对存货收发频繁的企业不适用。

四、原材料按实际成本计价的核算

原材料按实际成本计价是指小企业对于收入、发出及结存的原材料，无论是总分类核算还是明细分类核算，均采用实际成本计价。这种方法适用于原材料收发业务较少的企业。

（一）账户设置

1. “原材料”账户

“原材料”账户，用来核算小企业库存的各种材料，包括原料及主要材料、辅助材料、外购半成品（外购件）、修理用备件（备品备件）、包装材料、燃料等的实际成本。本账户的借方登记入库材料的实际成本，贷方登记发出材料的实际成本，期末余额在借方，反映企业库存材料的实际成本。本账户可按材料的保管地点（仓库）、材料的类别、品种和规格等进行明细核算。

2. “在途物资”账户

“在途物资”账户，用来核算小企业货款已付尚未验收入库的在途物资的实际采购成本。本账户的借方登记企业购入的在途物资的实际成本，贷方登记验收入库的在途物资的实际成本，期末余额在借方，反映企业在途物资的采购成本。本账户可按供应单位和物资品种进行明细核算。

（二）账务处理

1. 外购原材料的核算

由于货款支付方式不同，原材料入库的时间与付款的时间可能一致，也可能不一致，在会计处理上也有所不同。

（1）发票账单与材料同时到达。企业支付材料的采购款项并将材料验收入库后，根据发票账单等结算凭证和收料单，应借记“原材料”“应交税费——应交增值税（进项税额）”账户，贷记“银行存款”“其他货币资金”或“应付票据”等账户。

（2）发票账单已到、材料未到。材料未到而结算凭证已到，企业应按结算凭证付款或开出商业汇票时，借记“在途物资”“应交税费——应交增值税（进项税额）”账户，贷记“银行存款”“其他货币资金”或“应付票据”等账户。待材料到达验收入库后，再根据收料单，借记“原材料”账户，贷记“在途物资”账户。

（3）材料已到、发票账单未到。在这种情况下，企业可暂不进行账务处理，待发票账单到达后，再作材料购进处理。如果到月末发票账单仍未到达，应按该材料的合同价格或同一类别材料的实际成本、计划成本等暂估入账，下月初，用红字编制相同的记账凭证冲销该笔记录，待结算凭证到达后，按单货同到的情况进行处理。

如果外购原材料在采购过程中发生短少或毁损，如果属于供应单位或外部运输单位的责任，应根据有关的索赔凭证，借记“应付账款”或“其他应收款”账户，同时冲减采购成本的赔偿款项。

【涉税规定 2-5】 根据《国家税务总局关于企业所得税若干问题的公告》（2011 年第 34 号）的规定，企业当年度实际发生的相关成本、费用，由于各种原因未能及时取得该成本、费用的有效凭证，企业在预缴季度所得税时，可暂按账面发生金额进行核算；但在汇算清缴时，应补充提供该成本、费用的有效凭证。

【工作任务2-22】 佳华公司属于增值税一般纳税人，适用增值税税率为13%，存货采用实际成本核算。2019年6月采购材料业务资料如下：

(1) 6日，外购A材料一批，增值税专用发票上注明的材料价款为100 000元，增值税税额为13 000元。A材料已运抵企业并验收入库，价税款用银行存款支付。

(2) 8日，外购B材料一批，发票及账单已收到，增值税专用发票记载的货款为20 000元，增值税税额为2 600元，支付运杂费300元，增值税税额27元，价税款用银行存款支付，材料尚未到达。

(3) 12日，与乙公司签订购货合同，并向乙公司预付货款5 000元，货款已经通过银行汇出。

(4) 16日，8日外购的B材料到达，并验收入库。

(5) 25日，收到乙公司发来的C材料，并已验收入库。结算凭证上注明的价款为7 000元，增值税税额为910元，对方代垫运杂费109元(含税)，余款开出转账支票付清。

(6) 30日，外购H材料一批，材料已验收入库。月末发票账单尚未收到也无法确定其实际成本，暂估价值为30 000元。

任务处理如下：

(1) 6日，外购A材料时：

借：原材料——A材料　　100 000
　　应交税费——应交增值税(进项税额)　　13 000
　贷：银行存款　　113 000

(2) 8日，外购B材料时：

借：在途物资——B材料　　20 300
　　应交税费——应交增值税(进项税额)　　2 627
　贷：银行存款　　23 927

(3) 12日，预付货款采购(材料)时：

借：预付账款——乙公司　　5 000
　贷：银行存款　　5 000

(4) 16日，B材料验收入库时：

借：原材料——B材料　　20 300
　贷：在途物资——B材料　　20 300

(5) 25日，收到C材料时：

借：原材料——C材料　　7 100
　　应交税费——应交增值税(进项税额)　　919
　贷：预付账款——乙公司　　8 019

同时：

借：预付账款——乙公司 3 019

  贷：银行存款 3 019

(6) 30 日，收到 H 材料时：

借：原材料——H 材料 30 000

  贷：应付账款——暂估应付账款 30 000

下月初做相反会计分录予以冲回：

借：应付账款——暂估应付账款 30 000

  贷：原材料——H 材料 30 000

【学中做 2-2】 假定上例佳华公司属于小规模纳税人，请你完成上述业务的处理。

2. 自制原材料的核算

小企业自制并已验收入库的材料，按照实际成本，借记“原材料”账户，贷记“生产成本”账户。

【工作任务 2-23】 佳华公司 2019 年 6 月 13 日自制的 D 材料验收入库，该批材料的生产成本为 6 450 元。任务处理如下：

借：原材料——D 材料 6 450

  贷：生产成本 6 450

3. 投资者投入原材料的核算

小企业接受投资者投入的材料，应按照该批材料评估价值加上相关税费，借记“原材料”账户，按照其在注册资本中所占的份额，贷记“实收资本”账户，按照其差额，贷记“资本公积”账户。涉及增值税进项税额的，还应借记“应交税费——应交增值税(进项税额)”。

【工作任务 2-24】 佳华公司 2019 年 6 月 22 日接受富邦公司投入的 E 材料一批，该批原材料评估价值为 185 000 元，取得的增值税专用发票上注明的增值税税额为 24 050 元。该批材料占富邦公司注册资本 200 万元的 10%。任务处理如下：

借：原材料——E 材料 185 000

  应交税费——应交增值税(进项税额) 24 050

  贷：实收资本 200 000

    资本公积——资本溢价 9 050

4. 发出原材料的核算

月末，可以根据“领料单”或“限额领料单”中有关领料的单位、部门加以归类，编制“发料凭证汇总表”，按材料的用途，借记“生产成本”“制造费用”“销售费用”“管理费用”“在建工程”等账户，按材料品种、规格贷记“原材料”账户。

【工作任务2-25】 佳华公司根据“发料凭证汇总表”的记录，本月共领用材料549 000元，其中：基本生产车间领用材料540 000元，车间管理部门领用材料5 000元，企业行政管理部门领用材料4 000元。

任务处理如下：

借：生产成本	540 000	
制造费用	5 000	
管理费用	4 000	
贷：原材料		549 000

五、原材料按计划成本计价的核算

原材料按计划成本计价是指小企业对于收入、发出及结存的原材料，无论是总分类核算还是明细分类核算，均采用计划成本计价。这种方法适用于原材料收发业务较多，并且计划成本资料较为健全、准确的企业。

(一) 账户设置

1. “原材料”账户

“原材料”账户，用来核算小企业库存的各种材料的计划成本。本账户的借方登记入库材料的计划成本，贷方登记发出材料的计划成本，期末余额在借方，反映企业库存材料的计划成本。本账户可按材料的保管地点(仓库)、材料的类别、品种和规格等进行明细核算。

2. “材料采购”账户

“材料采购”账户，用来核算小企业采用计划成本进行材料日常核算、购入材料的采购成本。本账户的借方登记采购材料的实际成本，贷方登记入库材料的计划成本。借方大于贷方表示超支，期末从本账户转入到“材料成本差异”账户的借方；贷方大于借方表示节约，期末从本账户转入到“材料成本差异”账户的贷方。期末余额在借方，反映企业在途物资的实际成本。本账户可按供应单位和物资品种进行明细核算。

3. “材料成本差异”账户

“材料成本差异”账户，用来核算小企业采用计划成本进行日常核算的材料计划成本与实际成本的差额。本账户的借方登记超支差异和发出材料应负担的节约差异，贷方登记节约差异和发出材料应负担的超支差异。期末如为借方余额，反映企业库存材料的实际成本大于计划成本的差异(即超支差异)；期末如为贷方余额，反映企业库存材料的实际成本小于计划成本的差异(即节约差异)。本账户可按供应单位和物资品种进行明细核算。小企业也可以在“原材料”“周转材料”等账户设置“成本差异”明细账户。

(二) 账务处理

1. 外购原材料的核算

由于货款支付方式不同，原材料入库的时间与付款的时间可能一致，也可能不一致，在会计处理上也有所不同。

(1) 小企业外购材料，应当按照发票账单所列购买价款、运输费、装卸费、保险费以及在外购材料过程发生的其他直接费用，借记“材料采购”账户，按照税法规定可抵扣的增值税进项税额，借记“应交税费——应交增值税(进项税额)”账户，按照购买价款、相关税费、运输费、装卸费、保险费以及在外购材料过程发生的其他直接费用，贷记“库存现金”“银行存款”“其他货币资金”“预付账款”“应付账款”等账户。

(2) 材料已经收到、但尚未办理结算手续的，可暂不作会计分录，待办理结算手续后，再根据所付金额或发票账单的应付金额，借记“材料采购”账户，贷记“银行存款”等账户。

(3) 应向供应单位、运输机构等收回的材料短缺或其他应冲减材料采购成本的赔偿款项，应根据有关的索赔凭证，借记“应付账款”或“其他应收款”账户，贷记“材料采购”账户。因自然灾害等发生的损失和尚待查明原因的途中损耗，先记入“待处理财产损溢”账户，查明原因后再作处理。

【工作任务 2-26】 星火公司对原材料采用计划成本进行材料核算，月初结存A材料1 000千克，计划单价为100元/千克，计划总成本为100 000元，成本差异为超支3 120元，材料成本差异月末一次结转。4月份发生业务如下：

(1) 6日，购进A材料3 200千克，增值税专用发票上注明的价款300 000元，增值税税额为39 000元。价款以银行存款支付，材料已验收入库。

(2) 10日，购进A材料800千克，增值税专用发票上注明的价款80 000元，增值税税额为10 400元，另支付运费2 300元，增值税税额207元，价款均以银行汇票支付，材料尚未入库。

(3) 18日，采用商业承兑汇票支付购进的A材料522千克，货款50 000元，增值税税额为6 500元，材料尚未入库。

(4) 24日，收到4月18日购进的A材料，实收520千克，短少2千克属于合理损耗。

(5) 28日，采用托收承付结算方式购入A材料一批，材料已验收入库，发票账单未到，月末按计划成本估价20 000元入账。

(6) 30日，汇总计算入库材料成本差异，并编制结转分录。

任务处理如下：

(1) 6日，购进A材料时：

借：材料采购——A材料	300 000	
应交税费——应交增值税(进项税额)	39 000	
贷：银行存款		339 000

同时作：

借：原材料——A材料	320 000	
贷：材料采购——A材料		320 000

(2) 10日，购进A材料时：

借：材料采购——A材料　82 300
　应交税费——应交增值税(进项税额)　10 607
　贷：其他货币资金——银行汇票　92 907

(3) 18日，购进A材料时：

借：材料采购——A材料　50 000
　应交税费——应交增值税(进项税额)　6 500
　贷：应付票据　56 500

(4) 24日，18日购买的A材料入库时：

借：原材料——A材料　52 000
　贷：材料采购——A材料　52 000

(5) 28日，购入A材料已验收入库，发票账单未到时估价入账：

借：原材料——A材料　20 000
　贷：应付账款——暂估应付账款　20 000

下月初用红字冲回：

借：原材料——A材料　[20 000]
　贷：应付账款——暂估应付账款　[20 000]

(6) 月底汇总本月已付款或已开出并承兑商业汇票的入库材料的计划成本372 000元(320 000+52 000)，已入库材料的实际成本为350 000元(300 000+50 000)，入库材料的成本差异为节约22 000元(372 000−350 000)。编制会计分录为：

借：材料采购——A材料　22 000
　贷：材料成本差异——A材料　22 000

【小思考2-10】 材料采用计划成本核算时，入库材料的采购成本可以于何时结付？为什么？

2. 材料发出的核算

月末，企业应根据领料单等原始凭证编制“发料凭证汇总表”，根据材料的用途，借记“生产成本”“制造费用”“管理费用”“销售费用”“委托加工物资”等账户，贷记“原材料”账户。

【工作任务2-27】 星火公司4月“发料凭证汇总表”列示发出A材料如下：产品生产领用260 000元，车间领用10 000元，管理部门领用20 000元。

任务处理如下：

借：生产成本　260 000
　制造费用　10 000
　管理费用　20 000
　贷：原材料　290 000

3. 月末分摊材料成本差异的核算

由于在计划成本法下，存货发出是按计划成本计算的，不符合历史成本原则的要求，按照会计制度规定，企业必须按月计算材料成本差异率，并分摊发出材料应负担的材料成本差异，将发出材料的计划成本还原成实际成本。计算公式如下：

$$材料成本差异率=\frac{月初结存材料成本差异+本期收入材料成本差异}{月初结存材料计划成本+本期收入材料计划成本}\times 100\%$$

本期发出材料应负担的成本差异=本期发出材料计划成本×成本差异率

本期发出材料的实际成本=本期发出材料计划成本+发出材料应负担的成本差异

本期结存材料的实际成本=本期结存材料计划成本+结存材料应负担的成本差异

发出材料应负担的成本差异应当按月分摊，不得在季末或年末一次计算。发出材料应负担的成本差异，除委托外部加工发出材料可按照月初成本差异率计算外，应使用本月的实际成本差异率；月初成本差异率与本月实际成本差异率相差不大的，也可按照月初成本差异率计算。计算方法一经确定，不得随意变更。

【工作任务 2－28】 承【工作任务 2－26】和【工作任务 2－27】，星火公司月初"原材料"账户计划成本为 100 000 元，"材料成本差异"账户的借方余额为 3 120 元。本月入库材料的计划成本为 372 000 元，发出材料计划成本为 290 000 元。

任务处理如下：

A 材料成本差异率=(3 120－22 000)÷(100 000+372 000)×100%=－4%

发出材料应负担的成本差异=290 000×(－4%)=－11 600(元)

月末结存材料应负担的成本差异=182 000×(－4%)=－7 280(元)

编制会计分录为(或编制反方向会计分录)：

借：生产成本　10 400
　制造费用　400
　管理费用　800
　贷：材料成本差异——A 材料　11 600

六、库存商品的核算

(一) 库存商品概述

库存商品是指企业已完成全部生产过程并已验收入库、合乎标准规格和技术条件，可以

2

按照合同规定的条件送交订货单位，或可以作为商品对外销售的产品以及外购或委托加工完成验收入库用于销售的各种商品。

库存商品具体包括库存产成品、外购商品、存放在门市部准备出售的商品、发出展览的商品以及寄存在外的商品、接受来料加工制造的代制品和为外单位加工修理的代修品等。已完成销售手续、但购买单位在月末未提取的产品，不应作为企业的库存商品，而应作为代管商品处理，单独设置“代管商品备查簿”进行登记。

为了反映和监督库存商品的增减变动及结存情况，企业应当设置“库存商品”账户，用来核算小企业库存的各种商品的实际成本。借方反映登记验收入库的库存商品成本，贷方登记发出的库存商品成本，期末余额在借方，反映各种尚未销售的库存商品的实际成本或计划成本。

（二）工业企业库存商品的核算

1. 生产完工入库的商品

对于库存商品采用实际成本核算的企业，当库存商品生产完成并验收入库时，应按实际成本，借记“库存商品”账户，贷记“生产成本——基本生产成本”账户。

【工作任务2－29】 东方公司10月份完工验收入库甲产品20 000件，实际单位成本为10元；乙产品30 000件，实际单位成本为30元。产品入库单如表2－7所示。

表2－7 **产品入库单**

2019年10月31日

用途：销售　　产成品库：1＃仓库　　凭证编号：168

产品名称	型号规格	计量单位	数量	单位成本/元	总成本/元
甲产品		件	20 000	10	200 000
乙产品		件	30 000	30	900 000

保管员：李海　　仓库负责人：刘浩　　复核：王江

任务处理如下：

借：库存商品——甲产品　200 000

　　　　　　——乙产品　900 000

　贷：生产成本——甲产品　200 000

　　　　　　——乙产品　900 000

2. 销售商品

企业销售商品、确认收入时，应结转其销售成本，借记“主营业务成本”等账户，贷记“库存商品”账户。

【工作任务2－30】 东方有限公司10月份已销售甲产品10 000件，乙产品20 000件。甲产品的实际单位成本为10元，乙产品的实际单位成本为30元。产品出库单如表2－8所示。

表 2-8 产品出库单

2019 年 10 月 30 日

用途：销售　　产成品库：1＃仓库　　凭证编号：203

产品名称	型号规格	计量单位	数量	单位成本/元	总成本/元
甲产品		件	10 000	10	100 000
乙产品		件	20 000	30	600 000

保管员：李海　　仓库负责人：刘浩　　复核：王江

任务处理如下：

借：主营业务成本——甲产品　　100 000

　　　　　　　　——乙产品　　600 000

　贷：库存商品——甲产品　　100 000

　　　　　　　——乙产品　　600 000

（三）商品流通企业库存商品的核算

从事批发、零售的商品流通企业的库存商品可以采用毛利率法和售价金额核算法等方法进行日常核算。

1. 毛利率法

毛利率法，是指根据本期销售净额乘以上期实际（或本期计划）毛利率匡算本期销售毛利，并据以计算发出存货和期末存货成本的一种方法。计算公式如下：

$$毛利率=\frac{销售毛利}{销售净额}\times 100\%$$

销售净额＝商品销售收入－销售退回和折让

销售毛利＝销售净额×毛利率

本期销售成本＝销售净额－销售毛利

期末存货成本＝期初存货成本＋本期购货成本－本期销售成本

【工作任务 2-31】 中江商场采用毛利率法进行核算，2019 年 4 月 1 日针织品存货为 1 800 万元，本月购进 3 000 万元，本月销售收入为 3 400 万元，上季度该类商品毛利率为 15%。本月已销商品和月末库存商品的成本计算如下：

本月销售收入＝3 400（万元）

销售毛利＝3 400×15%＝510（万元）

本月销售成本＝3 400－510＝2 890（万元）

月末库存商品成本＝1 800＋3 000－2 890＝1 910（万元）

这一方法是商品流通企业，尤其是商业批发企业常用的计算本期商品销售成本和期末库存商品成本的方法。由于从事批发的商品流通企业经营商品的品种繁多，如果分品种计算商品成本，工作量将大大增加，而且一般来讲，商品流通企业同类商品的毛利率大致相同，采用这种存货计价方法既能减轻工作量，也能满足对存货管理的需要。

【工作任务2-32】 乙公司属于增值税一般纳税人，适用增值税税率为13%。经营的甲类商品采用毛利率法对发出商品计价，季度内各月份的毛利率根据上季度实际毛利率确定。该公司2019年第一季度、第二季度甲类商品有关的资料如下：

(1) 2019年第一季度甲类商品累计销售收入为60万元、销售成本为51万元，3月末库存商品（甲类商品）实际成本为40万元。

(2) 2019年第二季度购进甲类商品成本88万元，假定价税款全部以银行存款支付。

(3) 2019年4月份实现商品销售收入30万元，价税款全部存入银行。

(4) 2019年5月份实现商品销售收入50万元，价税款全部存入银行。

(5) 2019年6月份实现商品销售收入26万元，价税款全部存入银行。

(6) 2019年6月末按月末一次加权平均法计算的库存商品实际成本42万元。

要求：根据上述资料，进行下列会计处理：

(1) 计算甲类商品2019年第一季度的实际毛利率。

(2) 分别计算甲类商品2019年4月份、5月份、6月份的商品销售成本。

(3) 编制乙公司第二季度商品购销的会计分录。

任务处理如下：

(1) 甲类商品2019年第一季度的实际毛利率＝(60－51)÷60×100%＝15%

(2) 甲类商品2019年4月份的商品销售成本＝30×(1－15%)＝25.5(万元)

甲类商品2019年5月份的商品销售成本＝50×(1－15%)＝42.5(万元)

2019年第二季度商品销售总成本＝40＋88－42＝86(万元)

2019年6月份的商品销售成本＝86－25.5－42.5＝18(万元)

(3) 编制会计分录如下：

2019年第二季度购进商品时：

借：库存商品——甲类商品	880 000	
应交税费——应交增值税(进项税额)	114 400	
贷：银行存款		994 400

2019年4月销售商品时：

借：银行存款	339 000	
贷：主营业务收入		300 000
应交税费——应交增值税(销项税额)		39 000
借：主营业务成本	255 000	
贷：库存商品——甲类商品		255 000

【学中做 2-3】 请你编制乙公司 2019 年 5 月和 6 月取得销售收入和结转销售成本的会计分录。

2

2. 售价金额核算法

售价金额核算法，是指平时商品的购入、加工收回、销售均按售价记账，售价与进价的差额通过“商品进销差价”账户核算，期末计算进销差价率和本期已销商品应分摊的进销差价，并据以调整本期销售成本的一种方法。计算公式如下：

$$商品进销差价率=\frac{期初库存商品进销差价+本期购入商品进销差价}{期初库存商品售价+本期购入商品售价}\times 100\%$$

本期销售商品应分摊的商品进销差价＝本期商品销售收入×商品进销差价率

本期销售商品的成本＝本期商品销售收入－本期已销商品应分摊的商品进销差价

期末结存商品的成本＝期初库存商品的进价成本＋本期购进商品的进价成本－本期销售商品的成本

【工作任务 2-33】 西江商场采用售价金额核算法进行核算。2019 年 7 月有关业务如下：

(1) 月初库存商品的进价成本为 81 万元，售价金额为 110 万元，进销差价为 29 万元。

(2) 本月购进该商品进价成本为 69 万元，售价总额为 90 万元，进销差价为 21 万元。

(3) 本月销售收入为 120 万元。

任务处理如下：

(1) 本月商品进销差价率＝(29＋21)/(110＋90)×100%＝25%

(2) 本月已销商品应分摊的商品进销差价＝120×25%＝30(万元)

(3) 本期销售商品的实际成本＝120－30＝90(万元)

(4) 期末结存商品的售价总额＝110＋90－120＝80(万元)

(5) 期末结存商品的实际成本＝80×(1－25%)＝60(万元)

对于从事商业零售业务的企业(如百货商场、超市等)，由于经营的商品种类、品种、规格等繁多，而且要求按商品零售价格标价，采用其他成本计算结转方法较困难，因此，这类企业广泛采用这一方法。

【工作任务 2-34】 江城百货商店属于增值税一般纳税人，适用增值税税率为 13%。对经营商品采用售价金额核算法。平时按含税零售价核算商品的销售收入及结转销售成本，月末一方面集中进行价税分解，另一方面采用差价率计算法分摊已销商品进行差价。2019 年 6 月初“库存商品——家电柜”售价总值 300 万元，“商品进销差价——家电柜”余额 90 万元。2019 年 6 月家电柜发生业务如下：

(1) 本月购进商品一批，增值税专用发票上注明价款 500 万元，增值税税额 65 万元。购进商品款项通过银行支付。该批商品当月到达验收入库，售价总值为 700 万元。

2

(2) 若该百货柜本月实现零售收入490万元(含向购买者收取的销项税额),货款已存入银行。经核实本月销售商品原登记零售价为500万元。

任务处理如下:

(1) 购入商品时:

借:在途物资 5 000 000
　应交税费——应交增值税(进项税额) 650 000
　贷:银行存款 5 650 000

(2) 商品验收入库时:

借:库存商品——家电柜 7 000 000
　贷:在途物资 5 000 000
　　商品进销差价——家电柜 2 000 000

(3) 收到销货款时:

借:银行存款 4 900 000
　贷:主营业务收入 4 900 000

同时结转销售成本:

借:主营业务成本 5 000 000
　贷:库存商品——家电柜 5 000 000

【小思考2-11】 在本例中,为什么销售收入小于销售成本?

(4) 计算增值税销项税额,调整虚增的主营业务收入:

本月应交增值税销项税额=490÷(1+13%)×13%=56.37(万元)

本月销售收入净额=490-56.37=433.63(万元)

借:主营业务收入 563 700
　贷:应交税费——应交增值税(销项税额) 563 700

(5) 月末计算进销差价率及已销商品应分摊的差价:

进销差价率=(90+200)÷(300+700)×100%=29%

已销商品应分摊的差价=500×29%=145(万元)

本月销售成本净额=500-145=355(万元)

编制会计分录如下:

借:商品进销差价——家电柜 1 450 000
　贷:主营业务成本——家电柜 1 450 000

七、周转材料的核算

（一）周转材料概述

周转材料，是指小企业能够多次使用、逐渐转移其价值但仍保持原有形态且不确认为固定资产的材料，包括包装物、低值易耗品，以及小企业（建筑业）的钢模板、木模板、脚手架等。

如果小企业的包装物、低值易耗品数量较多，也可以单独设置“包装物”和“低值易耗品”账户进行核算。包装物、低值易耗品数量较少，可以并入“原材料”账户核算。

各种包装材料，如纸、绳、铁皮、铁丝等，应在“原材料”账户核算。用于储存和保管产品、材料而不对外出售的包装物，应按其价值大小和使用年限长短，分别在“固定资产”账户或“周转材料”账户核算。

（二）包装物的账务处理

包装物，是指为了包装本企业商品而储备的各种包装容器，如桶、箱、瓶、坛、袋等。其核算内容包括：

（1）生产过程中用于包装产品作为产品组成部分的包装物。

（2）随同商品出售而不单独计价的包装物。

（3）随同商品出售单独计价的包装物。

（4）出租或出借给购买单位使用的包装物。

为了反映和监督包装物的增加变动及其价值损耗、结存等情况，企业应当设置“周转材料——包装物”账户进行核算。

对于生产领用包装物，应根据领用包装物的实际成本或计划成本，借记“生产成本”账户，贷记“周转材料——包装物”等账户。

随同商品出售而不单独计价的包装物，应于包装物发出时，按其实际成本记入“销售费用”账户。

随同商品出售而单独计价的包装物，一方面应反映其销售收入，记入“其他业务收入”账户；另一方面应反映其实际销售成本，记入“其他业务成本”账户。

【工作任务2－35】 甲公司对包装物采用实际成本核算，某月发生业务如下：

（1）本月购进生产产品用包装物一批，增值税专用发票上注明价款120 000元，增值税税额为15 600元。购进包装物款项通过银行支付。

（2）生产产品领用包装物的实际成本为97 000元。

（3）销售商品领用不单独计价包装物的成本为6 000元。

（4）销售商品领用单独计价包装物的成本为8 000元，销售收入为10 000元，增值税税额为13 000元，款项已存入银行。

任务处理如下：

（1）购进包装物时：

借：周转材料——包装物　　120 000

　　应交税费——应交增值税（进项税额）　　15 600

　贷：银行存款　　135 600

2

(2) 生产产品领用包装物时：

借：生产成本 97 000
  贷：周转材料——包装物 97 000

(3) 随同商品出售不单独计价的包装物时：

借：销售费用 6 000
  贷：周转材料——包装物 6 000

(4) 随同商品出售单独计价的包装物时：

借：银行存款 11 300
  贷：其他业务收入 10 000
    应交税费——应交增值税（销项税额） 1 300

同时：

借：其他业务成本 8 000
  贷：周转材料——包装物 8 000

【涉税规定 2-6】 根据《国家税务总局关于取消包装物押金逾期期限审批后有关问题的通知》（国税函〔2004〕827 号）的规定，纳税人为销售货物出租出借包装物而收取的押金，无论包装物周转使用期限长短，超过 1 年（含 1 年）以上仍不退还的均并入销售额征税。

（三）低值易耗品的账务处理

低值易耗品通常被视同存货，作为流动资产进行核算和管理，一般划分为一般工具、专用工具、替换设备、管理用具、劳动保护用品、其他用具等。

对于低值易耗品，金额较小的，可在领用时采用一次转销法进行会计处理，直接计入生产成本或当期损益。

金额较大的低值易耗品，可以采用分次摊销法进行会计处理。采用分次摊销法摊销低值易耗品时，需要单独设置“在用”“在库”和“摊销”等明细账户进行核算。

【工作任务 2-36】 甲公司对低值易耗品采用实际成本核算，本月发生业务如下：

(1) 本月购进专用工具一批，增值税专用发票上注明价款为 8 500 元，增值税税额为 1 105 元，款项通过银行支付。

(2) 基本生产车间全部领用专用工具，采用分次摊销法进行摊销。该专用工具的估计期限为 10 个月。

(3) 专用工具报废时取得出售收入 500 元现金。

任务处理如下：

(1) 购进包装物时：

借：周转材料——包装物	8 500	
应交税费——应交增值税(进项税额)	1 105	
贷：银行存款		9 605

(2) 领用专用工具：

借：周转材料——在用	8 500	
贷：周转材料——在库		8 500

(3) 每次摊销时：

借：制造费用	850	
贷：周转材料——摊销		850

(4) 报废时：

借：库存现金	500	
贷：其他业务收入		442.48
应交税费——应交增值税(销项税额)		57.52

同时：

借：周转材料——摊销	8 500	
贷：周转材料——在用		8 500

八、消耗性生物资产的核算

(一) 消耗性生物资产概述

消耗性生物资产，是指小企业(农、林、牧、渔业)为出售而持有的或在将来收获为农产品的生物资产，包括生长中的大田作物、蔬菜、用材林以及存栏待售的牲畜等。

自行栽培、营造、繁殖或养殖的消耗性生物资产成本应当按照下列规定确定：

(1) 自行栽培的大田作物和蔬菜的成本包括：在收获前耗用的种子、肥料、农药等材料费、人工费和应分摊的间接费用(包括农业机械的折旧费、修理费、灌溉发生的水电费等)。

(2) 自行营造的林木类消耗性生物资产的成本包括：郁闭前发生的造林费、抚育费、营林设施费、良种试验费、调查设计费和应分摊的间接费用(包括农业机械的折旧费、修理费、灌溉发生的水电费、工人和管理人员的薪酬等)。

(3) 自行繁殖的育肥畜的成本包括：出售前发生的饲料费、人工费和应分摊的间接费用(包括场所的折旧费、修理费、水电费和卫生防疫费等)。

(4) 水产养殖的动物和植物的成本包括：在出售或入库前耗用的苗种、饲料、肥料等材料费、人工费和应分摊的间接费用(包括网箱等的折旧费、修理费、水电费和捕捞费等)。

(二) 消耗性生物资产的账务处理

小企业(农、林、牧、渔业)应设置“消耗性生物资产”账户核算小企业持有的消耗性生物资产的实际成本。账户可按消耗性生物资产的种类、群别等进行明细核算。

（1）外购的消耗性生物资产，按应计入消耗性生物资产成本的金额，借记“消耗性生物资产”账户，贷记“银行存款”“应付账款”等账户。

2

（2）自行栽培的大田作物和蔬菜，应按收获前发生的必要支出，借记“消耗性生物资产”账户，贷记“银行存款”等账户。自行营造的林木类消耗性生物资产，应按郁闭前发生的必要支出，借记“消耗性生物资产”账户，贷记“银行存款”等账户。自行繁殖的育肥畜、水产养殖的动植物，应按出售前发生的必要支出，借记“消耗性生物资产”账户，贷记“银行存款”等账户。

（3）产畜或役畜淘汰转为育肥畜的，按转群时的账面价值，借记“消耗性生物资产”账户，按已计提的累计折旧，借记“生产性生物资产累计折旧”账户，按其账面余额，贷记“生产性生物资产”账户。育肥畜转为产畜或役畜的，应按其账面余额，借记“生产性生物资产”账户，贷记“消耗性生物资产”账户。

（4）择伐、间伐或抚育更新性质采伐而补植林木类消耗性生物资产发生的后续支出，借记“消耗性生物资产”账户，贷记“银行存款”等账户。林木类消耗性生物资产达到郁闭后发生的管护费用等后续支出，借记“管理费用”账户，贷记“银行存款”等账户。

（5）农业生产过程中发生的应归属于消耗性生物资产的费用，按应分配的金额，借记“消耗性生物资产”账户，贷记“生产成本”账户。

（6）消耗性生物资产收获为农产品，应按其账面余额，借记“农产品”账户，贷记“消耗性生物资产”账户。

（7）出售消耗性生物资产，应按实际收到的金额，借记“银行存款”等账户，贷记“主营业务收入”等账户。按其账面余额，借记“主营业务成本”等账户，贷记“消耗性生物资产”账户。

【工作任务 2－37】 A公司是从事生猪养殖业的小企业，假定发生业务如下：

（1）从市场购入100头苗猪，单价200元，支付价款20 000元，发生的运输费200元，保险费100元。款项均以银行存款支付。

（2）购入饲料9 000元，以银行存款支付。饲料全部领用。

（3）计算应付饲养人员工资12 000元。

（4）计提猪圈的折旧费4 500元。

（5）以现金支付卫生防疫费800元。

（6）本期出售肉猪40头，收到价款32 000元，存入银行。同时，按加权平均法计算已销产品成本。

任务处理如下：

（1）购入苗猪时：

借：消耗性生物资产	20 300	
贷：银行存款		20 300

（2）购入饲料时：

借：消耗性生物资产	9 000	
贷：银行存款		9 000

(3) 计算应付饲养人员工资时：

借：消耗性生物资产 12 000

贷：应付职工薪酬 12 000

(4) 计提猪圈的折旧费时：

借：消耗性生物资产 4 500

贷：累计折旧 4 500

(5) 支付卫生防疫费时：

借：消耗性生物资产 800

贷：库存现金 800

(6) 本期出售肉猪时：

借：银行存款 32 000

贷：主营业务收入 32 000

销售成本＝(20 300＋9 000＋12 000＋4 500＋800)÷100×40＝18 640(元)

借：主营业务成本 18 640

贷：消耗性生物资产 18 640

九、存货清查

存货清查是指通过对存货的实地盘点，确定存货的实有数量，并与账面结存数核对，从而确定存货实存数与账面结存数是否相符的一种专门方法。

由于存货种类繁多、收发频繁，在日常收发过程中可能发生计量错误、计算错误、自然损耗，还有可能发生损坏变质以及贪污、盗窃等情况，造成账实不符，形成存货的盘盈、盘亏。对存货的盘盈、盘亏，应填写存货盘点报告(如实存账存对比表)，及时查明原因，按照规定程序报批处理。

为了反映企业在财产清查中查明的各种存货的盘盈、盘亏和毁损情况，企业应当设置“待处理财产损溢”账户，借方登记存货的盘亏、毁损金额及盘盈的转销金额，贷方登记存货的盘盈金额及盘亏的转销金额。企业清查的各种存货损溢，应查明原因，在期末结账前处理完毕，期末处理后，该账户应无余额。

核算时分两步：第一步，批准前调整为账实相符；第二步，批准后结转处理。

(一) 存货盘盈的账务处理

企业发生存货盘盈的主要原因是由于存货的收发计量或核算上的误差造成的。对于盘盈的存货应及时办理存货的入账手续，调整存货的账存数。盘盈存货按重置成本，借记“原材料”“库存商品”等账户，贷记“待处理财产损溢”账户，按管理权限报经批准后，借记“待处理财产损溢”，贷记“管理费用”账户。

2

【工作任务2-38】 泰源公司2019年6月30日对存货进行盘点，盘盈B材料100千克，重置成本为1 000元，经查属于材料收发计量差错造成。

任务处理如下：

(1) 根据盘点报告单报经批准前：

借：原材料 1 000
　贷：待处理财产损溢 1 000

(2) 经有关部门批准后转销处理：

借：待处理财产损溢 1 000
　贷：管理费用 1 000

(二) 存货盘亏的账务处理

企业发生存货盘亏或毁损时，应按其账面价值，借记“待处理财产损溢”账户，贷记“原材料”“库存商品”等账户。报经有关部门批准后，应根据不同原因，区别以下情况进行转销处理：

(1) 对于入库的残料价值，记入“原材料”等账户。

(2) 属于自然损耗产生的，经批准转作“管理费用”账户。

(3) 应由保险公司和过失人的赔款，记入“其他应收款”账户。

(4) 属于非正常损失的部分，记入“营业外支出”账户。

【小思考2-12】 财产清查过程中，盘亏或毁损的原材料所负担的增值税，在会计上如何处理？

项目小结

货币资金是指企业在生产经营周转过程中处于货币形态的那部分资金。货币资金按其存放地点和用途不同，可分为库存现金、银行存款和其他货币资金。为了核算货币资金，企业应设置“库存现金”“银行存款”和“其他货币资金”账户进行核算。

短期投资主要是指企业为了近期内出售而持有的金融资产，如企业以赚取差价为目的从二级市场购入的股票、债券、基金。为了核算短期投资的取得、收取现金股利或利息、处置等业务，企业应当设置“短期投资”和“投资收益”等账户。

应收及预付款项是指企业在日常生产经营过程中发生的各项债权，包括应收款项和预付款项。应收款项包括应收票据、应收账款、应收利息、应收股利、其他应收款等。企业应分别设置相应的账户进行核算。

坏账是企业无法收回的应收款项。由于发生坏账而造成的损失，称为坏账损失。对于坏账损失，会计上采用直接转销法。在发生坏账损失时，直接列入“营业外支出”账户。

存货是企业一项重要的流动资产，存货应当按照成本进行初始计量，存货的成本包括采购成本、加工成本和其他成本。企业存货的来源不同，其成本构成内容也不同。

企业存货的日常收发核算，通常可采用实际成本计价法和计划成本计价法。发出存货按实际成本为基础计价的方法可以采用个别计价法、先进先出法、月末一次加权平均法、移动加权平均法。企业应根据管理的要求、存货的性质等实际情况，合理地选择发出存货成本的计价方法。

复习思考题

1. 怎样理解货币资金的含义？货币资金包括哪些内容？
2. 银行存款在什么情况下发生损失？发生的损失应如何确认？
3. 短期投资核算应包括哪些方面内容？
4. 在取得短期投资时，发生的交易费用应如何处理？
5. 应收款项确认减值损失应具备哪些条件？
6. 存货包括的内容有哪些？
7. 哪些存货发出计价方法随时计算发出存货的成本？
8. 消耗性生物资产包括哪些内容？
9. 会计上对于出租包装物和出借包装物，其发出成本应记入哪一个项目？
10. 在存货清查中发现的存货短少、毁损、变质等情况，会计上应如何处理？

习题与实训

一、单项选择题

1. 下列各项目中不属于货币资金的是（　　）。

A. 库存现金　B. 银行存款　C. 其他货币资金　D. 备用金

2. 企业在现金清查中，经检查仍无法查明原因的现金短缺，经批准后应记入（　　）账户。

A. “财务费用”　B. “管理费用”　C. “销售费用”　D. “营业外支出”

3. 对于银行已经入账而企业尚未入账的未达账项，企业正确的处理方法是（　　）。

A. 根据“银行对账单”记录的金额编制记账凭证

B. 根据编制的“银行存款余额调节表”编制记账凭证入账

C. 根据“银行存款余额调节表”和“银行对账单”编制记账凭证入账

D. 待有关结算凭证到达后入账

4. 下列各项中，不通过“其他货币资金”账户核算的是（　　）。

A. 信用证存款　B. 商业汇票

C. 信用卡存款　D. 银行本票存款

5. 企业将款项汇往外地开立采购专用账户时,应借记(   )账户。
A. "材料采购"
B. "在途物资"
C. "预付账款"
D. "其他货币资金"

6. 下列支付结算方式中,需签订有购销合同才能使用的是(   )。
A. 银行汇票
B. 银行本票
C. 托收承付
D. 支票

7. 企业向其开户银行申请办理银行承兑汇票时支付的承兑手续费,应借记(   )账户。
A. "管理费用"
B. "财务费用"
C. "销售费用"
D. "其他业务成本"

8. 企业取得短期投资时,发生的交易费用,应借记(   )账户。
A. "短期投资"
B. "投资收益"
C. "财务费用"
D. "管理费用"

9. 企业取得短期投资时,支付的价款中所包含的、已到付息期但尚未领取的利息或已宣告尚未发放的现金股利,应记入(   )账户。
A. "应收利息"或"应收股利"
B. "短期投资"
C. "财务费用"
D. "投资收益"

10. 下列应收、暂付款项中,不通过"其他应收款"账户核算的是(   )。
A. 应收保险公司的赔款
B. 存出包装物押金
C. 应向职工收取的各种代付款项
D. 应向购货方收取的代垫运费

11. 现金折扣采用总价法核算,应将(   )作为应收账款的入账价值。
A. 未扣减商业折扣前的金额
B. 未扣减现金折扣前的金额
C. 扣减现金折扣后的金额
D. 扣减商业折扣和现金折扣后的金额

12. 企业某项应收账款 50 000 元,现金折扣条件为 2/10、1/20、n/30,客户在第 20 天付款,应给予客户的现金折扣是(   )元。
A. 1 000 B. 750 C. 500 D. 0

13. 企业赊销商品一批,标价 20 000 元,商业折扣 10%,增值税率 13%,现金折扣条件为 2/10、1/20、n/30。企业销售商品时代垫运费 400 元,若企业按总价法核算,则应收账款的入账金额为(   )元。
A. 20 340 B. 200 000 C. 20 740 D. 22 600

14. 甲工业企业为增值税小规模纳税人,本月外购原材料一批,价格为 10 000 元,增值税税额为 1 300 元,入库前发生的挑选整理费 500 元。该批原材料的入账价值为(   )元。
A. 10 000 B. 11 300 C. 10 500 D. 11 800

15. 下列存货发出的计价方法中,不利于存货成本日常管理与控制的方法是(   )。
A. 先进先出法
B. 移动加权平均法
C. 月末一次加权平均法
D. 个别计价法

16. 某企业为增值税小规模纳税人,本月购入甲材料 600 千克,每千克含税单价为 50 元,发生的运费 2 000 元,运输途中发生合理损耗 10 千克,入库前发生的挑选整理费用200元。该批甲材料的入账价值为(　　)元。

A. 30 000　　B. 32 000　　C. 32 200　　D. 32 700

17. 某企业月初结存材料的计划成本为30 000元,成本差异为超支200元,本月入库材料的计划成本为70 000元,成本差异为节约700元。当月生产车间领用材料的计划成本为60 000元。当月生产车间领用材料应负担的材料成本差异为(　　)元。

A. －300　　B. 300　　C. －540　　D. 540

18. 某百货超市年初库存商品的成本为28万元,售价金额为35万元;当年购入商品的成本为20万元,售价总额为25万元;当年实现的销售收入为42万元。在采用售价金额核算法的情况下,该超市年末库存商品的成本为(　　)万元。

A. 18　　B. 14.4　　C. 12　　D. 9.6

19. 在出租包装物采用一次摊销的情况下,出租包装物报废时收回的残料价值应冲减(　　)账户。

A. "原材料"　　B. "其他业务成本"

C. "包装物"　　D. "销售费用"

20. 林木类消耗性生物资产达到郁闭后发生的管护费用等后续支出,应记入(　　)账户。

A. "管理费用"　　B. "消耗性生物资产"

C. "生产性生物资产"　　D. "库存商品"

二、多项选择题

1. 根据《现金管理暂行条例》规定,下列允许企业支付现金的有(　　)。

A. 支付职工工资200 000元

B. 出差人员随身携带的差旅费2 000元

C. 用现金2 300元收购农副产品

D. 用现金5 000元购入原材料

2. 下列各项中,不通过"其他货币资金"账户核算的有(　　)。

A. 银行本票　　B. 现金支票

C. 银行承兑汇票　　D. 存出投资款

3. 下列各项中,使得企业银行存款日记账余额小于银行对账单余额的有(　　)。

A. 企业开出支票,银行尚未收到

B. 银行误将其他公司的存款记入本企业银行存款账户

C. 银行代扣水电费

D. 银行收到委托收款结算方式下结算款项,企业尚未收到通知

4. 下列票据可以背书转让的有(　　)。

A. 现金支票　　B. 转账支票

C. 商业汇票　　D. 银行本票

5. 根据《人民币银行结算账户管理办法》的规定,可以提取现金的票据有(　　)。

A. 支票　　B. 银行本票

C. 商业汇票　　D. 银行汇票

2

6. “短期投资”账户借方登记的内容有(　　)。
   A. 短期投资的取得成本
   B. 已宣告尚未领取的现金股利
   C. 取得短期投资所发生的相关交易费用
   D. 已到付息期尚未支付的债券利息
7. 下列各项中,构成应收账款入账价值的有(　　)。
   A. 销售商品时尚未收到的价款　　B. 代购货方垫付的包装费
   C. 代购货方垫付的运费　　D. 销售商品发生的商业折扣
8. 下列各项中应通过“其他应收款”账户核算的有(　　)。
   A. 代购货单位垫付的运费　　B. 收到的包装物押金
   C. 应收的各种赔款　　D. 应向职工收取的各种垫付款
9. 下列存货的盘亏或毁损损失,经批准后,应作为“营业外支出”列支的有(　　)。
   A. 自然灾害造成的存货净损失　　B. 管理不善造成的盘亏损失
   C. 保管中发生的定额内自然损耗　　D. 收发计量差错造成的盘亏损失
10. 下列各项中,应计入企业外购存货入账价值的有(　　)。
   A. 存货的购买价格　　B. 存货途中的合理损耗
   C. 入库前的挑选整理费用　　D. 运输途中的保险费
11. 下列各种物资中,应作为企业存货核算的有(　　)。
   A. 委托加工物资　　B. 周转材料
   C. 工程物资　　D. 库存商品
12. 在采用计划成本法核算存货时,应设置的会计账户有(　　)。
   A. “在途物资”　　B. “原材料”
   C. “材料采购”　　D. “材料成本差异”
13. 小企业领用周转材料时,可以采用的摊销方法有(　　)。
   A. 一次摊销法　　B. 分期(次)摊销法
   C. 平均年限法　　D. 工作量法
14. 自行栽培的大田作物和蔬菜的成本包括收获前耗用的(　　)。
   A. 种子　　B. 肥料
   C. 农药　　D. 人工费
15. 盘盈存货的成本,应当按照同类或类似存货的(　　)确定。
   A. 市场价格　　B. 评估价值
   C. 重置成本　　D. 公允价值

三、判断题

1. 企业职工工资、奖金等现金的支取,只能通过其在银行开立的基本存款账户办理。(　　)
2. 库存现金的溢余或短缺,在批准前应通过“待处理财产损溢”账户核算。(　　)
3. 银行存款余额调节表不仅是为了核对账目,而且应作为调整银行存款账目余额的原始凭证。(　　)

4. 企业因销售产品而收到的由购买方签发支付的银行汇票应通过“其他货币资金”账户核算。 （ ）
5. “库存现金”账户包括企业内部各部门周转使用、由使用部门保管的定额备用金。 （ ）
6. 经过银行存款余额调节表调节后的银行存款余额是企业实际可动用的存款余额。 （ ）
7. 处置短期投资时，应按实际收到的价款与短期投资账面价值的差额列入投资收益。 （ ）
8. 在存在商业折扣的情况下，企业应收账款入账金额应按扣除商业折扣后的实际售价确认。 （ ）
9. 取得短期投资而发生的交易费用应计入短期投资的成本。 （ ）
10. 自然灾害或意外事故以外的原因造成的存货毁损所发生的净损失，均应记入“管理费用”账户。 （ ）
11. 工业企业的包装材料和包装物都是为包装本企业产品而储备的材料，都应在“周转材料”账户核算。 （ ）
12. 一个企业可以对不同的存货采用计划成本或实际成本计价。 （ ）
13. 对于性质和用途相似的存货，应当采用相同的成本计算方法确定发出存货的成本。 （ ）
14. 盘盈存货实现的收益应当记入“营业外收入”账户。 （ ）
15. 在短期投资持有期间，被投资单位宣告分派的现金股利或在债务人应付利息日按照分期付息、一次还本债券投资的票面利率计算的利息收入，应当计入投资收益。 （ ）
16. 债务人逾期 3 年以上未清偿，且有确凿证据证明已无力清偿债务的应收或预付款项列入营业外支出。 （ ）
17. 小企业可以采用备抵法核算坏账损失。 （ ）
18. 经过 1 年期以上的制造才能达到预定可销售状态的存货发生的借款费用，也计入存货的成本。 （ ）
19. 盘盈存货的成本，应当按照同类或类似存货的市场价格或评估价值确定。 （ ）
20. 存货发生盘亏或毁损的，应将原材料负担的增值税转入“待处理财产损溢”账户。 （ ）

四、实训题

实 训 一

目的：练习货币资金的业务处理。

资料：本源公司属于增值税一般纳税人，3 月发生如下经济业务：

(1) 开出现金支票向银行提取现金 2 000 元备用。

(2) 采购员周晓华报销差旅费 1 500 元，经批准予以报销，以现金 500 元补足差额(原借款 1 000 元)。

(3) 收到买方交来归还货款的转账支票 8 000 元，出纳已将该支票送存银行。

(4) 购入材料一批，取得的增值税专用发票上注明的价款为 30 000 元，增值税税额为 3 900元，采用汇兑结算方式支付货款，材料已验收入库。

(5) 开出现金支票从银行提取现金 220 000 元备发工资。

(6) 以现金支付职工工资 220 000 元。

(7) 销售产品一批，价款为 40 000 元，增值税税额为 5 200 元。价税款已经收到，并存入银行。

(8) 收到转账支票一张 6 000 元，系保险公司支付的赔款。

(9) 企业用现金支付租入设备保证金 800 元。

(10) 以银行存款缴纳职工社会保险费 30 000 元。

(11) 企业向其开户银行申请办理银行汇票 60 000 元，已办妥相关手续，采购员魏敏持票到外地采购。

(12) 企业购入材料一批，取得的增值税专用发票上注明的价款为 11 000 元，增值税税额为 1 430 元，材料已验收入库，款项以企业外埠存款支付。

(13) 企业用信用卡支付办公用品费 1 850 元，增值税 240.50 元。

(14) 采购员魏敏交来购入材料取得的增值税专用发票，价款为 40 000 元，增值税税额为 5 200 元，材料尚未验收入库，款项以银行汇票结算，余款转回企业基本存款账户。

(15) 企业向证券公司指定银行存入 200 000 元，开立投资账户，用于购买股票。

(16) 购买中国建筑集团公司债券 40 000 股，每股股价为 4.20 元，交易费用为 50 元。

(17) 在现金清查中发现库存现金溢余 150 元。

(18) 经核查，盘盈现金中 100 元系少付张浩的补助款，其余现金原因不明，批准列入收入。

(19) 在现金清查中发现假币 200 元，原因不明。

(20) 经核查，其中 200 元属出纳员工作失误而收取，经批评教育后，损失列入营业外支出。

要求： 根据资料，逐题编写会计分录。

实 训 二

目的： 练习应收及预付款项的业务处理。

资料： 大海公司为增值税一般纳税人，6 月发生如下经济业务：

(1) 销售一批产品给黄河公司，专用发票上注明的销售收入为 42 400 元，增值税税额为 5 512 元，以现金代垫运费 188 元。货已发出，当日收到黄河公司开具的一张面值为48 100元的商业承兑汇票一张，期限 6 个月。

(2) 采用托收承付结算方式向长江公司销售商品一批，货款为 20 800 元，增值税税额为 2 704 元，以库存现金代垫运费 164 元，已办理托收手续。

(3) 按合同约定，公司预付材料价款的 30 000 元给珠江公司，款已经通过银行存款支付。

(4) 应由保险公司赔偿的存货自然灾害损失 8 000 元，赔款尚未收到。

(5) 工会主席王海出差归来，报销 4 725 元(其中住宿费专用发票上注明的增值税为 120 元)，退回现金 275 元。

(6) 租入包装物一批，以银行存款向出租方支付押金 6 000 元。

(7) 收到采用预付账款采购的甲材料 3 000 千克，每千克单价为 12 元，价款为 36 000 元，增值税税额为 4 680 元，运输费为 240 元，增值税税额 21.60 元，材料已验收入库。

(8) 公司因资金紧张，6 月 25 日将一张面值为 60 000 元的银行承兑汇票持往银行贴现，银行贴现率为 7.2%。贴现后，银行无追索权。已知，该汇票取得日为当年 4 月 1 日，票据期限为 150 天。

(9) 以银行存款补付珠江公司差价款 12 360 元。

(10) 应收西湖公司货款 8 000 元，因西湖公司破产，实际收回货款 3 000 元存入银行，其余款项无法收回。

要求：根据资料，逐题编写会计分录。

实 训 三

目的：练习企业按实际成本进行存货收发的核算。

资料：京华公司为增值税一般纳税企业，采用实际成本进行存货的日常核算。2019 年 8 月 1 日有关账户的期初余额如下：

在途物资——甲材料	4 000 元
应付账款——暂估应付账款	5 000 元
周转材料	5 000 元
原材料——甲材料(月初结存 5 780，单价 100 元)	578 000 元

2019 年 8 月发生如下经济业务：

(1) 1 日，对上月末暂估入账的甲材料进行会计处理。

(2) 3 日，上月已付款的甲材料 40 千克(每千克 100 元)全部收到，并验收入库。

(3) 8 日，从 A 企业购入甲材料 500 千克，单价为 100 元，增值税发票上注明的增值税税额为 6 500 元，另外 A 企业还代垫运费 545 元(其中增值税专用发票上注明的增值税为 45 元)。全部货款已用银行存款支付，材料已验收入库。

(4) 13 日，持银行汇票 200 000 元从 C 企业购入甲材料 1 600 千克，单价为 100 元，增值税专用发票上注明的增值税税额为 20 800 元，对方代垫运杂费 545 元(其中增值税专用发票上注明的增值税为 45 元)，材料尚未到达。

(5) 15 日，收到从 C 企业购入的材料，并已验收入库。同时收回银行汇票多余票款存入银行。

(6) 20 日，收到上月估价入账的材料发票账单，共采购甲材料 50 千克，增值税专用发票上注明的货款为 5 000 元，增值税税额为 650 元，开出银行承兑汇票承付。

(7) 22 日，收到 D 企业发来的甲材料 80 千克，并已验收入库。该批材料货款为 8 000 元，增值税税额为 1 040 元，对方代垫运费 640 元，增值税税额 57.60 元。为购买该批材料，企业已于上月预付货款 6 000 元，收到材料后企业用银行存款补付余款。

(8) 30 日，结转本月随同产品出售不单独计价的包装物成本 6 000 元。

(9) 30 日，根据“发料凭证汇总表”，本月领用甲材料汇总情况如下：基本生产车间为产品生产领用 5 000 千克，车间一般耗用 300 千克，辅助生产车间领用 600 千克，管理部门领用 100 千克。

要求：

(1) 设置“在途物资”和“原材料——甲材料”明细账户，并登记期初余额。

(2) 编制业务(1)—业务(8)的会计分录。

(3) 采用月末一次加权平均法登记“原材料——甲材料”明细账,并计算加权平均单价。

(4) 计算发出甲材料的实际成本和结存甲材料的实际成本,并编制会计分录。

2

实 训 四

目的: 练习存货按计划成本收发的核算,并随时结转材料成本差异。

资料: 某企业为增值税一般纳税人,适用的增值税税率为13%,按计划成本计价进行材料的日常核算。

假定该企业只有A、B两种材料。A材料计划单位成本为40元,B材料计划单位成本为100元。2019年12月初库存A材料3 000千克,库存B材料1 400千克。12月初“材料成本差异”账户借方余额为3 060元。

该企业12月份发生下列经济业务:

(1) 购入A材料1 500千克,材料价款为57 000元,增值税税额为7 410元,用银行存款支付,材料尚未入库。

(2) 购入B材料800千克,材料价款为76 000元,增值税税额为9 880元,发票账单已到,企业开出一张商业汇票,材料已验收入库。

(3) 购入A材料500千克,材料已入库,但发票账单未到。

(4) 收到乙企业投资转入的B材料2 000千克,双方协商的材料价格为195 000元,增值税税额为25 350元,材料已验收入库。

(5) 生产车间领用A材料3 200千克,其中3 000千克用于产品生产,200千克用于一般消耗;领用B材料2 900千克,全部用于产品生产。

(6) 管理部门领用A材料20千克。

要求:

(1) 根据以上资料,编制业务(1)—业务(6)的会计分录。

(2) 计算本月材料成本差异率。

(3) 计算本月发出材料应负担的成本差异,并编制会计分录。

(4) 计算本月库存材料应负担的成本差异。

(5) 计算本月库存材料的实际成本。

(6) 设置“原材料”“材料采购”“材料成本差异”总账,开设“原材料——A材料”和“原材料——B材料”的明细分类账户,并根据以上资料登记相关明细账。

实 训 五

目的: 练习毛利率法的核算。

资料: 某商业企业属于批发企业(一般纳税人),适用的增值税率为13%。经营的商品采用毛利率法对发出商品计价,季度内各月份的毛利率根据上季度实际毛利率确定。该公司2019年第二季度、第三季度甲类商品有关的资料如下:

(1) 2019年第二季度累计商品销售收入为300万元、销售成本为258万元,6月末库存商品(甲类商品)实际成本为400万元。

(2) 2019年第三季度购进甲类商品成本为850万元,假定价税款全部以银行存款支付。

(3) 2019 年 7 月份实现商品销售收入 270 万元,价税款全部存入银行。

(4) 2019 年 8 月份实现商品销售收入 330 万元,价税款全部存入银行。

(5) 2019 年 9 月份实现商品销售收入 380 万元,价税款全部存入银行。

(6) 假定 2019 年 9 月末按月末一次加权平均法计算的库存商品实际成本 385 万元。

要求:

(1) 计算甲类商品 2019 年第二季度的实际毛利率。

(2) 分别计算甲类商品 2019 年 7 月份、8 月份、9 月份的商品销售成本。

(3) 编制乙公司第三季度商品购销的会计分录。

实 训 六

目的:练习售价金额核算法的核算。

资料:某商场采用售价金额核算法进行核算,增值税率为 13%。平时按含税零售价核算商品的销售收入及结转销售成本,月末一方面集中进行价税分解,另一方面采用差价率计算法分摊已销商品的差价。

2019 年 9 月初"库存商品——服装柜"售价总值为 260 万元,"商品进销差价——服装柜"余额为 104 万元。

9 月份发生下列经济业务:

(1) 本月购进服装价款 420 万元,增值税税额 54.6 万元,购进商品款项通过银行支付。

(2) 该批商品当月到达验收入库,售价总值 700 万元。

(3) 本月实现零售收入 510 万元(含向购买者收取的销项税额),货款已存入银行。

(4) 经核实,本月销售商品原登记零售价 520 万元。

要求:

(1) 编制业务(1)—业务(4)的会计分录。

(2) 计算本月应交增值税销项税额,并编制会计分录。

(3) 计算本月商品进销差价率及已销商品应分摊的差价,并编制会计分录。

实 训 七

目的:练习消耗性生物资产的核算。

资料:甲公司是从事种植业的小企业,假定发生业务如下:

(1) 从市场购入花卉种子 1 000 千克,共支付价款 60 000 元,款项均以银行存款支付。

(2) 以银行存款购入化肥 8 000 元,农药 5 000 元。化肥和农药全部领用。

(3) 应付技术人员工资 48 000 元。

(4) 应负担的电费和水费 6 500 元。

(5) 本期出售鲜花取得价款 92 000 元,存入银行。

(6) 结转出售花卉的销售成本 55 000 元。

(7) 除出售的鲜花外,其余收获干花 4 000 千克。

(8) 将干花全部出售给药材公司,取得收入 98 000 元,同时结转成本。

要求:编制上述经济业务的会计分录。

项目三　非流动资产的核算

◇ 职业能力目标

通过本项目学习，熟悉长期债券投资、长期股权投资、固定资产、无形资产、生产性生物资产和长期待摊费用的概念和内容；掌握长期债券投资、长期股权投资、固定资产、无形资产、生产性生物资产和长期待摊费用的初始计量和后续计量方法。

◇ 典型工作任务

长期债券投资的取得、持有期间取得投资收益及到期收回的核算；长期股权投资的取得、持有期间取得投资收益及处置的核算；固定资产的取得、折旧计算及账务处理，处置固定资产的核算；生产性生物资产的取得、折旧及处置的核算；无形资产的取得、摊销及处置的核算；长期待摊费用的确认和摊销核算。

◇ 知识框架

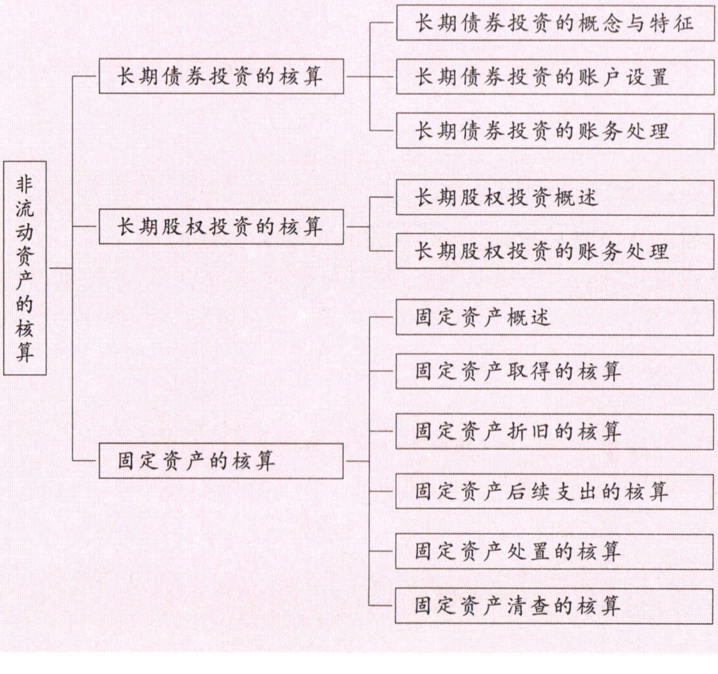

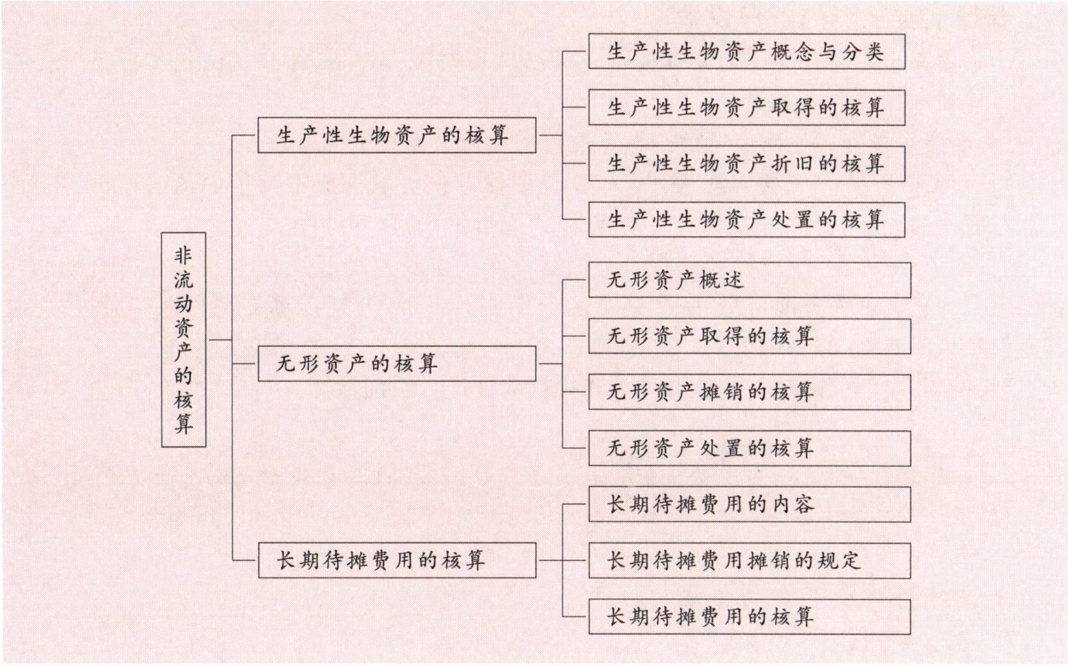

任务一　长期债券投资的核算

引例 3－1

中瑞公司目前有部分闲置资金没有其他投资项目，公司管理层决定购买长期债券获取稳定收益。2019 年 1 月 2 日从证券市场购入蓝天公司 2019 年 1 月 1 日发行的 3 年期债券，票面利率为 8%，债券面值为 800 000 元，每年 6 月 30 日和 12 月 31 日各付息一次。债券购买价格为 777 230 元。

请问：

（1）为什么债券面值 800 000 元而购买价格为 777 230 元？

（2）该公司购买的公司债券所发生的折价应如何摊销？

（3）中瑞公司每期确认利息收入是如何计算的？

一、长期债券投资的概念与特征

长期债券投资，是指小企业准备长期（1 年以上，下同）持有的债券投资。

与短期投资相比，长期债券投资具有以下三个特征：

（1）投资的对象明确。短期投资既可以投资债券，也可以投资股票，还可以投资基金等其他金融产品；长期债券投资的投资对象仅为债券。

（2）投资意图长于 1 年，一般会持有至到期。

（3）投资目的一方面是为了积累一大笔资金，同时期望获取高于同期银行存款利息。

二、长期债券投资的账户设置

为了核算企业拥有的长期债券投资，应设置“长期债券投资”账户，并设置“面值”“溢折价”“应计利息”3 个二级账户。

“长期债券投资——面值”账户，核算取得的长期债券投资面值总额。

“长期债券投资——溢折价”账户，核算长期债券投资取得成本高于面值的差额（溢价）或低于面值的差额（折价），以及这些差额（溢价或折价）的分期摊销。

3

“长期债券投资——应计利息”账户，核算一次还本付息的长期债券投资在持有期间应计的债券利息。若为分期付息、一次还本的长期债券投资，分期计算的利息则需通过“应收利息”账户，不在本账户核算。

“长期债券投资”账户可按债券种类和投资单位进行明细核算。

【小思考 3－1】 为什么企业在取得债券时，其取得成本会高于或低于面值？

三、长期债券投资的账务处理

（一）初始确认

企业取得的长期债券投资，应当按照购买价款和相关税费作为成本进行计量，但不包括已到付息期但尚未领取的利息。

企业取得的长期债券投资，应按该投资的面值，借记“长期债券投资——面值”账户，按支付的价款中包含的已到付息期但尚未领取的利息，借记“应收利息”账户，按实际支付的金额，贷记“银行存款”等账户，按其差额，借记或贷记“长期债券投资——溢折价”账户。

（二）后续计量

1. 持有期间摊销溢折价和确认投资收益

长期债券投资在持有期间应当按照面值和票面利率，计算确认应收（计）利息，债券的折价或者溢价在债券存续期间内于确认相关债券利息收入时采用直线法进行摊销，按应收（计）利息加上折价摊销或减去溢价摊销确认投资收益。计算公式如下：

应收（计）利息＝债券面值×票面利率

每期溢（折）价摊销额＝取得债券时溢（折）价金额÷债券付息期数

每期确认的投资收益＝应收（计）利息＋每期折价摊销额

或＝应收（计）利息－每期溢价摊销额

由于债券的计息方式有一次还本付息和分期付息、一次还本两种方式，其会计处理不同。

（1）在计息的长期债券投资为一次还本付息债券投资的，应按票面利率计算确定的应收未收利息，借记“长期债券投资——应计利息”账户，按每期溢（折）价摊销额借记或贷记“长期债券投资——溢折价”账户，按上述公式计算确定的利息收入，贷记“投资收益”账户。

（2）在计息的长期债券投资为分期付息、一次还本债券投资的，应按票面利率计算确定的应收未收利息，借记“应收利息”账户，按每期溢（折）价摊销额借记或贷记“长期债券投资——溢折价”账户，按上述公式计算确定的利息收入，贷记“投资收益”账户。

【涉税规定 3-1】　对于长期债券投资的利息收入，《小企业会计准则》与税法确认的时间和金额不同。

在确认时间上，《小企业会计准则》规定按期确认收入，而税法规定应按照合同约定的债务人应付利息的日期确认收入的实现，并且税法对国债利息、地方政府债券利息、铁路建设债券利息有减免企业所得税的规定。

在确认金额上，《小企业会计准则》规定确认的投资收益金额为每期应收(计)利息加上折价摊销或减去溢价摊销确认投资收益；而税法规定应按照票面利率和票面金额计算确认投资收益。

2. 到期收回投资

长期债券投资到期，小企业收回长期债券投资，应当冲减其账面余额。处置长期债券投资，处置价款扣除其账面余额、相关税费后的净额，应当计入投资收益。

3. 确认投资损失

小企业长期债券投资符合下列条件之一的，减除可收回的金额后确认的无法收回的长期债券投资，作为长期债券投资损失。

(1) 债务人依法宣告破产、关闭、解散、被撤销，或者被依法注销、吊销营业执照，其清算财产不足清偿的。

(2) 债务人死亡，或者依法被宣告失踪、死亡，其财产或者遗产不足清偿的。

(3) 债务人逾期 3 年以上未清偿，且有确凿证据证明已无力清偿债务的。

(4) 与债务人达成债务重组协议或法院批准破产重整计划后，无法追偿的。

(5) 因自然灾害、战争等不可抗力导致无法收回的。

(6) 国务院财政、税务主管部门规定的其他条件。

长期债券投资损失应当于实际发生时计入营业外支出，同时冲减长期债券投资账面余额。

【小思考 3-2】　长期债券投资的投资损失与到期收回长期债券投资发生的损失，在会计上处理是否相同？

【工作任务 3-1】　2019 年 1 月 1 日，甲公司支付价款 102 100 元从活跃市场上购入某公司 3 年期债券，面值 100 000 元，票面利率 6%，到期一次还本付息。甲公司在购买该债券时，准备长期持有。

任务处理如下：

(1) 2019 年 1 月 1 日，购入债券时：

借：长期债券投资——面值	100 000	
——溢折价	2 100	
贷：银行存款		102 100

3

(2) 编制到期一次还本付息债券投资收益计算表，如表 3-1 所示。

表 3-1 到期一次还本付息债券投资收益计算表 单位：元

年份	债券面值 A	应计利息 B=A×6%	溢价摊销 C	投资收益 D=B−C
2019	100 000	6 000	700	5 300
2020	100 000	6 000	700	5 300
2021	100 000	6 000	700	5 300
合计	—	18 000	2 100	15 900

(3) 2019 年 12 月 31 日，确认利息收入时：

借：长期债券投资——应计利息 6 000
　贷：投资收益 5 300
　　长期债券投资——溢折价 700

(4) 2020 年 12 月 31 日，确认利息收入时：

借：长期债券投资——应计利息 6 000
　贷：投资收益 5 300
　　长期债券投资——溢折价 700

(5) 2021 年 12 月 31 日，确认利息收入时：

借：长期债券投资——应计利息 6 000
　贷：投资收益 5 300
　　长期债券投资——溢折价 700

(6) 2022 年 1 月 1 日，收到债券本息时：

借：银行存款 118 000
　贷：长期债券投资——面值 100 000
　　——应计利息 18 000

按税法规定，应按照合同约定的债务人应付利息的日期确认收入的实现，2019 年和 2020 年均不确认收入，2021 年一次确认 18 000 元投资收益。因此，甲公司在 2019 年和 2020 年申报企业所得税时均应调整减少应纳税所得额 5 300 元，在 2021 年申报企业所得税时应调整增加应纳税所得额 12 700 元。

【工作任务 3-2】 根据【引例 3-1】资料，编制分期付息、到期一次还本债券投资收益计算表，如表 3-2 所示。

表 3－2　　到期分期付息到期还本债券投资收益计算表　　单位：元

日　期	债券面值 A	应计利息 $B=A\times 8\%\div 2$	折价摊销 C	投资收益 $D=B+C$
2019 年 6 月 30 日	800 000	32 000	3 795	35 795
2019 年 12 月 31 日	800 000	32 000	3 795	35 795
2020 年 6 月 30 日	800 000	32 000	3 795	35 795
2020 年 12 月 31 日	800 000	32 000	3 795	35 795
2021 年 6 月 30 日	800 000	32 000	3 795	35 795
2021 年 12 月 31 日	800 000	32 000	3 795	35 795
合计	—	192 000	22 770	214 770

根据表 3－2，编制会计分录如下：

(1) 2019 年 1 月 1 日，购入债券时：

借：长期债券投资——面值　　800 000
　贷：银行存款　　777 230
　　　长期债券投资——溢折价　　22 770

(2) 2019 年 6 月 30 日，确认利息收入时：

借：应收利息　　32 000
　　长期债券投资——利息调整　　3 795
　贷：投资收益　　35 795

(3) 2019 年 7 月 1 日，收到利息时：

借：银行存款　　32 000
　贷：应收利息　　32 000

【学中做 3－1】　请你根据表 3－2 的数据，编写 2019 年 12 月 31 日至 2021 年 12 月 31 日的会计分录。

(4) 2022 年 1 月 1 日，收到债券本金时：

借：银行存款　　800 000
　贷：长期债券投资——成本　　800 000

【小思考 3－3】　比较长期债券投资两种不同还本付息方式的债券，它们在账务处理上有何差别？

按税法规定，应按照合同约定的债务人应付利息的日期确认收入的实现，确认的金额为票面利率乘票面金额计算的结果，每半年确认收入32 000元。因此，甲公司在2019年、2020年、2021年申报企业所得税时均应调整减少应纳税所得额7 590元。

任务二 长期股权投资的核算

引例 3－2

海螺公司（小企业）根据投资协议，将原有的一座仓库投资给皖江物流有限责任公司（简称皖江公司）。该仓库的账面价值550万元，已提折旧120万元。双方认定的评估价值600万元，拥有皖江公司的股权25%。在谈判过程中，发生的相关费用4万元。2019年4月1日，双方办理资产交接和过户手续。2019年皖江公司实现净利润150万元。

请问：

（1）海螺公司对皖江公司的投资成本是多少？

（2）海螺公司转让的仓库的评估价值和账面价值的差额应如何处理？

（3）皖江公司2019年实现净利润150万元，海螺公司是否进行会计处理？为什么？

一、长期股权投资概述

长期股权投资是指小企业准备长期持有的权益性投资。长期股权投资相对于短期投资，其期限会超过1年，符合非流动资产的定义，划归小企业的非流动资产。对于投资企业而言，长期股权投资属于权益性投资，意味着投资企业在被投资企业享有股份或出资比例和所有者权益份额，可以以投资者身份从被投资企业获得净利润的分配额。

为了核算企业的长期股权投资，企业应设置“长期股权投资”账户。该账户借方登记长期股权投资取得时的成本，贷方登记收回长期股权投资的价值，期末借方余额，反映企业持有的长期股权投资的价值。该账户应按照被投资单位进行明细核算。

二、长期股权投资的账务处理

（一）初始确认

长期股权投资应当按照成本进行计量。小企业可以用现金购入长期股权投资，也可以通过非现金资产交换取得长期股权投资。

1. 以支付现金取得的长期股权投资

以支付现金取得的长期股权投资，应当按照购买价款和相关税费作为成本进行计量，实际支付价款中包含的已宣告但尚未发放的现金股利，应当单独确认为应收股利，不计入长期股权投资的成本。

小企业以支付现金取得的长期股权投资，如果实际支付的价款中包含已宣告但尚未发放的现金股利，应当按照实际支付的全部价款扣除已宣告但尚未发放的现金股利，借记“长期股权投资”账户，按照应收的现金股利，借记“应收股利”账户，按实际支付的全部价款，贷记“银行存款”账户。

2. 通过非现金资产交换取得的长期股权投资

通过非现金资产交换取得的长期股权投资，应当按照换出非现金资产的评估价值和相关税费作为成本进行计量，实际支付价款中包含的已宣告但尚未发放的现金股利，应当单独确认为应收股利，不计入长期股权投资的成本。

由于交换的非现金资产类别不同，其会计处理也有所区别：

(1) 换出资产为存货的，应当视同存货销售处理，按照评估值确认销售收入，同时结转销售成本。

(2) 换出资产为固定资产、无形资产的，应当视同销售固定资产、无形资产，换出资产评估价值与换出资产账面价值的差额记入“营业外收入”或“营业外支出”账户。

(3) 换出资产为长期债券投资、长期股权投资的，换出资产评估价值与换出资产账面价值的差额记入“投资收益”账户。

非货币性资产交换涉及相关税费的，如换出存货视同销售计算的增值税销项税额，换入资产作为存货、固定资产应当确认的增值税进项税额，以及换出固定资产、无形资产视同转让应缴纳的增值税，按照相关税收规定计算确定。

(二) 后续计量

小企业长期股权投资应当采用成本法进行会计处理。

在长期股权投资持有期间，按照投资单位宣告发放的现金股利或利润中属于本企业的部分，借记“应收股利”账户，贷记“投资收益”账户。

【小思考 3－4】　在《小企业会计准则》中，为什么长期股权投资后续计量只采用成本法核算，不采用权益法核算？

(三) 处置长期股权投资

处置长期股权投资，应按照实际收到的价款，借记“银行存款”等账户；按照其账面余额，贷记“长期股权投资”账户；按照其差额，贷记或借记“投资收益”账户。

(四) 长期股权投资损失

小企业长期股权投资符合下列条件之一的，减除可收回的金额后确认的无法收回的长期股权投资，作为长期股权投资损失：

(1) 被投资单位依法宣告破产、关闭、解散、被撤销，或者被依法注销、吊销营业执照的。

(2) 被投资单位财务状况严重恶化，累计发生巨额亏损，已连续停止经营 3 年以上，且无重新恢复经营改组计划的。

(3) 对被投资单位不具有控制权，投资期限届满或者投资期限已超过 10 年，且被投资单位因连续 3 年经营亏损导致资不抵债的。

(4) 被投资单位财务状况严重恶化，累计发生巨额亏损，已完成清算或清算期超过 3 年以上的。

(5) 国务院财政、税务主管部门规定的其他条件。

确认实际发生的长期股权投资损失，应当按可收回的金额借记“银行存款”账户，按照其账面余额，贷记“长期股权投资”账户，按照其差额，借记“营业外支出”账户。

【工作任务3-3】 泰山公司进行长期股权投资如下：

(1) 2018年4月20日，公司自公开市场中买入黄河公司10万股股票作为长期股权投资，每股买入价5.2元，每股价格中包含有0.2元的已宣告分派的现金股利，另支付相关税费10 000元。

(2) 2018年4月28日，收到黄河公司派发的现金股利。

(3) 2019年4月18日，宣告发放2018年现金股利，每股0.5元。

(4) 2019年4月20日，收到黄河公司派发的现金股利。

(5) 2019年9月25日，公司将持有的黄河公司10万股股票全部出售，取得价款528 000元。

任务处理如下：

(1) 2018年4月20日，购入股票时：

借：长期股权投资——黄河公司　　510 000
　　应收股利　　20 000
　贷：银行存款　　530 000

(2) 2018年4月28日，收到现金股利时：

借：银行存款　　20 000
　贷：应收股利　　20 000

(3) 2019年4月18日，确认现金股利时：

借：应收股利　　50 000
　贷：投资收益　　50 000

(4) 2019年4月20日，收到现金股利时：

借：银行存款　　50 000
　贷：应收股利　　50 000

(5) 2019年9月25日，出售股权时：

借：银行存款　　528 000
　贷：长期股权投资——黄河　　510 000
　　　投资收益　　18 000

【涉税规定3-2】 对于长期股权投资，在会计上无论是持有期间的收益还是处置收益，都通过“投资收益”账户核算，但两种收益的税收待遇截然不同。持有收益如符合免税条件的属于免税收入，汇算清缴企业所得税时应调减应纳税所得额；处置收益则应全额计入应纳税所得额。处置损失，应按税收关于“资产损失”的相关规定在税前扣除。

【涉税规定 3－3】 《国家税务总局关于发布〈企业资产损失所得税税前扣除管理办法〉的公告》规定：

企业发生的资产损失，应按规定的程序和要求向主管税务机关申报后方能在税前扣除。未经申报的损失，不得在税前扣除。

企业股权投资损失应依据以下相关证据材料确认：

(1) 股权投资计税基础证明材料；

(2) 被投资企业破产公告、破产清偿文件；

(3) 工商行政管理部门注销、吊销被投资单位营业执照文件；

(4) 政府有关部门对被投资单位的行政处理决定文件；

(5) 被投资企业终止经营、停止交易的法律或其他证明文件；

(6) 被投资企业资产处置方案、成交及入账材料；

(7) 企业法定代表人、主要负责人和财务负责人签章证实有关投资(权益)性损失的书面申明；

(8) 会计核算资料等其他相关证据材料。

3

任务三　固定资产的核算

引例 3－3

某小企业于 2019 年 4 月 10 日购入一台电子设备用于监测大棚蔬菜的温度和湿度。购入成本 45 000 元，增值税税额 5 850 元。设备已经投入使用。企业对该设备采用年数总和法计提折旧，预计可使用 5 年，无残值。

请问：

(1) 该固定资产的原始价值为多少？

(2) 企业应该从何时开始计提折旧？

(3) 如果采用年数总和法计提折旧，企业需要向税务机关办理哪些手续？

(4) 会计人员采用年数总和法计提 2019 年折旧 11 250 元是否正确？

一、固定资产概述

固定资产是指小企业为生产产品、提供劳务、出租或经营管理而持有的，使用寿命超过 1 年的有形资产，包括房屋、建筑物、机器、机械、运输工具、设备、器具、工具等。

小企业应当根据《小企业会计准则》规定的固定资产标准，结合本企业具体情况，编制固定资产目录，作为核算的依据。

小企业购置计算机硬件所附带的、未单独计价的软件，也列入“固定资产”账户核算。

3

二、固定资产取得的核算

(一) 固定资产入账价值的确定

固定资产应当按照成本进行计量。固定资产取得时的成本应当根据具体情况分别确定:

(1) 外购固定资产的成本包括:购买价款、相关税费、运输费、装卸费、保险费、安装费等,但不含按照税法规定可以抵扣的增值税进项税额。

以一笔款项购入多项没有单独标价的固定资产,应当按照各项固定资产或类似资产的市场价格或评估价值比例对总成本进行分配,分别确定各项固定资产的成本。

属于小规模纳税人的小企业,其外购固定资产支付的增值税,一律计入所购固定资产的成本,不得抵扣增值税进项税额。

(2) 自行建造固定资产的成本,由建造该项资产在竣工决算前发生的支出(含相关的借款费用)构成。

小企业在建工程在试运转过程中形成的产品、副产品或试车收入冲减在建工程成本。

(3) 投资者投入的固定资产的成本,应当按照评估价值和相关税费确定。

(4) 融资租入的固定资产的成本,应当按照租赁合同约定的付款总额和在签订租赁合同过程中发生的相关税费等确定。

(5) 盘盈固定资产的成本,应当按照同类或者类似固定资产的市场价格或评估价值,扣除按照该项固定资产新旧程度估计的折旧后的余额确定。

【涉税规定 3-4】《中华人民共和国企业所得税法实施条例》第五十八条规定:

固定资产按照以下方法确定计税基础:

(一) 外购的固定资产,以购买价款和支付的相关税费以及直接归属于使该资产达到预定用途发生的其他支出为计税基础;

(二) 自行建造的固定资产,以竣工结算前发生的支出为计税基础;

(三) 融资租入的固定资产,以租赁合同约定的付款总额和承租人在签订租赁合同过程中发生的相关费用为计税基础;租赁合同未约定付款总额的,以该资产的公允价值和承租人在签订租赁合同过程中发生的相关费用为计税基础;

(四) 盘盈的固定资产,以同类固定资产的重置完全价值为计税基础;

(五) 通过捐赠、投资、非货币性资产交换、债务重组等方式取得的固定资产,以该资产的公允价值和支付的相关税费为计税基础;

(六) 改建的固定资产,除企业所得税法第十三条第(一)项和第(二)项规定的支出外,以改建过程中发生的改建支出增加计税基础。

(二) 固定资产取得的账务处理

1. 外购的固定资产

(1) 购入不需要安装的固定资产。小企业购入不需要安装的固定资产,应当按照实际支付的价款扣除可抵扣的增值税进项税额,借记"固定资产"账户,按增值税进项税额,借记"应交税费——应交增值税(进项税额)"账户,贷记"银行存款"等账户。

购入需要安装的固定资产,先记入"在建工程"账户,待安装完成后再转入"固定资产"账户。

【工作任务 3-4】　南海公司生产车间购入一台不需要安装即可投入使用的复印机用于产品设计。取得的增值税专用发票上注明的设备价款为 30 000 元，增值税税额为 3 900 元，另支付运输费 200 元，增值税税额为 18 元，款项以银行存款支付。

任务处理如下：

固定资产的取得成本＝30 000＋200＝30 200(元)

借：固定资产　　30 200

　　应交税费——应交增值税(进项税)　　3 918

　贷：银行存款　　34 118

(2) 购入需要安装的固定资产。应在购入的固定资产取得成本的基础上加上安装调试成本等，作为购入固定资产的成本，先通过"在建工程"账户核算，待安装完毕达到预定可使用状态时，再由"在建工程"账户转入"固定资产"账户。

企业购入固定资产时，按实际支付的购买价款、运输费、装卸费和其他相关税费等，借记"在建工程"账户，贷记"银行存款"等账户；支付安装费用等时，借记"在建工程"账户，贷记"银行存款"等账户；安装完毕支付使用时，按其实际成本，借记"固定资产"账户，贷记"在建工程"账户。

【工作任务 3-5】　东海公司用银行存款购入一台需要安装的设备，增值税专用发票上注明的设备买价为 20 000 元，增值税税额为 2 600 元；支付运输费 1 000 元，增值税税额 90 元；支付安装费 3 000 元。

任务处理如下：

(1) 购入设备进行安装时：

借：在建工程　　21 000

　　应交税费——应交增值税(进项税额)　　2 690

　贷：银行存款　　23 690

(2) 支付设备安装费时：

借：在建工程　　3 000

　贷：银行存款　　3 000

(3) 设备安装完毕交付使用时：

固定资产成本＝21 000＋3 000＝24 000(元)

借：固定资产　　24 000

　贷：在建工程　　24 000

3

2. 自行建造的固定资产

小企业自行建造固定资产完成竣工决算，按竣工决算前发生相关支出，作为固定资产的成本。这些必要支出主要包括工程用物资成本、人工成本、相关税费、应予以资本化的借款费用以及应分摊的其他间接费用等。

【小思考3-5】 小企业自行建造固定资产为什么不以“固定资产达到预定可使用状态前所发生的必要支出”作为成本，而以“完成竣工决算前发生相关支出”作为成本？

企业自建固定资产，主要有自营工程和出包工程两种方式，由于采用的建设方式不同，其会计处理也不同。

(1) 自营工程，是指企业自行组织工程物资采购、自行组织施工人员施工的建筑工程和安装工程。购入工程物资时，借记“工程物资”账户，贷记“银行存款”等账户。领用工程物资时，借记“在建工程”账户，贷记“工程物资”账户。在建工程领用本企业原材料时，借记“在建工程”账户，贷记“原材料”等账户。在建工程领用本企业生产的商品时，借记“在建工程”账户，贷记“库存商品”“应交税费——应交增值税(销项税额)”等账户。小企业进行工程在竣工决算前发生的借款利息，应当根据借款合同利率计算确定的利息费用，借记“在建工程”账户，贷记“应付利息”账户。

自营工程发生的其他费用(如分配工程人员工资等)，借记“在建工程”账户，贷记“银行存款”“应付职工薪酬”等账户。自营工程办理竣工决算时，按其成本，借记“固定资产”账户，贷记“在建工程”账户。

小企业在建工程在试运转过程中形成的产品、副产品或试车收入冲减在建工程成本。

【工作任务3-6】 腾达公司自建厂房一幢，购入为工程准备的各种物资330 000元，支付的增值税税额为42 900元，全部用于工程建设。领用本企业生产的产品一批，实际成本为40 000元，税务部门确定的计税价格为50 000元，增值税税率13%。工程人员应付职工薪酬60 000元，支付的其他费用3 000元。工程完工并交付使用。

任务处理如下：

(1) 购入工程物资时：

借：工程物资	330 000	
应交税费——应交增值税(进项税额)	42 900	
贷：银行存款		372 900

(2) 工程领用工程物资时：

借：在建工程	330 000	
贷：工程物资		330 000

(3) 工程领用本企业生产的产品时：

借：在建工程	40 000	
贷：库存商品		40 000

(4) 计提工程人员薪酬时：

借：在建工程　　60 000
　贷：应付职工薪酬　　60 000

(5) 支付工程发生的其他费用时：

借：在建工程　　3 000
　贷：银行存款　　3 000

(6) 工程完工交付使用时：

固定资产成本＝330 000＋40 000＋60 000＋3 000＝433 000(元)

借：固定资产　　433 000
　贷：在建工程　　433 000

(2) 出包工程，是指企业通过招标等方式将工程项目发包给建造承包商，由建造承包商组织施工的建筑工程和安装工程。企业采用出包方式进行的固定资产工程，其工程的具体支出主要由建造承包商核算。小企业进行在建工程预付的工程价款，应通过“预付账款”账户核算，不通过“在建工程”账户核算。

企业按合理估计的发包工程进度和合同规定向建造承包商结算的进度款，借记“预付账款”账户，贷记“银行存款”等账户；工程竣工时收到施工单位结算账单时，借记“在建工程”账户，补付工程尾款时，贷记“银行存款”等账户，同时冲减预付工程款，贷记“预付账款”账户。工程验收合格交付使用时，按其成本，借记“固定资产”账户，贷记“在建工程”账户。

【工作任务 3-7】 捷运公司将一幢厂房的建造工程出包给江城建筑安装公司承建，工程造价为 600 000 元，按合同规定预付工程款 60%，剩余 40%工程款于工程竣工时结算。

任务处理如下：

(1) 预付工程款时：

借：预付账款　　360 000
　贷：银行存款　　360 000

(2) 工程竣工，收到结算账单时：

借：在建工程　　600 000
　贷：预付账款　　360 000
　　　银行存款　　240 000

(3) 工程验收交付使用时：

借：固定资产　　600 000
　贷：在建工程　　600 000

3. 投资者投入的固定资产

投资者投入的固定资产，按照评估价值和相关税费，作为固定资产的入账价值，借记“固定资产”等账户，贷记“实收资本”“资本公积”等账户。

【工作任务 3－8】 智联公司根据投资协议，收到捷运公司投入的两辆运输汽车，评估价值为 320 000 元，增值税税额为 41 600 元。投资结束后，智联公司拥有捷运公司注册资本 150 万元股权的 20%。

任务处理如下：

借：固定资产	320 000	
应交税费——应交增值税(进项税额)	41 600	
贷：实收资本		300 000
资本公积		61 600

4. 融资租入的固定资产

融资租入的固定资产，企业应将其作为企业的固定资产入账，同时确认相应的负债，并采用与自有资产相一致的折旧政策计提折旧。

融资租入的固定资产，在租赁期开始日，按照租赁合同约定的付款总额和在签订合同过程中发生的相关税费等，借记“固定资产”账户，贷记“长期应付款”“银行存款”“库存现金”等账户。

【工作任务 3－9】 智联公司以融资租赁方式从某单位租入生产设备一台，租赁合同确定的设备租赁价款 550 000 元，以库存现金支付相关税费 1 600 元。设备已运到企业，交付使用。

任务处理如下：

借：固定资产	551 600	
贷：长期应付款		550 000
库存现金		1 600

三、固定资产折旧的核算

(一) 固定资产折旧概述

固定资产折旧，是指在固定资产使用寿命内，按照确定的方法对应计折旧额进行系统分摊。应计折旧额，是指应当计提折旧的固定资产的原价(成本)扣除其预计净残值后的金额。

影响折旧的因素主要有以下几个方面：

(1) 固定资产原价，是指固定资产的成本。

(2) 预计净残值，是指固定资产预计使用寿命已满，小企业从该项固定资产处置中获得的扣除预计处置费用后的净额。

(3) 固定资产的使用寿命，是指企业使用固定资产的预计期间，或者该固定资产所能生产产品或提供劳务的数量。

企业应当根据固定资产的性质和使用情况，合理确定固定资产的使用寿命和预计净残值。固定资产的使用寿命、预计净残值一经确定，不得随意变更。

【涉税规定 3－5】《中华人民共和国企业所得税法实施条例》第六十条规定，除国务院财政、税务主管部门另有规定外，固定资产计算折旧的最低年限如下：

（一）房屋、建筑物，为 20 年；

（二）飞机、火车、轮船、机器、机械和其他生产设备，为 10 年；

（三）与生产经营活动有关的器具、工具、家具等，为 5 年；

（四）飞机、火车、轮船以外的运输工具，为 4 年；

（五）电子设备，为 3 年。

除以下情况外，企业应当对所有固定资产计提折旧：

(1) 已提足折旧仍继续使用的固定资产。

(2) 单独计价入账的土地。

在确定计提折旧的范围时，还应注意以下几点：

(1) 固定资产应当按月计提折旧，当月增加的固定资产，当月不计提折旧，从下月起计提折旧；当月减少的固定资产，当月仍计提折旧，从下月起不计提折旧。

(2) 固定资产提足折旧后，不论能否继续使用，均不再计提折旧；提前报废的固定资产，也不再补提折旧。所谓提足折旧，是指已经提足该项固定资产的应计折旧额。

(3) 已建造完工但尚未办理竣工决算的固定资产，应当按照估计价值确定其成本，并计提折旧；待办理竣工决算后，再按实际成本调整原来的暂估价值，但不需要调整原已计提的折旧额。

【小思考 3－6】 固定资产的使用寿命是否仅指固定资产预计使用年限？

(二) 固定资产折旧的方法

企业应当根据与固定资产有关的经济利益的预期实现方式，合理选择固定资产折旧方法。可选用的折旧方法包括年限平均法、双倍余额递减法和年数总和法等。

小企业应当按照年限平均法计提折旧。小企业的固定资产由于技术进步等原因，确需加速折旧的，可以采用双倍余额递减法和年数总和法。

1. 年限平均法

年限平均法，也称直线法，是将固定资产的应计折旧额均衡地分摊到固定资产预计使用寿命内的一种方法。采用这种方法计算的每期折旧额是相等的。它适用于固定资产在各个使用期间的损耗较均衡的情况。

年限平均法的计算公式如下：

$$年折旧率=\frac{(1-预计净残值率)}{预计使用寿命(年)}\times 100\%$$

$$月折旧率=年折旧率\div 12$$

$$月折旧额=固定资产原价\times 月折旧率$$

3

【工作任务 3-10】 某企业有一幢仓库，原价为 800 000 元，预计可使用 20 年，预计报废时的净残值率为 4%。该厂房的折旧率和折旧额的计算如下：

$$折旧率=(1-4\%)\div 20=4.8\%$$

$$月折旧率=4.8\%\div 12=0.4\%$$

$$月折旧额=800\,000\times 0.4\%=3\,200(元)$$

2. 双倍余额递减法

双倍余额递减法，是指在不考虑固定资产预计净残值的情况下，根据每期期初固定资产原价减去累计折旧后的金额和双倍的直线法折旧率计算固定资产折旧的一种方法。计算公式如下：

$$年折旧率=\frac{2}{预计使用寿命(年)}\times 100\%$$

$$月折旧率=年折旧率\div 12$$

$$月折旧额=固定资产净值\times 月折旧率$$

由于双倍余额递减法不考虑固定资产的预计净残值，因此，在使用该方法时应注意不能使固定资产的年初账面净值降低到其预计净残值之下，即一般应在固定资产使用寿命到期前两年内，将固定资产账面净值扣除预计净残值后的净值平均摊销。

【工作任务 3-11】 某企业有一项固定资产的原价为 120 000 元，预计使用年限为 5 年，残值为 4 000 元，按双倍余额递减法计提折旧，每年的折旧额计算如表 3-3 所示。

表 3-3 采用双倍余额递减法计算折旧一览表 单位：元

年度	年初账面价值	年折旧率	年折旧额	月折旧额	累计折旧	年末账面价值
第 1 年	120 000	40%	48 000	4 000	48 000	72 000
第 2 年	72 000	40%	28 800	2 400	76 800	43 200
第 3 年	43 200	40%	17 280	1 440	94 080	25 920
第 4 年	25 920		10 960	913.33	105 040	14 960
第 5 年	14 960		10 960	913.33	116 000	0
合计			116 000		116 000	

注：第 4 年、第 5 年的年折旧额=(25 920−4 000)÷2=10 960(元)

3. 年数总和法

年数总和法，是指固定资产的原价减去预计净残值后的余额，乘以一个逐年递减的折旧率计算确定固定资产折旧额的一种方法。

逐年递减的折旧率分子代表固定资产尚可使用的年限，分母代表预计使用年限的逐年数字之和。计算公式如下：

$$年折旧率=\frac{尚可使用年限}{预计使用寿命的年数总和}\times 100\%$$

月折旧率＝年折旧率÷12

月折旧额＝(固定资产原值－预计净残值)×月折旧额

【工作任务3－12】 某企业有一项固定资产，原价为150 000，预计使用年限为5年，残值率为4%，按双倍余额递减法计提折旧，每年的折旧额计算如下表3－4所示。

表3－4　采用年数总和法计算折旧一览表　单位：元

年度	尚可使用年限	原价－净残值	年折旧率	年折旧额	月折旧额	累计折旧
第1年	5	144 000	5/15	48 000	4 000	48 000
第2年	4	144 000	4/15	38 400	3 200	76 400
第3年	3	144 000	3/15	28 800	2 400	115 200
第4年	2	144 000	2/15	19 200	1 600	134 400
第5年	1	144 000	1/15	9 600	800	144 000

【小思考3－7】 年数总和法与双倍余额递减法在确定年折旧率、年折旧基数、计算每年折旧等方面有哪些异同？

【涉税规定3－6】 《中华人民共和国企业所得税法实施条例》第九十八条规定，企业所得税法第三十二条所称可以采取缩短折旧年限或者采取加速折旧的方法的固定资产，包括：

(一) 由于技术进步，产品更新换代较快的固定资产；

(二) 常年处于强震动、高腐蚀状态的固定资产。

采取缩短折旧年限方法的，最低折旧年限不得低于本条例第六十条规定折旧年限的60%；采取加速折旧方法的，可以采取双倍余额递减法或者年数总和法。

(三) 固定资产折旧的账务处理

固定资产应当按月计提折旧，计提的折旧应当记入“累计折旧”账户，并根据用途计入相关资产的成本或者当期损益。企业自行建造固定资产过程中使用的固定资产，其计提的折旧应计入在建工程成本；基本生产车间所使用的固定资产，其计提的折旧应计入制造费用；管理部门所使用的固定资产，其计提的折旧应计入管理费用；经营租出的固定资产，其应提的折旧额应计入其他业务成本。企业计提固定资产折旧时，借记“在建工程”“制造费用”“管理费用”和“其他业务成本”等账户，贷记“累计折旧”账户。

3

【工作任务 3-13】 某企业 2019 年 6 月 10 日购置机器设备一台，价值为 46 800 元，预计净残值为 1 800 元，会计确定的使用寿命为 5 年，采用年限平均法计提折旧。

任务处理如下：

（1）6 月份增加固定资产，当月不提折旧。

（2）7 月应提折旧额＝(46 800－1 800)÷5÷12＝750(元)

（3）每月计提折旧时：

借：制造费用　　750
　贷：累计折旧　　750

（4）按企业所得税法规定，机器、设备的折旧年限最低为 10 年，每月允许计提的折旧额为＝(46 800－1 800)÷10÷12＝375(元)，因此，纳税申报时每月调减应纳税所得额为 375 元。

四、固定资产后续支出的核算

固定资产的后续支出是指固定资产在使用过程中发生的更新改造支出、修理费用等。企业的固定资产投入使用后，由于各个组成部分耐用程度不同或者使用的条件不同，因而往往会发生固定资产的局部损坏。为了保持固定资产的正常运转和使用，充分发挥其使用效能，就必须对其进行必要的后续支出。

固定资产的更新改造等后续支出，满足固定资产确认条件的，应当计入固定资产成本。不满足固定资产确认条件的固定资产修理费用等，应当在发生时计入当期损益。

（一）固定资产改建支出

固定资产的改建支出，是指改变房屋或者建筑物结构、延长使用年限等发生的支出。

固定资产的改建支出，应当计入固定资产的成本，但已提足折旧的固定资产和经营租入的固定资产发生的改建支出，应当计入长期待摊费用。

小企业在对固定资产改建时，企业应将该固定资产的原价、已计提的累计折旧转销，将固定资产的账面价值转入在建工程。在改建过程中发生的相关支出，通过“在建工程”账户核算。在固定资产改建完成办理竣工决算时，从“在建工程”账户转入“固定资产”账户。

【工作任务 3-14】 安阳公司于 2019 年 4 月对现有的厂房进行改建。该厂房于 2012 年 4 月建造完成，建造成本为 580 000 元，无残值，采用年限平均法计提折旧，预计使用年限为 10 年。改建过程中发生支出 220 000 元，均用银行存款支付。改建工程已于 2019 年 8 月竣工，厂房已投入使用。

任务处理如下：

(1) 固定资产已提折旧＝580 000÷10×7＝406 000(元)

(2) 固定资产转入改建时：

借：在建工程 174 000
　　累计折旧 406 000
　贷：固定资产 580 000

(3) 发生固定资产改建支出时：

借：在建工程 220 000
　贷：银行存款 220 000

(4) 固定资产改建工程竣工时：

借：固定资产 394 000
　贷：在建工程 394 000

(二) 固定资产修理支出

固定资产修理按修理范围的大小、费用支出的多少、间隔时间的长短，可分为日常修理和大修理两类。

1. 固定资产日常修理的核算

固定资产的日常修理费，应当在发生时根据固定资产的受益对象计入相关资产成本或者当期损益。企业发生固定资产修理费用时，应借记"制造费用""管理费用"账户，贷记"银行存款"等账户。

2. 固定资产大修理的核算

固定资产大修理具有修理范围大、间隔时间长、修理次数少、费用支出多等特点。对摊销期在 1 年以上的固定资产大修理费用，应当转为长期待摊费用核算。

五、固定资产处置的核算

企业在生产经营过程中，可能将不适用或不需用的固定资产对外出售转让，或因磨损、技术进步等原因对固定资产进行报废，或因遭受自然灾害而对毁损的固定资产进行处理。对于上述事项在进行会计核算时，应按规定程序办理有关手续，结转固定资产的账面价值，计算有关的清理收入、清理费用及残料价值等。

固定资产处置包括固定资产的出售、报废、毁损、对外投资等。处置固定资产应通过"固定资产清理"账户核算。具体包括以下几个环节：

(一) 固定资产转入清理

企业因出售、报废、毁损、对外投资、非货币性资产交换、债务重组等转出的固定资产，按该项固定资产的账面价值，借记"固定资产清理"账户，按已计提的累计折旧，借记"累计折旧"账户，按其账面原价，贷记"固定资产"账户。

(二) 发生的清理费用和税金

固定资产清理过程中应支付的相关税费及其他费用，借记“固定资产清理”账户，贷记“银行存款”“应交税费”等账户。

(三) 取得变价收入

收回出售固定资产的价款、残料价值和变价收入等，借记“银行存款”“原材料”等账户，贷记“固定资产清理”账户。

(四) 责任人或保险赔偿

应由保险公司或过失人赔偿的损失，借记“其他应收款”等账户，贷记“固定资产清理”账户。

(五) 清理净损益的处理

固定资产清理完成后，属于生产经营期间正常的处理损失，借记“营业外支出”账户，贷记“固定资产清理”账户；属于自然灾害等非正常原因造成的损失，借记“营业外支出”账户，贷记“固定资产清理”账户。如为贷方余额，借记“固定资产清理”账户，贷记“营业外收入”账户。

【工作任务 3－15】 甲公司出售一座建筑物，原价为 300 000 元，已计提折旧 200 000元，实际出售价格为 400 000 元，增值税 36 000 元，价税款已通过银行收回价款。

任务处理如下：

(1) 将出售的固定资产转入清理时：

借：固定资产清理　　100 000
　　累计折旧　　200 000
　贷：固定资产　　300 000

(2) 收回出售固定资产的价款时：

借：银行存款　　436 000
　贷：固定资产清理　　400 000
　　　应交税费——应交增值税(销项税额)　　36 000

(3) 结转出售固定资产实现的利得时：

借：固定资产清理　　300 000
　贷：营业外收入　　300 000

【学中做 3－2】 丙公司因出售一台不需用的机器，该机器原价为 40 000 元，已计提折旧为 26 000 元，出售收入为 11 300 元(含税)存入银行，适用的增值税税率为 13%。请编制相关会计分录。

【涉税规定 3－7】 《国家税务总局关于发布〈企业资产损失所得税税前扣除管理办法〉的公告》规定：

第二十九条　固定资产盘亏、丢失损失，为其账面净值扣除责任人赔偿后的余额，应依据以下证据材料确认：

（一）企业内部有关责任认定和核销资料；

（二）固定资产盘点表；

（三）固定资产的计税基础相关资料；

（四）固定资产盘亏、丢失情况说明；

（五）损失金额较大的，应有专业技术鉴定报告或法定资质中介机构出具的专项报告等。

第三十条　固定资产报废、毁损损失，为其账面净值扣除残值和责任人赔偿后的余额，应依据以下证据材料确认：

（一）固定资产的计税基础相关资料；

（二）企业内部有关责任认定和核销资料；

（三）企业内部有关部门出具的鉴定材料；

（四）涉及责任赔偿的，应当有赔偿情况的说明；

（五）损失金额较大的或自然灾害等不可抗力原因造成固定资产毁损、报废的，应有专业技术鉴定意见或法定资质中介机构出具的专项报告等。

六、固定资产清查的核算

企业应定期或者至少于每年年末对固定资产进行清查盘点，以保证固定资产核算的真实性，充分挖掘企业现有固定资产的潜力。在固定资产清查过程中，如果发现盘盈、盘亏的固定资产，应填制固定资产盘盈盘亏报告表。清查固定资产的损溢，应及时查明原因，并按照规定程序报批处理。

（一）固定资产盘盈

盘盈固定资产的成本，应当按照同类或者类似固定资产的市场价格或评估价值，扣除按照该项固定资产新旧程度估计的折旧后的余额，借记“固定资产”账户，贷记“待处理财产损溢”账户。按照管理权限经批准后列入营业外收入，借记“待处理财产损溢”账户，贷记“营业外收入”账户。

【工作任务 3－16】　某小企业在财产清查过程中，发现一台未入账的设备，该设备同类市场价格为 30 000 元，六成新。

任务处理如下：

（1）盘盈固定资产时：

借：固定资产	18 000	
贷：待处理财产损溢		18 000

（2）经批准转销固定资产时：

借：待处理财产损溢 18 000
　贷：营业外收入 18 000

【小思考3-8】 为什么《企业会计准则》中规定，将固定资产盘盈作为前期差错处理？

3

（二）固定资产盘亏

企业在财产清查中盘亏的固定资产，按盘亏固定资产的账面价值，借记“待处理财产损溢”账户，按已计提的累计折旧，借记“累计折旧”账户，按固定资产的原价，贷记“固定资产”账户。按管理权限报经批准后处理时，按可收回的保险赔偿或过失人赔偿，借记“其他应收款”账户，按应计入营业外支出的金额，借记“营业外支出”账户，贷记“待处理财产损溢”账户。

【工作任务3-17】 乙公司进行财产清查时发现短缺一台生产设备（已申报抵扣增值税进项税额），价值8 900元，已提折旧3 600元。经查系管理不善被盗，由保管员赔偿800元，其余列入损失。

任务处理如下：

（1）盘亏固定资产时：

借：待处理财产损溢 6 457
　　累计折旧 3 600
　贷：固定资产 8 900
　　　应交税费——应交增值税（进项税额转出） 1 157

（2）报经批准转销固定资产时：

借：营业外支出 6 013
　　其他应收款 800
　贷：待处理财产损溢 6 813

【涉税规定3-8】《国家税务总局关于发布〈企业资产损失所得税税前扣除管理办法〉的公告》规定：

第三十一条 固定资产被盗损失，为其账面净值扣除责任人赔偿后的余额，应依据以下证据材料确认：

（一）固定资产计税基础相关资料；

（二）公安机关的报案记录，公安机关立案、破案和结案的证明材料；

（三）涉及责任赔偿的，应有赔偿责任的认定及赔偿情况的说明等。

任务四　生产性生物资产的核算

引例 3－4

某小企业主要从事牛奶生产。2019 年 6 月 2 日购入 20 头奶牛，支付价款 12 万元。此外，发生运输费 1 200 元，保险费 800 元。当年发生饲料费 20 000 元，卫生防疫费 900 元，饲养员薪酬 18 000 元。经过半年的抚育，于 2019 年年底 20 头奶牛开始正式产奶。

请问：

(1) 企业购入的奶牛是属于消耗性生物资产还是生产性生物资产？

(2) 企业发生的饲料费等费用，应计入哪一个会计账户？

(3) 2019 年年末，奶牛产奶在会计上是否进行会计处理？

一、生产性生物资产的概念与分类

（一）生产性生物资产的概念

生产性生物资产，是指小企业（农、林、牧、渔业）为生产农产品、提供劳务或出租等目的而持有的生物资产。生产性生物资产具备自我生长性，能够在持续的基础上予以消耗并在一定时间内保持其服务能力或未来经济利益，属于劳动手段，包括经济林、薪炭林、产畜和役畜等。

与消耗性生物资产相比，生产性生物资产的最大特点在于，生产性生物资产能够在生产经营期内长期、反复使用，从而不断产出农产品或者被长期役用。消耗性生物资产在收获农产品后，该产品就不复存在；而生产性生物资产产出农产品后，该资产仍然保留，并可以在未来期间继续产出农产品。因此，通常认为生产性生物资产在一定程度上具有固定资产的特征，如果树每年产水果、种猪每年产幼崽、奶牛每年产牛奶等。

（二）生产性生物资产的分类

一般而言，生产性生物资产通常需要生长到一定阶段才具备生产能力。根据其是否具备生产能力，生产性生物资产可以划分为未成熟生产性生物资产和成熟生产性生物资产两类。前者是指尚未达到预定生产经营目的，还不能够多年连续稳定产出农产品、提供劳务或出租的生产性生物资产，如尚未开始挂果的果树、尚未开始产奶的奶牛等；后者是指已经达到预定生产经营目的的生产性生物资产。

二、生产性生物资产取得的核算

（一）设置“生产性生物资产”账户

为了核算和监督小企业持有的生产性生物资产的增减变动情况，应设置“生产性生物资产”账户。其借方登记小企业取得生产性生物资产的成本，贷方登记处置生产性生物资产的成本，期末余额反映小企业（农业）持有的生产性生物资产原价。该账户可按“未成熟生产性生物资产”和“成熟生产性生物资产”，分别生物资产的种类、群别、所属部门等进行明细核算。

(二) 生产性生物资产取得的账务处理

生产性生物资产应当按照成本进行计量。

1. 外购的生产性生物资产

外购的生产性生物资产的成本，应当按照购买价款和相关税费确定。

3

外购的生产性生物资产，按应计入生产性生物资产成本的金额，借记“生产性生物资产”账户，贷记“银行存款”等账户。

2. 自行营造或繁殖的生产性生物资产

自行营造或繁殖的生产性生物资产，应当按照下列规定处理：

(1) 自行营造的林木类生产性生物资产的成本包括：达到预定生产经营目的前发生的造林费、抚育费、营林设施费、良种试验费、调查设计费和应分摊的间接费用等必要支出。

自行营造的林木类生产性生物资产，应按构成林木类生产性生物资产的成本，借记“生产性生物资产——未成熟生产性生物资产”账户，贷记“原材料”“银行存款”等账户。

(2) 自行繁殖的产畜和役畜的成本包括：达到预定生产经营目的前发生的饲料费、人工费和应分摊的间接费用等必要支出。

自行繁殖的产畜和役畜，应按构成产畜和役畜的成本，借记“生产性生物资产——未成熟生产性生物资产”账户，贷记“原材料”“银行存款”等账户。

3. 育肥畜转为产畜或役畜

育肥畜转为产畜或役畜，应按其账面余额，借记“生产性生物资产——成熟生产性生物资产”，贷记“消耗性生物资产”账户。产畜或役畜淘汰转为育肥畜，按转群时的账面余额，借记“消耗性生物资产”账户，按已计提的累计折旧，借记“生产性生物资产累计折旧”账户，按其账面余额，贷记“生产性生物资产——成熟生产性生物资产”。

4. 未成熟生产性生物资产达到预定生产经营目的

未成熟生产性生物资产达到预定生产经营目的，按其账面余额，借记“生产性生物资产——成熟生产性生物资产”，贷记“生产性生物资产——未成熟生产性生物资产”。

5. 补植林木类生产性生物资产

择伐、间伐或抚育更新等生产性采伐而补植林木类生产性生物资产发生的后续支出，借记“生产性生物资产——未成熟生产性生物资产”，贷记“银行存款”等账户。

生产性生物资产发生的管护、饲养费用等后续支出，借记“管理费用”账户，贷记“银行存款”等账户。

【工作任务 3－18】 某企业自 2018 年开始自行营造 100 亩葡萄园。有关支出如下：

(1) 2018 年购置种苗费 15 000 元，平整土地和栽培所得机械费作业费 5 000 元，定植当年抚育发生的化肥及农药等费用 21 000 元，人工费 11 000 元。以银行存款支付管护等其他费用 16 000 元。

(2) 2019 年抚育发生的化肥及农药等费用 22 000 元，人工费 9 000 元。管护等其他费用 12 000 元。

(3) 2020 年达到预定生产经营目的。

任务处理如下：

(1) 2018 年会计处理：

借：生产性生物资产——未成熟生产性生物资产	68 000	
贷：原材料——种苗		15 000
——化肥及农药		21 000
累计折旧		5 000
应付职工薪酬		11 000
银行存款		16 000

(2) 2019 年会计处理：

借：生产性生物资产——未成熟生产性生物资产	43 000	
贷：原材料——化肥及农药		22 000
应付职工薪酬		9 000
银行存款		12 000

(3) 2020 年会计处理：

借：生产性生物资产——成熟生产性生物资产	111 000	
贷：生产性生物资产——未成熟生产性生物资产		111 000

三、生产性生物资产折旧的核算

生产性生物资产折旧，是指在生产性生物资产使用寿命内，按照确定的方法对应计折旧额进行系统分摊。应计折旧额，是指应当计提折旧的固定资产的原价（成本）扣除其预计净残值后的金额。预计净残值，是指生产性生物资产预计使用寿命已满，小企业从该项生产性生物资产处置中获得的扣除预计处置费用后的净额。

小企业应当根据生产性生物资产的性质和使用情况，并考虑税法的规定，合理确定生产性生物资产的使用寿命和预计净残值。

生产性生物资产应当按照年限平均法计提折旧。

小企业应当自生产性生物资产投入使用月份的下月起按月计提折旧；停止使用的生产性生物资产，应当自停止使用月份的下月起停止计提折旧。

生产性生物资产的折旧方法、使用寿命、预计净残值一经确定，不得随意变更。

小企业按期（月）计提成熟生产性生物资产的折旧，借记“生产成本”“管理费用”等账户，贷记“生产性生物资产累计折旧”账户。

【小思考 3－9】 为什么小企业的生产性生物资产不能采用加速折旧法计提折旧？

【工作任务 3－19】 承【工作任务 3－18】，该葡萄园从挂果时起，预期经济寿命 8 年，采用平均年限法计提折旧，假定该葡萄树期满无残值。

任务处理如下：

(1) 经济寿命期每月应提折旧额＝111 000÷8÷12＝1 156.25(元)

(2) 每月计提折旧时：

借：生产成本	1 156.25	
贷：生产性生物资产累计折旧		1 156.25

3

四、生产性生物资产处置的核算

因出售、报废、毁损、对外投资等原因处置生产性生物资产，应按取得的出售生产性生物资产的价款、残料价值和变价收入等处置收入，借记“银行存款”等账户，按已计提的累计折旧，借记“生产性生物资产累计折旧”账户，按其账面余额，贷记“生产性生物资产”账户，按其差额，借记“营业外支出”账户或贷记“营业外收入”账户。

【涉税规定 3－9】 《国家税务总局关于发布〈企业资产损失所得税税前扣除管理办法〉的公告》规定：

第三十五条 因森林病虫害、疫情、死亡而产生的生产性生物资产损失，为其账面净值扣除残值、保险赔偿和责任人赔偿后的余额，应依据以下证据材料确认：

(一) 损失情况说明；

(二) 责任认定及其赔偿情况的说明；

(三) 损失金额较大的，应有专业技术鉴定意见。

第三十六条 对被盗伐、被盗、丢失而产生的生产性生物资产损失，为其账面净值扣除保险赔偿以及责任人赔偿后的余额，应依据以下证据材料确认：

(一) 生产性生物资产被盗后，向公安机关的报案记录或公安机关立案、破案和结案的证明材料；

(二) 责任认定及其赔偿情况的说明。

任务五 无形资产的核算

引例 3－5

某小企业 2019 年发生如下无形资产业务：

(1) 转让专利技术一项，收取价款 5 万元存入银行。

(2) 转让一项商标权，取得价款 8 万元存入银行。

请问：

(1) 转让无形资产缴纳增值税的税率为多少？

(2) 按现行税法规定，企业转让专利技术和商标权如何计算缴纳税金？

一、无形资产概述

(一) 无形资产的概念

无形资产，是指小企业为生产产品、提供劳务、出租或经营管理而持有的、没有实物形态的可辨认非货币性资产。小企业的无形资产包括：土地使用权、专利权、商标权、著作权、非专利技术等。

自行开发建造厂房等建筑物，相关的土地使用权与建筑物应当分别进行处理。外购土地及建筑物支付的价款应当在建筑物与土地使用权之间按照合理的方法进行分配；难以合理分配的，应当全部作为固定资产。

(二) 无形资产的特征

无形资产具有三个主要特征。

1. 不具有实物形态

无形资产通常表现为某种权利、某项技术或某种获取超额利润的综合能力，它们不具有实物形态，如土地使用权、非专利技术等。需要指出的是，某些无形资产的存在有赖于实物载体，例如，计算机软件需要存储在介质中，但这并不改变无形资产本身不具有实物形态的特性。

2. 具有可辨认性

若作为无形资产进行核算，则该资产必须是能够区别于其他资产且可单独辨认的。满足下列条件之一的，应当认定其具有可辨认性。

(1) 能够从企业中分离或者划分出来，并能单独或者与相关合同、资产或负债一起，用于出售、转让、授予许可、租赁或者交换。

(2) 源自合同性权利或其他法定权利，无论这些权利是否可以从企业或其他权利或义务中转移或者分离。

商誉通常是与企业整体价值联系在一起的，其存在无法与企业自身相分离，不具有可辨认性，不属于本书所指的无形资产。

3. 属于非货币性长期资产

无形资产属于非货币性资产且能够在多个会计期间为企业带来经济利益。无形资产的使用年限在 1 年以上，其价值将在各个受益期间逐渐摊销。

(三) 无形资产的内容

无形资产主要包括专利权、商标权、土地使用权、非专利技术、著作权、特许权等。

1. 专利权

专利权是指国家专利主管机关依法授予发明创造专利申请人对其发明创造在法定期限内所享有的专有权利，包括发明专利权、实用新型专利权和外观设计专利权。它给予持有者独家使用或控制某项发明的特殊权利。我国《专利法》明确规定，专利人拥有的专利权受到国家法律保护。专利权是允许其持有者独家使用或控制的特权，但它并不保证一定能给持有者带来经济效益，如有的专利可能会被另外更有经济价值的专利所淘汰等。因此，企业不应将其所拥有的一切专利权都予以资本化，作为无形资产管理和核算。一般而言，只有从外单位购入的专利或者自行开发并按法律程序申请取得的专利，才能作为无形资产管理和核算。这种专利可以降低成本，或者提高产品质量，或者将其转让出去获得转让收入。

企业从外单位购入的专利权，应按实际支付的价款作为专利权的成本。企业自行开发并按法律程序申请取得的专利权，应按照准则确定的金额作为成本。

2. 商标权

商标是用来辨认特定的商品或劳务的标记。商标权是指专门在某类指定的商品或产品上使用特定的名称或图案的权利。商标经过注册登记，就获得了法律上的保护。我国《商标法》明确规定，经商标局核准注册的商标为注册商标，商标注册人享有商标专用权，受法律的保护。

企业自创的商标并将其注册登记，所花费用一般不大，是否将其资本化并不重要。能够给拥有者带来获利能力的商标，往往是通过多年的广告宣传和其他传播商标名称的手段，以及客户的信赖等树立起来的。广告费一般不作为商标权的成本，而是在发生时直接计入当期损益。

按照《商标法》的规定，商标可以转让，但受让人应保证使用该注册商标的产品质量。如果企业购买他人的商标，一次性支出费用较大的，可以将其资本化，作为无形资产管理。这时，应根据购入商标的价款、支付的手续费及有关费用作为商标的成本。

3. 土地使用权

土地使用权是指国家准许某一企业或单位在一定期间内对国有土地享有开发、利用、经营的权利。企业取得土地使用权，应将取得时发生的支出资本化，作为土地使用权的成本，记入“无形资产”账户。

4. 非专利技术

非专利技术即专有技术，或技术秘密、技术诀窍，是指先进的、未公开的、未申请专利、可以带来经济效益的技术及诀窍。主要内容包括：一是工业专有技术，即在生产上已经采用，仅限于少数人知道，不享有专利权或发明权的生产、装配、修理、工艺或加工方法的技术知识；二是商业（贸易）专有技术，即具有保密性质的市场情报、原材料价格情报以及用户、竞争对象的情况和有关知识；三是管理专有技术，即生产组织的经营方式、管理方式、培训职工方法等保密知识。非专利技术并不是专利法的保护对象，专有技术所有人依靠自我保密的方式来维持其独占权，可以用于转让和投资。

企业的非专利技术，有些是自己开发研究的，有些是根据合同规定从外部购入的。如果是企业自己开发研究的，应将符合《小企业会计准则》第四十条规定的开发支出资本化条件的，确认为无形资产。对于从外部购入的非专利技术，应将实际发生的支出予以资本化，作为无形资产入账。

5. 著作权

著作权又称版权，制作者对其创作的文学、科学和艺术作品依法享有的某种特殊权利。著作权包括两方面的权利，即精神权利（人身权利）和经济权利（财产权利）。前者指作品署名权、发表作品、确认作者身份、保护作品完整性、修改已经发表的作品等各项权利，包括发表权、署名权、修改权和保护作品完整权；后者指以出版、表演、广播、展览、录制唱片、摄制影片等方式使用作品以及因授权他人使用作品而获得经济利益的权利。

6. 特许权

特许权，又称经营特许权、专营权，指企业在某一地区经营或销售某种特定商品的权利或是一家企业接受另一家企业使用其商标、商号、技术秘密等的权利。前者一般是指政府机关授权、准许企业使用或在一定地区享有经营某种业务的特权，如水、电、邮电通信专营权、烟草专卖权；后者指企业间依照签订的合同，有期限或无期限使用另一家企业的某些权利，如连锁店分店使用总店的名称。

二、无形资产取得的核算

（一）无形资产入账价值的确定

小企业取得的无形资产主要有外购、投资者投入、自行开发等方式。无论何种方式取得无形资产，都应当按照成本进行计量。具体规定如下：

（1）外购无形资产的成本包括：购买价款、相关税费和相关的其他支出（含相关的借款费用）。

（2）投资者投入的无形资产的成本，应当按照评估价值和相关税费确定。

（3）自行开发的无形资产的成本，由符合资本化条件后至达到预定用途前发生的支出（含相关的借款费用）构成。

（二）无形资产取得的账务处理

1. 外购的无形资产

为了核算无形资产的取得和处置等情况，小企业应设置“无形资产”账户。该账户核算企业持有的无形资产成本。借方登记取得无形资产的成本，贷方登记出售无形资产转出的无形资产账面余额，期末借方余额，反映企业无形资产的成本。该账户应按无形资产项目设置明细账，进行明细核算。

对于增值税一般纳税人发生的无形资产业务，如果属于“营改增”范围的专利技术和非专利技术的转让及其相关服务在试点期间免征增值税；商标权和著作权的转让按6%的税率征收增值税。

小企业外购无形资产，应当按照实际支付的价款，借记“无形资产”账户，取得符合抵扣条件的增值税专用发票，借记“应交税费——应交增值税（进项税额）”账户，贷记“银行存款”等账户。

【工作任务 3-20】 腾达公司从飞马公司购入一项专利权，增值税专用发票上注明的价款为50 000元，增值税税额为3 000元。经审核以银行存款支付价税款。

任务处理如下：

借：无形资产　　50 000

　　应交税费——应交增值税（进项税额）　　3 000

　贷：银行存款　　53 000

2. 投资者投入的无形资产

小企业收到投资者投入的无形资产，应当按照合同或协议约定的价值，借记“无形资产”账户，取得符合抵扣条件的增值税专用发票，借记“应交税费——应交增值税（进项税额）”账户，贷记“实收资本”等账户。

3. 自行研发的无形资产

（1）研究与开发阶段的区分。

对于企业自行进行的研究开发项目，应当区分研究阶段与开发阶段分别进行核算。关于研究阶段与开发阶段的具体划分，企业应当根据自身实际情况以及相关信息加以判断。

① 研究阶段。研究是指为了获取并理解新的科学或技术知识等进行的独创性的、有计划的调查。研究活动的例子包括：意在获取知识而进行的活动；研究成果或其他知识的应用研究、评价和最终选择；材料、设备、产品、工序、系统或服务替代品的研究；新的或经改进的材料、设备、产品、工序、系统或服务的可能替代品的配制、设计、评价和最终选择等。研究阶段基本上是探索性的，是为进一步的开发活动进行资料及相关方面的准备，已经进行的研究活动将来是否会转入开发、开发后是否会形成无形资产等均具有较大的不确定性。在这一阶段一般不会形成阶段性成果。

② 开发阶段。开发是指在进行商业性生产或使用前，将研究成果或其他知识应用于某项计划或设计，以生产出新的或具有实质性改进的材料、装置、产品等。开发活动的例子包括：生产前或使用前的原型和模型的设计、建造和测试；含新技术的工具、夹具、模具和冲模的设计；不具有商业性生产经济规模的试生产设施的设计、建造和运营；新的或经改造的材料、设备、产品、工序、系统或服务所选定的替代品的设计、建造和测试等。相对于研究阶段而言，开发阶段应当是已完成研究阶段的工作，在很大程度上具备了形成一项新产品或新技术的基本条件。

（2）研究与开发支出的确认。

① 研究阶段支出。考虑到研究阶段的探索性及其成果的不确定性，企业无法证明其能够带来未来经济利益的无形资产的存在，因此，对于企业内部研究开发项目，研究阶段的有关支出，应当在发生时全部费用化，计入当期损益（管理费用）。

② 开发阶段支出。考虑到进入开发阶段的研发项目往往形成成果的可能性较大，因此，如果企业能够证明开发支出符合无形资产的定义及相关确认条件，则可将其确认为无形资产。具体来讲，对于企业内部研究开发项目，开发阶段的支出同时满足了相关条件才能资本化，确认为无形资产，否则应当计入当期损益（管理费用）。

（3）开发支出资本化的条件。

小企业自行开发无形资产发生的支出，同时满足下列条件，才能确认为无形资产：

① 完成该无形资产以使其能够使用或出售在技术上具有可行性。

② 具有完成该无形资产并使用或出售的意图。

③ 能够证明运用该无形资产生产的产品存在市场或无形资产自身存在市场，无形资产将在内部使用的，应当证明其有用性。

④ 有足够的技术、财务资源和其他资源支持，以完成该无形资产的开发，并有能力使用或出售该无形资产。

⑤ 归属于该无形资产开发阶段的支出能够可靠地计量。

（4）自行开发无形资产的成本组成。

内部开发活动形成的无形资产的成本，由可直接归属于该资产的创造、生产并使该资产能够以管理层预定的方式运作的所有必要支出组成。可直接归属成本包括：开发该无形资产时耗费的材料、劳务成本、注册费、在开发该无形资产过程中使用的其他专利权和特许权的摊销、按照借款费用的处理原则可以资本化的利息费用等。

值得强调的是，内部开发无形资产的成本仅包括在满足资本化条件的时点至无形资产达到预定用途前发生的支出总和，对于同一项无形资产在开发过程中达到资本化条件之前已经费用化计入当期损益的支出不再进行调整。

（5）自行开发无形资产的账务处理。

为了核算自行开发无形资产的情况，小企业应设置“研发支出”账户。该账户核算小企业进行研究与开发无形资产过程中发生的各项支出。借方登记小企业自行研究开发无形资产发生的研发支出，贷方登记研究开发项目达到预定用途形成无形资产和月末费用化支出转入管理费用的金额。期末借方余额，反映小企业正在进行的无形资产开发项目满足资本化条件的支出。该账户应按照研究开发项目，分别“费用化支出”“资本化支出”进行明细核算。

企业自行开发无形资产发生的研发支出，不满足资本化条件的，借记“研发支出——费用化支出”账户，满足资本化条件的，借记“研发支出——资本化支出”账户，贷记“原材料”“银行存款”“应付职工薪酬”等账户。

研究开发项目达到预定用途形成无形资产的，应按“研发支出——资本化支出”账户的余额，借记“无形资产”账户，贷记“研发支出——资本化支出”账户。

月末，应将不符合资本化条件的研发支出转入当期管理费用，借记“管理费用”账户，贷记“研发支出——费用化支出”账户；将符合资本化条件但尚未完成的开发费用继续保留在“研发支出”账户中，待开发项目达到预定用途形成无形资产时，再将其发生的实际成本转入无形资产。

【工作任务 3-21】 永新公司自行研究、开发一项新技术，发生业务如下：

（1）截至 2018 年 12 月 31 日，发生研发支出合计 40 000 元，其中领用原材料16 000元，固定资产折旧 8 000 元，人员工资 16 000 元。

（2）经测试该项研发活动于 2018 年年底完成了研究阶段，从 2019 年 1 月 1 日开始进入开发阶段。

（3）2019 年发生开发支出 50 000 元，其中领用原材料 22 000 元，固定资产折旧 14 000元，人员工资 14 000 元。假定开发支出均符合资本化的条件。

（4）2019 年 8 月 31 日，该项研发活动结束，最终开发出一项非专利技术。

任务处理如下：

（1）2018 年发生的研发支出：

借：研发支出——费用化支出	40 000	
贷：原材料		16 000
累计折旧		8 000
应付职工薪酬		16 000

（2）2018 年 12 月 31 日，发生的支出转入管理费用：

借：管理费用　　40 000
　贷：研发支出——费用化支出　　40 000

(3) 2019 年，发生开发支出并满足资本化确认条件：

借：研发支出——资本化支出　　50 000
　贷：原材料　　22 000
　　　累计折旧　　14 000
　　　应付职工薪酬　　14 000

(4) 2019 年 8 月 31 日，该技术研发完成并形成无形资产：

借：无形资产　　50 000
　贷：研发支出——资本化支出　　50 000

4. 土地使用权的处理

小企业取得的土地使用权应确认为无形资产，土地使用权用于自行开发建造厂房等建筑物，相关的土地使用权与建筑物应当分别进行处理。外购土地及建筑物支付的价款应当在建筑物与土地使用权之间按照合理的方法进行分配，合理的分配方法通常是按照土地使用权和建筑物的市场价格或评估价值的相应比例分配；难以合理分配的，应当全部作为固定资产。

三、无形资产摊销的核算

(一) 无形资产的摊销方法

无形资产价值应当在其使用寿命内采用年限平均法进行摊销，根据其受益对象计入相关资产成本或者当期损益。

(二) 无形资产的摊销年限

无形资产的摊销期自其可供使用时开始至停止使用或出售时止。有关法律规定或合同约定了使用年限的，可以按照规定或约定的使用年限分期摊销。

小企业不能可靠估计无形资产使用寿命的，摊销期不得低于 10 年。

(三) 无形资产摊销的核算

为了核算无形资产的摊销等情况，小企业应设置“累计摊销”账户。该账户属于“无形资产”的调整账户，核算企业对使用寿命有限的无形资产计提的累计摊销，贷方登记企业计提的无形资产摊销，借方登记处置无形资产转出的累计摊销，期末贷方余额，反映企业无形资产的累计摊销额。

【工作任务 3-22】 甲公司购买了一项商标权，成本为 360 000 元，合同规定受益年限为 10 年，甲公司每月应摊销 3 000(360 000÷10÷12)元。

任务处理如下：

借：管理费用　　3 000
　贷：累计摊销　　3 000

【涉税规定 3-10】《财政部 税务总局 科技部 关于提高研究开发费用税前加计扣除比例的通知》(财税〔2018〕99 号)规定：企业开展研发活动中实际发生的研发费用，未形成无形资产计入当期损益的，在按规定据实扣除的基础上，在 2018 年 1 月 1 日至 2020 年 12 月 31 日期间，再按照实际发生额的 75%在税前加计扣除；形成无形资产的，在上述期间按照无形资产成本的 175%在税前摊销。

四、无形资产处置的核算

无形资产的处置主要包括因出售、报废、对外投资等原因减少的无形资产。《小企业会计准则》规定，处置无形资产，处置收入扣除其账面价值、相关税费等后的净额，应当计入营业外收入或营业外支出。

处置无形资产时，应按实际收到的金额，借记“银行存款”等账户；按已计提的累计摊销额，借记“累计摊销”账户；按应支付的相关税费及其他费用，贷记“应交税费”“银行存款”等账户；按其账面余额，贷记“无形资产”账户；按其差额，贷记“营业外收入”账户或借记“营业外支出”账户。

【工作任务 3-23】 甲企业出售一项商标权，所得价款为 48 000 元，应缴纳的增值税销项税额为 2 880 元。该商标权成本为 60 000 元，出售时已摊销金额为 22 000 元。

任务处理如下：

借：银行存款　　48 000
　　累计摊销　　22 000
　贷：无形资产——商标权　　60 000
　　　应交税费——应交增值税(销项税额)　　2 880
　　　营业外收入　　7 120

任务六　长期待摊费用的核算

引例 3-6

某小企业 2019 年发生修理支出 48 500 元，有关资料如下：

(1) 日常修理领用材料 2 500 元，修理人员工资 6 000 元。

(2) 对一条生产线进行大修理。该生产线投资成本 18 万元，本次修理费用 4 万元，修理后，一方面提高生产效能，同时可以使生产线寿命延长 3 年以上。

请问：

(1) 企业发生的日常维修费用在发生时应如何处理？

(2) 企业会计人员将对生产线维修费用列入“长期待摊费用”账户核算是否正确？

一、长期待摊费用的内容

3

长期待摊费用指小企业已经发生支出但应由本期和以后各期负担的摊销期在1年以上的各项费用。小企业的长期待摊费用包括：已提足折旧的固定资产的改建支出、经营租入固定资产的改建支出、固定资产的大修理支出和其他长期待摊费用等。

(一) 已提足折旧的固定资产的改建支出

固定资产已提足折旧，说明其账面价值仅剩下预计净残值，这个时候再发生改扩建支出不能计入固定资产的成本，因为此时这些支出已经失去了可以附着的载体，会计上将这些支出列入长期待摊费用核算。

(二) 经营租入固定资产的改建支出

小企业经营租入固定资产仅拥有其使用权，对经营租入的固定资产进行改建不能计入固定资产的成本，而计入长期待摊费用。

(三) 固定资产的大修理支出

固定资产的大修理支出，是指同时符合下列条件的支出：

(1) 修理支出达到取得固定资产时计税基础的50%以上。

(2) 修理后固定资产的使用寿命延长2年以上。

不符合固定资产大修理条件的修理支出均为日常修理，应在发生时直接计入当期损益。

(四) 其他长期待摊费用

其他长期待摊费用指小企业已提足折旧的固定资产的改建支出、经营租入固定资产的改建支出、固定资产的大修理支出以外的其他情形。

二、长期待摊费用摊销的规定

(一) 摊销方法

费用应当在其摊销期限内采用年限平均法进行摊销，根据其受益对象计入相关资产的成本或者管理费用，并冲减长期待摊费用。也就是说，长期待摊费用的摊销方法只能采用年限平均法，并按照受益对象进行分摊。如果用于生产产品或自行开发无形资产，其摊销额应计入该产品的生产成本或研发支出，否则摊销额全部计入管理费用。

(二) 摊销期限的确定

长期待摊费用应从发生月份的下月起开始摊销，但摊销期限有明确规定：

(1) 已提足折旧的固定资产的改建支出，按照固定资产预计尚可使用年限分期摊销。

(2) 经营租入固定资产的改建支出，按照合同约定的剩余租赁期限分期摊销。

(3) 固定资产的大修理支出，按照固定资产尚可使用年限分期摊销。

(4) 其他长期待摊费用，自支出发生月份的下月起分期摊销，摊销期不得低于3年。

【涉税规定 3－11】《中华人民共和国企业所得税法实施条例》第六十八条规定：

企业所得税法第十三条第(一)项和第(二)项所称固定资产的改建支出，是指改变房屋或者建筑物结构、延长使用年限等发生的支出。

企业所得税法第十三条第(一)项规定的支出，按照固定资产预计尚可使用年限分期摊销；第(二)项规定的支出，按照合同约定的剩余租赁期限分期摊销。

改建的固定资产延长使用年限的除企业所得税第十三条第(一)项和第(二)项规定外，应当适当延长折旧年限。

第六十九条规定：企业所得税法第十三条第(三)项所称固定资产的大修理支出，是指同时符合下列条件的支出：

(一) 修理支出达到取得固定资产时的计税基础 50%以上；

(二) 修理后固定资产的使用年限延长 2 年以上。

其他应当作为长期待摊费用的支出，自支出发生月份的次月起，分期摊销，摊销年限不得低于 3 年。

三、长期待摊费用的核算

小企业发生长期待摊费用时，借记“长期待摊费用”账户，贷记“银行存款”“原材料”等账户。小企业按月摊销长期待摊费用时，借记“制造费用”“管理费用”等账户，贷记“长期待摊费用”账户。

【工作任务 3－24】 2019 年 4 月 1 日，甲公司对其以经营租赁方式新租入的办公楼进行装修，发生支出如下：

(1) 领用生产用材料 25 000 元。

(2) 以银行存款支付其他支出 18 000 元。

(3) 应付工程人员薪酬 26 000 元。

(4) 2019 年 12 月 10 日，该办公楼装修完工，交付使用，并按租赁期 5 年开始进行摊销。

任务处理如下：

(1) 装修领用原材料：

借：长期待摊费用　　25 000
　贷：原材料　　25 000

(2) 支付其他费用时：

借：长期待摊费用　　18 000
　贷：银行存款　　18 000

(3) 确认工程人员薪酬时：

借：长期待摊费用　　26 000
　贷：应付职工薪酬　　26 000

(4) 2020年开始摊销，每月会计摊销支出1 150元：

借：管理费用 1 150

贷：长期待摊费用 1 150

项目小结

长期债券投资，是指小企业准备长期(在1年以上，下同)持有的债券投资。为了核算企业拥有的长期债券投资，应设置“长期债券投资”账户，并设置“面值”“溢折价”“应计利息”3个二级账户。长期债券投资在持有期间应当按照面值和票面利率，计算确认应收(计)利息，债券的折价或者溢价在债券存续期间内于确认相关债券利息收入时采用直线法进行摊销，按应收(计)利息加上折价摊销或减去溢价摊销确认投资收益。

长期股权投资是指小企业准备长期持有的权益性投资。为了核算企业的长期股权投资，企业应设置“长期股权投资”账户。长期股权投资应当按照成本进行计量。小企业长期股权投资应当采用成本法进行会计处理。

固定资产是指小企业为生产产品、提供劳务、出租或经营管理而持有的，使用寿命超过1年的有形资产，包括房屋、建筑物、机器、机械、运输工具、设备、器具等。固定资产应当按照成本进行计量。固定资产折旧，是指在固定资产使用寿命内，按照确定的方法对应计折旧额进行系统分摊。企业可选用的折旧方法包括年限平均法、工作量法、双倍余额递减法和年数总和法等。固定资产的后续支出包括改建支出、修理支出等。满足固定资产确认条件的，应当计入固定资产成本。不满足固定资产确认条件的固定资产修理费用等，应当在发生时计入当期损益。

生产性生物资产，是指小企业(农、林、牧、渔业)为生产农产品、提供劳务或出租等目的而持有的生物资产。为了核算和监督小企业持有的生产性生物资产的增减变动情况，应设置“生产性生物资产”账户。生产性生物资产应当按照成本进行计量。生产性生物资产应当按照年限平均法计提折旧。

无形资产，是指小企业为生产产品、提供劳务、出租或经营管理而持有的、没有实物形态的可辨认非货币性资产，包括专利权、非专利技术、商标权、著作权、土地使用权、特许权等。小企业无论何种方式取得无形资产，都应当按照成本进行计量。无形资产应当在其使用寿命内采用年限平均法进行摊销，根据其受益对象计入相关资产成本或者当期损益。

长期待摊费用指小企业已经发生支出但应由本期和以后各期负担的摊销期在1年以上的各项费用，包括已提足折旧的固定资产的改建支出、经营租入固定资产的改建支出、固定资产的大修理支出和其他长期待摊费用等。长期待摊费用应当在其摊销期限内采用年限平均法进行摊销，根据其受益对象计入相关资产的成本或者管理费用，并冲减长期待摊费用。

复习思考题

1. 企业取得的长期债券投资和长期其股权投资的投资成本确定方法是一样的吗？
2. 企业在取得的长期股权投资支付的价款中包括的已宣告发放但尚未领取的现金股利应如何进行处理？
3. 长期债券投资发生的溢折价应采用何种方法进行摊销？
4. 小企业长期股权投资是否可以采用权益法核算？
5. 小企业固定资产应具备哪些条件？
6. 小企业固定资产折旧方法有哪些？采用加速折旧法需要具备哪些条件？
7. 小企业发生的固定资产装修支出应如何处理？
8. 生产性生物资产与消耗性生物资产有何区别？
9. 生产性生物资产是否可以采用加速折旧法进行核算？
10. 企业的无形资产有哪些特征？与固定资产有何不同？
11. 无形资产的使用寿命如何确定？
12. 小企业无形资产的摊销方法一定是直线法吗？
13. 企业自行研究开发的无形资产应如何确定其成本？
14. 企业购入的土地使用权应如何核算？
15. 长期待摊费用包括哪些内容？
16. 会计上对固定资产、无形资产、生产性生物资产和长期待摊费用的摊销时间起点有何规定？

习题与实训

一、单项选择题

1. 长期债券投资发生的债券的折价或者溢价，应在债券存续期间内于确认相关债券利息收入时采用（　　）进行摊销。

   A. 实际利率法　　B. 直线法

   C. 工作量法　　D. 完工百分比法

2. 小企业“长期债券投资”账户所属明细账户“应计利息”明细账户的借方登记的内容是（　　）。

   A. 分期付息债券计提的利息

   B. 购入时含有的未到期利息

   C. 一次还本付息债券计提的利息

   D. 购入时含有的已到期的利息

3. 《小企业会计准则》规定，取得长期债券投资初始成本应为（　　）。

   A. 购买价款　　B. 购买价款和相关税费

   C. 购买价款和应计利息　　D. 购买价款和未到期利息

4.《小企业会计准则》规定,长期股权投资的核算应当采用(　　)。

A. 成本法　　B. 权益法

C. 简化的成本法　　D. 简化的权益法

5. 长期股权投资采用成本法核算,在被投资企业宣告分派现金股利时,投资企业的会计处理为(　　)。

A. 借记"应收股利"账户,贷记"投资收益"账户

B. 借记"长期股权投资"账户,贷记"投资收益"账户

C. 借记"银行存款"账户,贷记"投资收益"账户

D. 借记"银行存款"账户,贷记"应收股利"账户

6. 通过非货币性资产交换取得的长期股权投资,应当按照(　　)作为成本进行计量。

A. 换入非货币性资产的评估价值和相关税费

B. 换入非货币性资产的公允价值和相关税费

C. 换出非货币性资产的评估价值和相关税费

D. 换出非货币性资产的公允价值和相关税费

7. 处置长期股权投资,处置价款扣除其成本、相关税费后的净额,应当计入(　　)。

A. 投资收益　　B. 营业外收入

C. 财务费用　　D. 营业外支出

8. 对固定资产计提的折旧将使企业的资产负债表中(　　)。

A. 资产净值减少　　B. 负债增加

C. 资产总额不变　　D. 对资产和负债均无影响

9. 下列固定资产按规定不应计提折旧的是(　　)。

A. 经营租入的设备　　B. 融资租入的设备

C. 经营租出的设备　　D. 未使用的设备

10. 小企业在建工程在试运转过程中形成的产品、副产品或试车收入应(　　)。

A. 作为主营业务收入　　B. 作为营业外收入

C. 冲减在建工程成本　　D. 计入在建工程成本

11. 自行研究开发无形资产,在研制过程中发生的人员工资在发生时应计入(　　)。

A. 管理费用　　B. 无形资产

C. 其他业务成本　　D. 研发支出

12. 企业出售无形资产发生的净损失,应计入(　　)。

A. 营业外支出　　B. 其他业务成本

C. 主营业务成本　　D. 管理费用

13. 关于企业内部研究开发项目的支出,下列说法中错误的是(　　)。

A. 企业内部研究开发项目的支出,应当区分研究阶段支出与开发阶段支出

B. 企业内部研究开发项目研究阶段的支出,应当于发生时计入当期损益

C. 企业内部研究开发项目开发阶段的支出,应确认为无形资产

D. 企业内部研究开发项目开发阶段的支出,可能确认为无形资产,也可能确认为费用

14. 企业出租无形资产取得的收入,应当计入(　　)。

A. 主营业务收入　　B. 其他业务收入
C. 营业外收入　　D. 投资收益

15. 用于产品生产的专利权的摊销，应计入(　　)。
A. 管理费用　　B. 制造费用
C. 销售费用　　D. 其他业务成本

16. 下列固定资产应当计提折旧的是(　　)。
A. 当月增加的固定资产　　B. 融资租入固定资产
C. 已提足折旧仍继续使用的固定资产　　D. 单独计价入账的土地

17. 计提固定资产折旧时，可以先不考虑固定资产残值的是(　　)。
A. 平均年限法　　B. 工作量法
C. 年数总和法　　D. 双倍余额递减法

18. 下列项目中不属于生产性生物资产的是(　　)。
A. 经济林　　B. 薪炭林
C. 产畜和役畜　　D. 花卉

19. 择伐、间伐或抚育更新等生产性采伐而补植林木类生产性生物资产发生的后续支出，应计入(　　)。
A. 管理费用　　B. 消耗性生物资产
C. 生产性生物资产　　D. 固定资产

20. 小企业进行在建工程预付的工程价款应借记的账户是(　　)。
A. “在建工程”　　B. “固定资产”
C. “预付账款”　　D. “工程物资”

21. 已提足折旧的固定资产和经营租入的固定资产发生的改建支出应当计入(　　)。
A. 长期待摊费用　　B. 固定资产
C. 管理费用　　D. 在建工程

二、多项选择题

1. 下列各项中，会引起长期债券投资账面价值发生增减变动的有(　　　)。
A. 购入长期债券投资支付的购买价款
B. 购入长期债券投资支付的相关税费
C. 确认分期付息长期债券的投资利息
D. 处置长期债券投资时

2. 小企业在“长期债券投资”账户下，需要设置的明细账户有(　　　)。
A. 面值　　B. 溢折价
C. 应收利息　　D. 应计利息

3. 小企业确认长期债券投资损失的条件有(　　　)。
A. 债务人依法宣告破产，其清算财产不足清偿的部分
B. 债务人死亡，财产或者遗产不足清偿的部分
C. 债务人逾期 3 年以上未清偿，且有确凿证据证明已无力清偿债务的部分
D. 因自然灾害、战争等不可抗力导致无法收回的部分

4. 下列有关长期股权投资的表述中，不正确的有（　　）。
   A. 以支付现金取得的长期股权投资，应当按照购买价款和相关税费作为成本进行计量
   B. 长期股权投资应当采用成本法进行会计处理
   C. 企业取得长期股权投资时，实际支付的价款中包含的已宣告但尚未发放的现金股利应计入初始投资成本
   D. 长期股权投资损失应当于实际发生时计入营业外支出

5. 小企业确认长期股权投资损失的条件有（　　）。
   A. 被投资单位依法宣告破产
   B. 被投资单位财务状况严重恶化，累计发生巨额亏损，已完成清算
   C. 被投资单位财务状况严重恶化，累计发生巨额亏损，已连续停止经营3年以上，且无重新恢复经营改组计划
   D. 被投资单位发生自然灾害
6. 下列固定资产中，按《小企业会计规则》规定应计提折旧的是（　　）。
   A. 季节性停用的机器设备　　B. 大修理停用的机器设备
   C. 不需用的机器设备　　D. 已提足折旧的固定资产
7. “固定资产清理”账户贷方登记的项目有（　　）。
   A. 转入清理的固定资产净值
   B. 清理的固定资产变价收入
   C. 结转的固定资产清理净损失
   D. 结转的清理净收益
8. 影响固定资产折旧的因素有（　　）。
   A. 固定资产的预计使用年限　　B. 固定资产取得时的原始价值
   C. 固定资产的净残值　　D. 固定资产折旧方法
9. 下列各项业务中，引起固定资产账面价值增减变动的有（　　）。
   A. 经营租入固定资产的改良支出　　B. 处置固定资产
   C. 对固定资产进行大修理　　D. 计提固定资产折旧
10. 确定固定资产处置损益时，应考虑的因素有（　　）。
    A. 固定资产账面价值　　B. 应缴相关税费
    C. 应收保险赔偿　　D. 清理费用
11. 下列折旧方法中，不适用于生产性生物资产的有（　　）。
    A. 年限平均法　　B. 双倍余额递减法
    C. 工作量法　　D. 年数总和法
12. 企业自行开发并取得的专利权发生的下列费用，如果开发成功，可以计入专利权入账价值的有（　　）。
    A. 发生的注册费　　B. 发生的聘请律师费
    C. 发生的材料费用　　D. 发生的开发人员的人工费
13. 下列各项中，会引起无形资产账面价值发生增减变动的有（　　）。
    A. 对无形资产计提摊销　　B. 发生无形资产后续支出
    C. 处置无形资产　　D. 出租无形资产使用权

14. 影响出售无形资产净损益的项目包括(　　)。
A. 累计摊销
B. 出售无形资产取得的收入
C. 无形资产的成本
D. 出售无形资产时应缴纳的税金
15. 下列各项支出中,应计入无形资产成本的有(　　)。
A. 购入专利权发生的支出
B. 购入非专利技术发生的支出
C. 取得土地使用权发生的支出
D. 研究开发新技术发生的支出
16. 无形资产的摊销金额,可以记入(　　)账户。
A. "管理费用"
B. "其他业务成本"
C. "研发支出"
D. "制造费用"
17. 关于企业取得的土地使用权,处理正确的有(　　)。
A. 通常应当按照取得土地使用权时所支付的价款及相关税费确认为无形资产
B. 自行开发建造厂房等建筑物,相关的土地使用权与建筑物应当分别进行处理
C. 外购土地及建筑物支付的价款应当在建筑物与土地使用权之间按照合理的方法进行分配
D. 外购土地及建筑物支付的价款在建筑物与土地使用权之间难以合理分配的,应当全部作为固定资产
18. 下列各项目中,应通过"长期待摊费用"账户核算的有(　　)。
A. 已提足折旧的固定资产的改建支出
B. 经营租入固定资产的改建支出
C. 固定资产的经常性修理支出
D. 固定资产的大修理支出
19. 作为"长期待摊费用"账户核算的固定资产的大修理支出应同时符合的条件有(　　)。
A. 修理支出达到取得固定资产时账面价值的 50%以上
B. 修理支出达到取得固定资产时计税基础的 50%以上
C. 修理后固定资产的使用寿命延长 2 年以上
D. 修理后固定资产的使用寿命延长 4 年以上
20. 长期待摊费用应当在其摊销期限内采用年限平均法进行摊销。其摊销期限符合规定的有(　　)。
A. 已提足折旧的固定资产的改建支出,按照固定资产预计尚可使用年限分期摊销
B. 经营租入固定资产的改建支出,按照合同约定的剩余租赁期限分期摊销
C. 固定资产的大修理支出,按照固定资产尚可使用年限分期摊销
D. 其他长期待摊费用,自支出发生月份的下月起分期摊销,摊销期不得低于 3 年

3

三、判断题

1. 长期债券投资应当按照购买价款和相关税费作为成本进行计量。（ ）
2. 长期债券投资发生的折价或者溢价，应在债券存续期间内于确认相关债券利息收入时采用实际利率法进行摊销。（ ）
3. 长期债券投资损失应当于实际发生时计入营业外支出，同时冲减长期债券投资账面余额。（ ）
4. 一次还本付息的长期债券投资，在债务人应付利息日按照票面利率计算的应收未收利息收入应当增加长期债券投资的账面余额。（ ）
5. 长期股权投资应当按照成本进行计量。（ ）
6. 长期股权投资应当采用成本法或权益法进行会计处理。（ ）
7. 处置长期股权投资，处置价款扣除其成本、相关税费后的净额，应当计入投资收益。（ ）
8. 股权投资损失应当于实际发生时计入投资收益，同时冲减长期股权投资账面余额。（ ）
9. 以一笔款项购入多项没有单独标价的固定资产，应当按照各项固定资产或类似资产的公允价值或评估价值比例对总成本进行分配，分别确定各项固定资产的成本。（ ）
10. 小企业在建工程在试运转过程中形成的产品、副产品或试车收入冲减在建工程成本。（ ）
11. 投资者投入的固定资产成本，应当按照公允价值和相关税费确定。（ ）
12. 融资租入的固定资产成本，应当按照租赁合同约定的付款总额确定。（ ）
13. 固定资产的折旧费应当根据固定资产的受益对象计入相关资产成本或者当期损益。（ ）
14. 应计折旧额，是指应当计提折旧的固定资产的原价（成本）扣除其预计净残值后的金额。（ ）
15. 小企业应当根据固定资产的性质和使用情况，并考虑税法的规定，合理确定固定资产的使用寿命和预计净残值。（ ）
16. 固定资产的改建支出，都应计入固定资产的成本。（ ）
17. 生产性生物资产应当按照年限平均法计提折旧。（ ）
18. 自行开发建造厂房等建筑物，相关的土地使用权与建筑物应当分别进行处理。（ ）
19. 无形资产应当在其使用寿命内采用年限平均法进行摊销，根据其受益对象计入相关资产成本或者当期损益。（ ）
20. 长期待摊费用应当在其摊销期限内采用年限平均法进行摊销，根据其受益对象计入相关资产的成本或者管理费用。（ ）

四、实训题

实 训 一

目的：练习长期债券投资（分期计息，到期一次还本付息的债券投资）的核算。

资料：2019 年 1 月 1 日，甲公司支付价款 126 000 元从活跃市场上购入某公司 3 年期债券，面值为 120 000 元，票面利率为 6%，到期一次还本付息。甲公司在购买该债券时，准备长期持有。

要求：

（1）编制 2019 年 1 月 1 日购入债券时的会计分录。

（2）编制到期一次还本付息债券投资收益计算表，如表 3－5 所示。

表 3－5　到期一次还本付息债券投资收益计算表　单位：元

年份	债券面值 A	应计利息 $B=A\times6\%$	溢价摊销 C	投资收益 $D=B-C$
2019				
2020				
2021				
合计				

（3）编制 2019 年至 2021 年 12 月 31 日确认利息收入的会计分录。

（4）编制 2022 年 1 月 1 日收到债券本息的会计分录。

实训二

目的：练习长期债券投资（分期付息，到期还本的债券投资）的核算。

资料：2019 年 1 月 1 日，乙公司支付价款 379 000 元从活跃市场上购入某公司 3 年期债券，面值为 400 000 元，票面利率为 6%，每年 7 月 1 日和 1 月 1 日收到债券利息。乙公司在购买该债券时，准备长期持有。

要求：

（1）编制 2019 年 1 月 1 日购入债券时的会计分录。

（2）编制分期付息到期还本债券投资收益计算表，如表 3－6 所示。

表 3－6　分期付息到期还本债券投资收益计算表　单位：元

日　期	债券面值 A	应计利息 $B=A\times3\%$	折价摊销 C	投资收益 $D=B+C$
2019 年 6 月 30 日				
2019 年 12 月 31 日				
2020 年 6 月 30 日				
2020 年 12 月 31 日				
2021 年 6 月 30 日				
2021 年 12 月 31 日				
合计				

（3）编制 2019 年 6 月 30 日确认利息收入的会计分录。

（4）编制 2019 年 7 月 1 日收到债券利息的会计分录。

（5）编制 2022 年 1 月 1 日收到债券本息的会计分录。

实 训 三

目的：练习长期股权投资的核算。

资料：C 公司进行长期股权投资如下：

（1）2019 年 5 月 18 日，公司自公开市场中买入 L 公司股票 5 万股作为长期股权投资，每股买入价为 4.2 元，每股价格中包含有 0.2 元的已宣告分派的现金股利，另支付相关税费 0.4 万元。

（2）2019 年 5 月 19 日，收到 L 公司派发的现金股利。

（3）2020 年 5 月 28 日，L 公司宣告发放 2019 年现金股利，每股为 0.3 元。

（4）2020 年 6 月 1 日，收到 L 公司派发的现金股利。

（5）2020 年 8 月 25 日，公司将持有的 L 公司 2 万股股票出售，取得价款 10.6 万元（转让金融商品应交增值税税率为 6%）。

要求：根据资料，逐题编制会计分录。

实 训 四

目的：练习取得固定资产的会计核算。

资料：某企业（增值税一般纳税人）发生下列固定资产的取得业务：

（1）购入复印机一部，价值为 8 000 元，其中价款为 7 079.65 元，增值税税额为 920.35 元。价款以银行存款支付，复印机已交付办公室使用。

（2）购入一条生产线，价值为 300 000 元，增值税税额为 39 000 元，途中运费为 3 000 元，增值税 270 元。价款签发商业汇票支付。设备交付生产车间安装。

（3）以银行存款支付安装费 3 000 元，增值税税额 270 元，支付安装工人工资 1 000 元。

（4）设备已安装完毕，交付车间使用。

（5）接受甲公司投入设备一台，对方账面价值为 50 000 元，双方协商作价 40 000 元，另以现金支付运费 400 元。

（6）以银行存款预付出包工程进度款 200 000 元。

（7）接受基建部门的办公楼移交手续，工程造价为 500 000 元。

（8）以银行存款购入小汽车一辆，价款 106 194.69 元，增值税 13 805.31 元。

（9）以银行存款支付车辆购置税 12 000 元、车辆保险费 5 100 元。

（10）融资租入设备一台。按租赁协议确定的租赁价款为 120 000 元，分 4 年等额偿还。设备已运抵企业投入使用。

要求：根据资料，逐题编制会计分录。

实 训 五

目的：练习自营工程的会计核算。

资料：企业发生下列与生产车间相关的经济业务：

（1）用银行存款购入为工程准备的各种物资，取得增值税专用发票上注明价款 220 000 元，增值税税率 13%。工程物资已验收入库。

(2) 工程全部领用工程物资。

(3) 工程领用企业生产用原材料一批,实际成本为 18 000 元。

(4) 分配工程人员工资 60 000 元。

(5) 应由工程负担的长期借款利息 13 000 元。

(6) 工程达到预定可使用状态并交付使用。

要求: 根据资料,计算固定资产入账价值,并编制相关会计分录。

实 训 六

目的: 练习固定资产折旧的会计核算。

资料: 2019 年 4 月 6 日企业购入一台不需要安装的设备,价款为 1 000 万元,增值税税额为 130 万元;另支付运杂费 20 万元,包装费 10 万元,增值税税额为 1.8 万元,款项均以银行存款支付。该设备即日投入基本生产车间使用,预计可使用 5 年,预计净残值为 50 万元。

要求:

(1) 编制企业购入设备时的会计分录(以万元为单位)。

(2) 计算确定应计折旧额。

(3) 采用年限平均法计算该设备 2019 年度和 2020 年度的折旧额。

(4) 采用年数总和法计算该设备 2019 年度和 2020 年度的折旧额。

(5) 采用双倍余额递减法计算该设备 2019 年度和 2020 年度的折旧额。

实 训 七

目的: 练习自行研发无形资产的核算。

资料: 南钢公司自行研究、开发一项炼钢新技术,发生业务如下:

(1) 截至 2018 年 12 月 31 日,发生研发支出合计 40 000 元,其中领用原材料 16 500 元,固定资产折旧 8 200 元,人员工资 16 000 元。

(2) 经测试该项研发活动于 2018 年底完成了研究阶段,从 2019 年 1 月 1 日开始进入开发阶段。

(3) 2019 年发生开发支出 61 200 元,其中领用原材料 22 200 元,固定资产折旧 15 000 元,人员工资 14 000 元。假定开发支出均符合资本化的条件。

(4) 2019 年 8 月 31 日,该项研发活动结束,最终形成一项专利权。

(5) 2019 年 9 月该专利权投入使用,预计可使用 10 年。

要求: 根据资料,逐题编制会计分录。

实 训 八

目的: 练习长期待摊费用的核算。

资料: 2019 年 6 月 1 日,甲公司发生如下经济业务:

(1) 对其以经营租赁方式租入的生产线进行改建,发生支出如下:

① 领用生产用材料 15 000 元。

② 以银行存款支付其他支出 19 500 元。

③ 应付人员薪酬 24 000 元。

(2) 2019 年 7 月 10 日，该生产线改建完工，达到预定用途，并按租赁期 5 年开始进行摊销。

(3) 对生产车间进行大修，领用生产用材料 13 000 元，银行存款支付其他支出 15 000 元，应付人员薪酬 20 000 元。

(4) 生产车间大修结束，预计受益年限 4 年开始进行摊销。

要求：根据资料，逐题编制会计分录。

项目四 负债的核算

◇ 职业能力目标

通过本项目学习，掌握短期借款取得、计息及还本付息的核算；掌握应付票据、应付账款、预收账款和其他应付款的账务处理；掌握应付职工薪酬的确认、计量及发放核算；掌握增值税、消费税及其他相关税费的确认和计量；掌握长期借款的核算；掌握长期应付款的核算。

◇ 典型工作任务

短期借款取得、计息及还本付息的核算；应付票据、应付账款和预收账款的核算；应付职工薪酬的确认和计量；应交税费的确认和计量；其他应付款的核算；长期借款的核算；长期应付款的核算。

◇ 知识框架

- 负债的核算
  - 流动负债的核算
    - 短期借款的核算
    - 应付票据的核算
    - 应付账款的核算
    - 预收账款的核算
    - 应付职工薪酬的核算
    - 应交税费的核算
    - 应付利息的核算
    - 应付利润的核算
    - 其他应付款的核算
  - 非流动负债的核算
    - 长期借款的核算
    - 长期应付款的核算

任务一 流动负债的核算

引例 4-1

某企业2019年2月1日从银行取得一笔临时借款100万元，借款合同上标明用于春节期间商品流转，月利率为6%，期限为2个月，利随本清。

请问：

(1) 短期借款利息的支付方式一般有哪些？

(2) 企业取得的用于商品周转借款所发生的利息应记入哪个账户？

(3) 企业取得的银行借款利息是否都计入当期损益？为什么？

4

一、短期借款的核算

(一) 短期借款概述

短期借款是指企业向银行或其他金融机构借入的期限在1年以下(含1年)的各种借款。企业借入短期借款的主要目的在于解决企业流动资金的不足，以保证企业生产经营的正常进行。归还短期借款时，除了归还借入的本金外，还要按借款期限的长短，支付一定的利息。

(二) 短期借款的账务处理

为了反映和监督短期借款的取得和归还情况，应设置“短期借款”账户。该账户贷方登记归还的借款金额；借方登记取得的借款金额；期末余额在贷方，反映企业尚未归还的借款。该账户应当按借款种类、贷款人和币种设置明细账户。

【小思考 4-1】 某企业向其他企业(非银行或其他金融机构)借入资金50万元用于生产经营，是否通过“短期借款”账户核算？

1. 取得和偿还短期借款

企业取得短期借款时，按取得借款数额及相关会计凭证，借记“银行存款”账户，贷记“短期借款”账户。到期归还借款时，作反方向分录。

2. 计提借款利息

短期借款的利息，一般作为财务费用计入当期损益。

在应付利息日，应当按照短期借款合同利率计算确定的利息费用，借记“财务费用”账户，贷记“应付利息”等账户。

3. 其他情形

(1) 银行承兑汇票到期，小企业无力支付票款的，按照银行承兑汇票的票面金额，借记“应付票据”账户，贷记“短期借款”账户。

(2) 持未到期的商业汇票向银行贴现，应当按照实际收到的金额(即减去贴现息后的净额），借记“银行存款”账户，按照贴现息，借记“财务费用”账户，按照商业汇票的票面金额，贷记“应收票据”账户（银行无追索权情况下）或“短期借款”账户（银行有追索权情况下）。

【工作任务 4－1】 某企业发生的短期借款有关业务如下：

（1）2019 年 3 月 1 日，企业向银行申请取得生产经营用的短期借款 600 000 元，期限为 4 个月，利率为 8%，合同约定利随本清。借款已经存入银行。

（2）3 月 31 日，计提短期借款利息。

（3）4 月 15 日，企业持未到期的商业汇票面值 40 000 元向银行贴现，实际收到金额 38 145 元。该项贴现银行有追索权。

（4）7 月 1 日，按期归还 2019 年 3 月 1 日借入的短期借款本息。

任务处理如下：

（1）3 月 1 日，取得借款时：

借：银行存款 600 000
　贷：短期借款 600 000

（2）3 月 31 日，预提借款利息时：

$$月利息=600\,000\times8\%\div12=4\,000（元）$$

借：财务费用 4 000
　贷：应付利息 4 000

（3）4 月 15 日，商业汇票贴现时：

借：银行存款 38 145
　　财务费用 1 855
　贷：短期借款 40 000

（4）7 月 1 日，到期一次归还本息时：

借：短期借款 600 000
　　应付利息 12 000
　贷：银行存款 612 000

4

3. 小企业会计准则——负债

【涉税规定 4－1】《中华人民共和国企业所得税法实施条例》规定：

第三十八条 企业在生产经营活动中发生的下列利息支出，准予扣除：

（一）非金融企业向金融企业借款的利息支出、金融企业的各项存款利息支出和同业拆借利息支出、企业经批准发行债券的利息支出；

（二）非金融企业向非金融企业借款的利息支出，不超过按照金融企业同期同类贷款利率计算的数额的部分。

二、应付票据的核算

(一) 应付票据概述

应付票据是指小企业因购买材料、商品或接受劳务等日常生产经营活动开出、承兑的商业汇票(包括商业承兑汇票和银行承兑汇票两种)。

为了详细反映应付票据的有关情况,企业应设置“应付票据备查簿”,详细登记每一应付票据的种类、号数、签发日期、到期日、票面金额、交易合同号、收款单位名称,以及付款日期和金额等详细资料。应付票据到期付清时,应在备查簿内逐笔注销。

【小思考4-2】 商业汇票可以背书转让或提取现金吗?

4

(二) 应付票据的账务处理

为了反映企业应付票据的业务,应设置“应付票据”账户核算其发生、偿付等情况。该账户贷方登记签发并承兑的商业汇票的面值;借方登记票据到期支付的票据数额,期末余额在贷方,反映企业尚未到期的商业汇票的面值。该账户应按不同的债权人设置明细账户,进行明细核算。

1. 签发应付票据

企业开出、承兑票据时,应按面值借记“原材料”“材料采购”“在途物资”“应付账款”等账户,贷记“应付票据”账户。如果企业开出、承兑的是银行承兑汇票,还应按承兑金额的一定比例支付承兑手续费,借记“财务费用”账户,贷记“银行存款”账户。

2. 到期清偿应付票据

票据到期支付票款时,按面值借记“应付票据”账户,贷记“银行存款”账户。

3. 到期不能清偿应付票据

到期不能偿付应付票据时,应根据不同情况进行处理:

(1) 如果是商业承兑汇票,应转作应付账款,待协商后再处理,按面值借记“应付票据”账户,贷记“应付账款”账户。

(2) 如果是银行承兑汇票,银行已代为付款,并从付款方账户扣款,对尚未扣回的部分作为逾期贷款处理。因此,付款方应借记“应付票据”账户,贷记“银行存款”“短期借款”账户。

【工作任务4-2】 西江公司购进A材料51 000元,增值税税额为6 630元,对方代垫运杂费327元(含税)。西江公司3月4日签发面值为57 957元、期限为3个月的银行承兑汇票一张,承兑时支付手续费28.98元。承兑时支付手续费甲公司于6月4日如数支付。任务处理如下:

(1) 购入材料,签发商业汇票时:

借:原材料——A材料	51 300
应交税费——应交增值税(进项税额)	6 657
贷:应付票据	57 957

(2) 支付承兑手续费时:

借:财务费用 27.34

应交税费——应交增值税(进项税额) 1.64

贷:银行存款 28.98

(3) 到期清偿商业汇票时:

借:应付票据 57 957

贷:银行存款 57 957

三、应付账款的核算

(一) 应付账款概述

应付账款是指小企业因购买材料、商品和接受劳务等经营活动应支付的款项。应付账款是企业在供应过程中由于取得物资与支付货款在时间上不一致而产生的负债。

(二) 应付账款的账务处理

为了核算和监督企业应付账款的增减变化情况,企业应设置"应付账款"账户。该账户贷方登记企业因购入材料、商品、接受劳务供应而形成的应付未付款项;借方登记企业偿还的应付账款、以及无法支付的应付账款转销数;余额一般在贷方,反映企业尚未支付的应付款项。该账户应按债权人设置明细分类账户。

1. 发生应付账款

(1) 小企业购入材料、商品等未验收入库,货款尚未支付,应当根据有关凭证(发票账单、随货同行发票上记载的实际价款或暂估价值),借记"在途物资"账户,按照专用发票上注明的增值税税额,借记"应交税费——应交增值税(进项税额)"账户,按照应付的价款,贷记"应付账款"账户。

(2) 接受供应单位提供劳务而发生的应付未付款项,应当根据供应单位的发票账单,借记"生产成本""管理费用"等账户,贷记"应付账款"账户。

2. 偿还应付账款

小企业偿付应付账款,借记"应付账款"账户,贷记"银行存款"等账户。

3. 核销无法支付的应付账款

企业对于无法支付的应付账款,经批准列入"营业外收入"账户,借记"应付账款"账户,贷记"营业外收入"账户。

【工作任务 4-3】 某企业购入原材料一批,价款为 30 000 元,增值税税额为 3 900 元,因未到付款期尚未付款,材料已验收入库。该企业原材料收发按实际成本计价法进行核算。

任务处理如下:

(1) 材料入库时:

借:原材料 30 000

应交税费——应交增值税(进项税额) 3 900

贷:应付账款 33 900

(2) 偿还应付账款时：

借：应付账款 33 900
  贷：银行存款 33 900

【工作任务4-4】 某企业6月30日收到电力公司电费增值税专用发票，本月应付的电费为36 000元，增值税税额为4 680元。其中，生产车间产品生产用电费25 000元，车间照明用电费3 000元，行政管理部门用电费8 000元。7月4日支付电费价税款。

4

任务处理如下：

(1) 收到电费增值税专用发票时：

借：生产成本 25 000
  制造费用 3 000
  管理费用 8 000
  应交税费——应交增值税(进项税额) 4 680
  贷：应付账款 40 680

(2) 支付电费价税款时：

借：应付账款 40 680
  贷：银行存款 40 680

四、预收账款的核算

(一) 预收账款概述

小企业按照合同规定预收的款项，包括预收的购货款、工程款等。这种流动负债产生于商品交易过程中，这项负债要用以后的商品或者劳务来偿还。

(二) 预收账款的账务处理

小企业应该设置“预收账款”账户核算小企业按照合同规定预收的款项。该账户贷方反映企业按照合同规定向购货单位预收的货款和补收的货款；借方反映应收的货款和退出多收的货款；期末若为贷方余额，反映企业向购货单位预收的款项；若为借方余额，反映企业应由购货单位补付的款项。该账户应按购货单位设置明细账，进行明细核算。

预收账款不多的企业，也可以不设置“预收账款”账户，将预收的款项直接记入“应收账款”账户。

【小思考4-3】 如果“预收账款”账户出现借方余额，它反映什么内容？在资产负债表中，应如何列示？

1. 按合同预收部分款项

企业按照合同规定向购货单位预收款项时，借记“银行存款”账户，贷记“预收账款”账户。

2. 确认销售收入

销售实现时，按实现的收入和应交的增值税销项税额，借记“预收账款”账户，按实现的营业收入，贷记“主营业务收入”账户，按专用发票上注明的增值税税额，贷记“应交税费——应交增值税（销项税额）”账户。

3. 预收账款差额的处理

对购货单位补付的款项，借记“银行存款”账户，贷记“预收账款”账户；退给多付的款项，作相反的会计分录。

【工作任务 4-5】 江南公司发生有关预收账款业务如下：

（1）4 月 10 日，收到江东公司汇来预付货款 20 000 元，存入银行。

（2）5 月 15 日，公司销售给江东公司商品一批，价款为 20 800 元，增值税销项税额为 2 704 元，商品已经发出。

（3）5 月 18 日，收到江东公司汇来补付款 3 504 元。

任务处理如下：

（1）4 月 10 日，收到预付货款时：

借：银行存款	20 000	
贷：预收账款——江东公司		20 000

（2）5 月 15 日，发出商品时：

借：预收账款——江东公司	23 504	
贷：主营业务收入		20 800
应交税费——应交增值税（销项税额）		2 704

（3）5 月 18 日，收到补付货款时：

借：银行存款	3 504	
贷：预收账款——江东公司		3 504

【学中做 4-1】 如果江南公司不设置“预收账款”账户，而采用“应收账款”进行核算。请你编制相关会计分录。

五、应付职工薪酬的核算

（一）职工薪酬概述

职工薪酬，是指小企业为获得职工提供的服务而给予各种形式的报酬以及其他相关支出。小企业职工薪酬主要包括以下内容：

1. 职工工资、奖金、津贴和补贴

职工工资、奖金、津贴和补贴，是指根据国家统计局 1990 年第 1 号令发布的《关于职工工资总额组成的规定》规定，工资总额由以下六个部分组成：

（1）计时工资，是指按计时工资标准（包括地区生活费补贴）和工作时间支付给职工的劳动报酬。

（2）计件工资，是指对已完成的产品件数和计件单价支付的劳动报酬。

（3）奖金，是指支付给职工的超额劳动报酬和增收节支的劳动报酬。

（4）津贴和补贴，是指为了补偿职工特殊或额外的劳动消耗和因其他特殊原因支付给职工的津贴，以及为了保证职工工资水平不受物价影响支付给职工的物价补贴等。

（5）加班加点工资，是指按规定支付的加班工资和加点工资。

（6）特殊情况下支付的工资，包括：根据国家法律、法规和政策规定，因病、工伤、产假、计划生育假、婚丧假、事假、探亲假、定期休假、停工学习、执行国家或社会义务等原因按计时工资标准或计件工资标准的一定比例支付的工资以及附加工资、保留工资等。

4

2. 职工福利费

职工福利费，是指企业为了职工提供的福利，包括职工的医药费、厂内医院医护人员的工资、医务经费、职工因公负伤外地就医的路费、职工生活困难补助以及按照国家规定开支的其他职工福利支出等。

3. 社会保险费（简称“五险”）

社会保险费，是指企业按照国家规定的基准和比例计算，向社会保险经办机构缴纳的医疗保险金、养老保险金、失业保险金、工伤保险费和生育保险费。

4. 住房公积金

住房公积金，是指企业按照国家《住房公积金管理条例》规定的基准和比例计算，向住房公积金管理机构缴存的住房公积金。

5. 工会经费和职工教育经费

工会经费和职工教育经费，是指企业为了改善职工文化生活、提高职工业务素质用于开展工会活动和职工教育及职业技能培训，根据国家规定的基准和比例，从成本费用中提取的金额。

6. 非货币性福利

非货币性福利，是指企业以自产产品或外购商品发放给职工作为福利，将企业拥有的资产无偿提供给职工使用，为职工无偿提供医疗保健服务等。

7. 因解除与职工的劳动关系给予的补偿

因解除与职工的劳动关系给予的补偿，又称为辞退福利。辞退福利包括两种：一是在职工劳动合同到期之前，不论职工本人是否愿意，企业决定解除与职工的劳动关系而给予的补偿；二是在职工劳动合同尚未到期前，为了鼓励职工自愿接受裁减而给予的经济补偿，职工有权利选择在职或接受补偿离职。

8. 其他与获得职工提供的服务相关的支出

其他与获得职工提供的服务相关的支出，是指除上述 7 种薪酬以外的其他为获得职工提供的服务而给予的薪酬。

【小思考 4-4】 查阅《企业会计准则第 9 号——职工薪酬》(2014)，比较《小企业会计准则》和《企业会计准则》关于“职工薪酬”的内容有哪些异同？

（二）应付职工薪酬的账务处理

1. 账户设置

为了核算企业应付职工薪酬的结算和分配情况，应设置“应付职工薪酬”账户。该账户贷方登记应付给职工的工资总额，借方登记实际支付给职工的工资及按规定从应付职工薪酬中扣除的各种款项。该账户应当按照“职工工资”“奖金、津贴和补贴”“职工福利费”“社会保险费”“住房公积金”“工会经费”“职工教育经费”“非货币性福利”“辞退福利”等进行明细核算。

2. 职工薪酬的确认

企业应当在职工为其服务的会计期间，将应付的职工薪酬（不包括辞退福利）确认为负债，并根据职工提供服务的收益对象，分别以下情况处理：

（1）生产部门人员的职工薪酬，计入“生产成本”“制造费用”“劳务成本”等账户。

（2）应由在建工程、研发支出负担的职工薪酬，计入“在建工程”“研发支出”等账户。

（3）管理部门人员、销售人员的职工薪酬，计入“管理费用”或“销售费用”账户。

3. 职工薪酬的计量

（1）货币性职工薪酬的计量。对于货币性职工薪酬的计量，应当区分两种情况：

一是具有明确计提标准的货币性薪酬，企业应当按照规定的标准计提。

① “五险一金”。即医疗保险费、养老保险费、失业保险费、工伤保险费、生育保险费和住房公积金，企业应当按照国务院、所在地政府规定的计提标准，根据工资总额的一定比例计算确定。

② 工会经费和职工教育经费。企业按照规定，分别按职工工资总额2%和2.5%的比例计提。

二是国家没有规定计提比例的货币性薪酬。对于国家相关法律法规没有明确固定计提基础和计提比例的职工薪酬，企业应当根据历史经验数据和实际情况，合理预计当期应付职工薪酬，同时确认企业的应付职工薪酬负债。当期实际发生金额大于预计金额的，应当补提应付职工薪酬；当期实际发生金额小于预计金额的，应当冲回多提的应付职工薪酬。

（2）非货币性职工薪酬的计量。企业以其自产产品作为非货币性福利发放给职工的，应当根据受益对象，按照该产品的销售价格，计入相关资产成本或当期损益，同时确认应付职工薪酬。

企业将拥有的房屋等资产无偿提供给职工使用的，应当根据受益对象，将该住房每期应计提的折旧计入相关资产成本或当期损益，同时确认应付职工薪酬。租赁住房等资产供职工无偿使用的，应当根据受益对象，将每期应付的租金计入相关资产成本或当期损益，并确认应付职工薪酬。难以认定受益对象的非货币性福利，直接计入当期损益和应付职工薪酬。

（3）因解除与职工的劳动关系给予的补偿。小企业支付的因解除与职工的劳动关系给予职工的补偿，应当按照辞退计划条款的规定确认应付职工薪酬。

4. 账务处理

（1）分配职工薪酬。月末，小企业应当根据发生的职工薪酬分以下情况进行分配：

小企业根据职工提供服务的收益对象确定的职工薪酬，借记“生产成本”“制造费用”“管理费用”等账户，贷记“应付职工薪酬”账户。

(2) 发放职工薪酬。小企业发放职工薪酬应当区分以下情况进行处理：

① 向职工支付工资、奖金、津贴、福利费等，从应付职工薪酬中扣还的各种款项(代垫的家属药费、个人所得税等)等，借记“应付职工薪酬”账户，贷记“库存现金”“银行存款”“其他应收款”“应交税费——应交个人所得税”等账户。

② 支付工会经费和职工教育经费用于工会活动和职工培训，借记“应付职工薪酬”账户，贷记“银行存款”等账户。

③ 按照国家有关规定缴纳社会保险费和住房公积金，借记“应付职工薪酬”账户，贷记“银行存款”账户。

④ 以其自产产品发放给职工的，借记“应付职工薪酬”账户，贷记“主营业务收入”账户；同时，还应结转产成品的成本。涉及增值税销项税额的，还应进行相应的处理。

⑤ 因解除与职工的劳动关系给予职工的补偿，借记“应付职工薪酬”账户，贷记“库存现金”“银行存款”等账户。

【工作任务 4-6】 河海公司 2019 年发生有关职工薪酬业务如下：

(1) 6 月 30 日，根据考勤记录、工时记录、产量记录、工资标准、工资等级等编制“工资表”，本月应付职工薪酬总额为 98 000 元，其中，生产工人工资 60 000 元，生产车间管理人员工资 11 000 元，厂部管理人员工资 20 000 元，销售人员工资 7 000 元。

(2) 6 月 30 日，按工资总额的 25%、8%、2%和 8%分别计算应由企业负担的社会保险费 24 500 元、住房公积金 7 840 元、工会经费 1 960 元、职工教育经费 7 840 元。

(3) 7 月 10 日，发放上月职工薪酬。代扣应由职工负担的社会保险费 14 700 元和住房公积金 7 840 元，代扣个人所得税 1 500 元，实际支付 74 320 元，已打入职工个人银行卡中。

(4) 以银行存款上缴代扣和计提的社会保险费和住房公积金。

(5) 以银行存款支付计提的工会经费。

(6) 为公司高层管理人员提供汽车免费使用，本月应计提的小轿车折旧 6 000 元。

(7) 企业与一些职工解除劳动关系而给予补偿 80 000 元。

(8) 企业以现金支付职工宁某生活困难补助 3 000 元。

(9) 将本企业生产的产品作为福利发给职工，每人 1 个。该产品单位成本 400 元，市场价值 600 元。生产工人、车间管理人员、行政管理人员及销售人员分别为 70 人、5 人、20 人和 5 人。

任务处理如下：

(1) 计算应付职工薪酬时：

借：生产成本	60 000	
制造费用	11 000	
管理费用	20 000	
销售费用	7 000	
贷：应付职工薪酬——职工工资		98 000

(2) 计算五险一金、工会经费及职工教育经费时：

借：生产成本　25 800
　　制造费用　4 730
　　管理费用　8 600
　　销售费用　3 010
　贷：应付职工薪酬——社会保险费　24 500
　　　　　　　　——住房公积金　7 840
　　　　　　　　——工会经费　1 960
　　　　　　　　——职工教育经费　7 840

(3) 发放职工薪酬时：

借：应付职工薪酬——职工工资　98 000
　贷：银行存款　74 320
　　　其他应付款——社会保险费　14 700
　　　　　　　——住房公积金　7 480
　　　应交税费——应交个人所得税　1 500

(4) 以银行存款上缴代扣和计提的社会保险费和住房公积金时：

借：应付职工薪酬——社会保险费　24 500
　　　　　　　——住房公积金　7 840
　　其他应付款——社会保险费　14 700
　　　　　　——住房公积金　7 480
　贷：银行存款　54 520

(5) 以银行存款支付代扣的工会经费时：

借：应付职工薪酬——工会经费　1 960
　贷：银行存款　1 960

(6) 计提高管小轿车折旧时：

借：管理费用　6 000
　贷：应付职工薪酬——非货币性福利　6 000
借：应付职工薪酬——非货币性福利　6 000
　贷：累计折旧　6 000

(7) 企业发生与职工解除劳动关系而给予的补偿时：

借：管理费用　80 000
　贷：应付职工薪酬——辞退福利　80 000
借：应付职工薪酬——辞退福利　80 000
　贷：银行存款　80 000

(8) 以现金支付职工宁某生活困难补助时：

借：管理费用	3 000	
贷：应付职工薪酬——职工福利		3 000
借：应付职工薪酬——职工福利	3 000	
贷：库存现金		3 000

(9) 将本企业生产的产品作为福利发给职工时：

借：生产成本	49 140	
制造费用	3 510	
管理费用	14 040	
销售费用	3 510	
贷：应付职工薪酬——非货币性福利		70 200
借：应付职工薪酬——非货币性福利	70 200	
贷：主营业务收入		60 000
应交税费——应交增值税(销项税额)		10 200
借：主营业务成本	40 000	
贷：库存商品		40 000

【涉税规定4-2】 国家税务总局《关于企业工资薪金及职工福利费扣除问题的通知》(国税函〔2009〕3号)为有效贯彻落实《中华人民共和国企业所得税法实施条例》(以下简称《实施条例》)规定：

一、关于合理工资薪金问题

《实施条例》第三十四条所称的"合理工资薪金"，是指企业按照股东大会、董事会、薪酬委员会或相关管理机构制定的工资薪金制度规定实际发放给员工的工资薪金。税务机关在对工资薪金进行合理性确认时，可按以下原则掌握：

(一) 企业制定了较为规范的员工工资薪金制度；

(二) 企业所制定的工资薪金制度符合行业及地区水平；

(三) 企业在一定时期所发放的工资薪金是相对固定的，工资薪金的调整是有序进行的；

(四) 企业对实际发放的工资薪金，已依法履行了代扣代缴个人所得税义务；

(五) 有关工资薪金的安排，不以减少或逃避税款为目的。

二、关于工资薪金总额问题

《实施条例》第四十、四十一、四十二条所称的"工资薪金总额"，是指企业按照本通知第一条规定实际发放的工资薪金总和，不包括企业的职工福利费、职工教育经费、工会经费以及养老保险费、医疗保险费、失业保险费、工伤保险费、生育保险费等社会保险费和住房公积金。属于国有性质的企业，其工资薪金，不得超过政府有关部门给予的限定数额；超过部分，不得计入企业工资薪金总额，也不得在计算企业应纳税所得额时扣除。

三、关于职工福利费扣除问题

《实施条例》第四十条规定的企业职工福利费，包括以下内容：

（一）尚未实行分离办社会职能的企业，其内设福利部门所发生的设备、设施和人员费用，包括职工食堂、职工浴室、理发室、医务所、托儿所、疗养院等集体福利部门的设备、设施及维修保养费用和福利部门工作人员的工资薪金、社会保险费、住房公积金、劳务费等。

（二）为职工卫生保健、生活、住房、交通等所发放的各项补贴和非货币性福利，包括企业向职工发放的因公外地就医费用、未实行医疗统筹企业职工医疗费用、职工供养直系亲属医疗补贴、供暖费补贴、职工防暑降温费、职工困难补贴、救济费、职工食堂经费补贴、职工交通补贴等。

（三）按照其他规定发生的其他职工福利费，包括丧葬补助费、抚恤费、安家费、探亲假路费等。

四、关于职工福利费核算问题

企业发生的职工福利费，应该单独设置账册，进行准确核算。没有单独设置账册准确核算的，税务机关应责令企业在规定的期限内进行改正。逾期仍未改正的，税务机关可对企业发生的职工福利费进行合理的核定。

4

六、应交税费的核算

应交税费是指企业根据税法规定应当缴纳的各种税费，包括增值税、消费税、企业所得税、土地增值税、城市维护建设税、教育费附加、房产税、城镇土地使用税、车船使用税、燃油税、矿产资源补偿费、个人所得税、契税等。

为了反映和监督各种税费的形成与缴纳情况，小企业应设置“应交税费”账户，该账户贷方登记应交的税费金额；借方登记实际缴纳的税费金额；期末余额在贷方，表示应交未交的税费金额；余额在借方，表示多交的税费金额。该账户应按不同税种分别开设明细分类账户。

企业缴纳的印花税、耕地占用税、契税以及其他不需要预计应交数的税金，不通过“应交税费”账户核算。

（一）应交增值税的核算

1. 增值税概述

增值税是对我国境内销售货物、进口货物，提供加工、修理修配劳务，销售服务、无形资产及不动产的单位和个人，就其取得的货物或应税劳务的销售额以及进口货物的金额计算税款，并实行税款抵扣的一种流转税。按照纳税人的经营规模及会计核算的健全程度，增值税的纳税人分为一般纳税人和小规模纳税人。一般纳税人应交增值税，根据当期销项税额减去当期进项税额计算确定；小规模纳税人应纳增值税，根据销售额（不含税）和规定的征收率计算确定。

2. 增值税的账户设置

为了核算企业的应交增值税，一般纳税人一般需要在“应交税费”账户下设置“应交增值税”明细账户进行核算，并在“应交税费——应交增值税”明细账户下设置“进项税额”“销项税额”“已交税金”“出口退税”“进项税额转出”等专栏。各专栏所反映的经济内容为：

①“进项税额”专栏——记录企业购进货物或接受应税劳务而支付的、准予从销项税额中抵扣的增值税税额。

②“销项税额”专栏——记录企业销售货物或提供应税劳务应收取的增值税税额。

③“已交税金”专栏——记录企业当月已缴纳的增值税税额。

④“出口退税”专栏——记录企业出口货物，向税务机关申报办理出口退税而收到退回的税款。

⑤“进项税额转出”专栏——记录企业的购进货物、在产品、产成品等发生非正常损失以及其他原因而不应从销项税额中抵扣，按规定应予转出的进项税额。

小规模纳税人只需设置“应交增值税”明细科目，不需要在“应交增值税”明细科目中设置上述专栏。

3. 增值税应纳税额的计算

一般纳税人销售货物或提供应税劳务，增值税应纳税额等于当期销项税额抵扣当期进项税额后的余额。计算公式为：

$$\text{增值税应纳税额}=\text{当期销项税额}-\text{当期进项税额}$$

如果当期销项税额小于当期进项税额不足抵扣时，其不足部分可以结转下期继续抵扣。

（1）销项税额，一般是企业对外销售货物或提供应税劳务开出的增值税专用发票上注明的税额。计算公式为：

$$\text{销项税额}=\text{不含税销售额}\times\text{税率}$$

上式中，不含税销售额为企业销售货物或者提供应税劳务向购买方收取的全部价款和价外费用，但不包括收取的销项税额。

如果销售货物或提供应税劳务采用销售额和销项税额合并定价办法的，可按下列公式计算销售额：

$$\text{不含税销售额}=\frac{\text{含税销售额}}{1+\text{增值税税率}}$$

（2）进项税额，是指纳税人购进货物或者接受应税劳务所支付或者负担的增值税税额。按照规定，一般纳税企业购入物资或接受劳务必须具备以下凭证，其进项税额才能予以扣除：增值税专用发票；海关完税凭证；购进免税农产品，按照经税务机关批准的收购凭证上注明的价款或收购金额按11%的扣除率计算进项税额，并以此作为扣税和记账的依据。

4. 一般纳税人增值税的账务处理

（1）小企业采购物资等，按照应计入采购成本的金额，借记“材料采购”或“在途物资”“原材料”“库存商品”等账户，按照税法规定可抵扣的增值税进项税额，借记“应交税费——应交增值税（进项税额）”账户，按照应付或实际支付的金额，贷记“应付账款”“银行存款”等账户。购入物资发生退货的，做相反的会计分录。

购进免税农业产品，按照购入农业产品的买价和税法规定的税率计算的增值税进项税额，借记“应交税费——应交增值税（进项税额）”账户，按照买价减去按照税法规定计算的增值税进项税额后的金额，借记“材料采购”或“在途物资”等账户，按照应付或实际支付的价款，贷记“应付账款”“库存现金”“银行存款”等账户。

（2）销售商品（提供劳务），按照收入金额和应收取的增值税销项税额，借记“应收账款”“银行存款”等账户，按照税法规定应缴纳的增值税销项税额，贷记“应交税费——应交增值税（销项税额）”账户，按照确认的营业收入金额，贷记“主营业务收入”“其他业务收入”等账户。发生销售退回的，做相反的会计分录。

4

随同商品出售但单独计价的包装物，应当按照实际收到或应收的金额，借记“银行存款”“应收账款”等账户，按照税法规定应缴纳的增值税销项税额，贷记“应交税费——应交增值税（销项税额）”账户，按照确认的其他业务收入金额，贷记“其他业务收入”账户。

（3）有出口产品的小企业，其出口退税的账务处理如下：

① 实行“免、抵、退”管理办法的小企业，按照税法规定计算的当期出口产品不予免征、抵扣和退税的增值税税额，借记“主营业务成本”账户，贷记“应交税费——应交增值税（进项税额转出）”账户，按照税法规定计算的当期应予抵扣的增值税税额，借记“应交税费——应交增值税（出口抵减内销产品应纳税额）”账户，贷记“应交税费——应交增值税（出口退税）”账户。

出口产品按照税法规定应予退回的增值税税款，借记“其他应收款”账户，贷记“应交税费——应交增值税（出口退税）”账户。

② 未实行“免、抵、退”管理办法的小企业，出口产品实现销售收入时，应当按照应收的金额，借记“应收账款”等账户，按照税法规定应收的出口退税，借记“其他应收款”账户，按照税法规定不予退回的增值税税额，借记“主营业务成本”账户，按照确认的销售商品收入，贷记“主营业务收入”账户，按照税法规定应缴纳的增值税税额，贷记“应交税费——应交增值税（销项税额）”账户。

（4）购入材料等按照税法规定不得从增值税销项税额中抵扣的进项税额，其进项税额应计入材料等的成本，借记“材料采购”或“在途物资”等账户，贷记“银行存款”等账户，不通过“应交税费——应交增值税（进项税额）”账户核算。

（5）将自产的产品等用作福利发放给职工，应视同产品销售计算应交增值税的，借记“应付职工酬薪”账户，贷记“主营业务收入”“应交税费——应交增值税（销项税额）”等账户。

（6）购进的物资、在产品、产成品因盘亏、毁损、报废、被盗，以及购进物资改变用途等原因按照税法规定不得从增值税销项税额中抵扣的进项税额，其进项税额应转入有关账户，借记“待处理财产损溢”等账户，贷记“应交税费——应交增值税（进项税额转出）”

账户。

（7）缴纳的增值税，借记“应交税费——应交增值税（已交税金）”账户，贷记“银行存款”账户。

【工作任务4-7】 江南制造厂是一般纳税人的小企业，存货采用实际成本核算，适用的增值税税率为13%。5月初“应交税费——未交增值税”明细账户贷方余额为3 200元。本月发生业务如下：

（1）购入一批材料，增值税专用发票上注明的原材料价款40 000元，增值税税额为5 200元。贷款以银行存款支付，材料已验收入库。

（2）取得运输部门开具的增值税专用发票，本月销售产品发生的运输费用为3 600元，增值税进项税额为324元，款项以银行存款支付。

（3）支付会计师事务所审计费用1 500元，增值税进项税额为90元，款项以银行存款支付。

（4）以银行存款上交上月未交增值税税额为3 200元。

（5）本月销售商品一批，增值税专用发票上注明的价款为68 500元，增值税税额为8 905元。商品已经发出，价款尚未收到。

（6）自营建造生产线，领用自产的一批产品，该批产品的成本为80 000元。

（7）仓库盘点，发现因管理不善导致霉烂原材料750元，应转出的增值税税额为97.50元。

（8）计算本月应交增值税，并办理月末结转账务。

任务处理如下：

（1）购入材料时：

借：原材料　　40 000
　　应交税费——应交增值税（进项税额）　　5 200
　贷：银行存款　　45 200

（2）取得运输部门增值税专用发票时：

借：销售费用　　3 600
　　应交税费——应交增值税（进项税额）　　324
　贷：银行存款　　3 924

（3）取得会计师事务所增值税专用发票时：

借：管理费用　　1 500
　　应交税费——应交增值税（进项税额）　　90
　贷：银行存款　　1 590

（4）以银行存款上交上月未交增值税时：

借：应交税费——未交增值税 3 200
　贷：银行存款 3 200

(5) 本月销售商品时：

借：应收账款 77 405
　贷：主营业务收入 68 500
　　　应交税费——应交增值税(销项税额) 8 905

(6) 自营工程领用自产产品时：

借：在建工程 80 000
　贷：库存商品 80 000

【小思考 4-5】 在上例中，为什么企业将自产的产品用于厂房的建造，会计上采用“成本”确认在建工程的成本，而不考虑增值税？

(7) 仓库盘点发现短缺原材料时：

借：待处理财产损溢 847.50
　贷：原材料 750.00
　　　应交税费——应交增值税(进项税额转出) 97.50

(8) 计算本月应交增值税：

本月销项税额＝8 905(元)
本月进项税额＝5 200＋324＋90＝5 614(元)
本月进项税额转出＝97.50(元)
本月应交未交增值税＝本月销项税额－本月进项税额＋本月进项税额转出
＝8 905－5 614＋97.50＝3 388.50(元)

【涉税规定 4-3】 《中华人民共和国增值税暂行条例实施细则》(财政部 国家税务总局令第 50 号，2011 年 10 月 28 日修订)规定：

第四条 单位或者个体工商户的下列行为，视同销售货物：

(一) 将货物交付其他单位或者个人代销；

(二) 销售代销货物；

(三) 设有两个以上机构并实行统一核算的纳税人，将货物从一个机构移送其他机构用于销售，但相关机构设在同一县(市)的除外；

（四）将自产或者委托加工的货物用于非增值税应税项目；

（五）将自产、委托加工的货物用于集体福利或者个人消费；

（六）将自产、委托加工或者购进的货物作为投资，提供给其他单位或者个体工商户；

（七）将自产、委托加工或者购进的货物分配给股东或者投资者；

（八）将自产、委托加工或者购进的货物无偿赠送其他单位或者个人。

5. 小规模纳税人增值税的账务处理

4

小规模纳税人不享有进项税额的抵扣权，其购进货物无论是否取得增值税专用发票，其支付的增值税税额都不能计入进项税额，不得从销项税额中抵扣，而应该直接计入有关货物或劳务的成本。

小规模纳税人销售货物或提供应税劳务，只能开具普通发票，不能开具增值税专用发票。其实行简易办法计算应纳税额，按照销售额的3%计算。相应的，其他企业从小规模纳税企业购入货物或接受劳务支付的税额，如果不能取得增值税专用发票，也不能作为进项税额抵扣，应计入购入货物或接受劳务的成本。

小规模纳税企业在设置账户时，只需在“应交税费”账户下设置“应交增值税”明细账户即可，不需要设置专栏。“应交税费——应交增值税”账户贷方登记应缴纳的增值税，借方登记已缴纳的增值税，期末贷方余额表示尚未缴纳的增值税。

【工作任务4-8】 夏普商店为小规模纳税人企业，增值税征收率为3%。本月购入商品，增值税专用发票上注明的价款为30 000元，增值税税额为3 900元，价款以银行存款支付，商品已验收入库（假设采用实际成本法核算）。该商店本期销售商品，含税价格为97 850元，货款尚未收到。

任务处理如下：

（1）购入商品时：

借：库存商品	33 900	
贷：银行存款		33 900

（2）销售商品时：

不含税价格＝97 850÷（1＋3%）＝95 000（元）

应交增值税＝95 000×3%＝2 850（元）

借：应收账款	97 850	
贷：主营业务收入		95 000
应交税费——应交增值税		2 850

（二）应交消费税的核算

1. 消费税概述

消费税是指国家对在我国境内生产、委托加工和进口应税特定消费品的单位和个人，按其流转额征收的一种税，它属于价内税。

消费税的征收方法采用从价定率、从量定额和从价定率与从量定额相结合三种方法。

消费税实行价内征收，企业缴纳的消费税记入销售税金抵减产品销售收入。消费税并非在应税消费品的所有环节征收，只在其生产、委托加工或进口环节实行单向征税（金银首饰除外）。

2. 消费税的账务处理

为了核算企业的应交消费税，企业一般需要在“应交税费”账户下设置“应交消费税”明细账户核算。“应交消费税”明细账户的贷方发生额，反映企业按规定应交的消费税；借方登记企业实际缴纳的消费税；期末贷方余额反映企业应交未交的消费税。

4

（1）销售应税消费品。小企业销售需要缴纳消费税的物资应交的消费税，借记“主营业务税金及附加”等账户，贷记“应交税费——应交消费税”账户。退税，做相反会计分录。

（2）自产自用应税消费品。按照税法规定，企业自产的应税消费品用于连续生产应税消费品的，领用时不计算应纳税额，到最终消费品销售时再纳税；企业自产的应税消费品用于换取生产资料和消费资料、投资入股和抵偿债务以及用于生产非应税项目、在建工程、管理部门、馈赠、赞助、职工福利等其他方面的，应于领用时以纳税人同类应税消费品的销售价格作为计税依据计算消费税。按应纳税额，借记“在建工程”“应付职工薪酬”等账户，贷记“应交税费——应交消费税”账户。如果没有同类产品销售价格，则按组成计税价格计算纳税。计算公式如下：

$$组成计税价格=\frac{成本+利润}{1-消费税税率}$$

（3）委托加工应税消费品。按照税法规定，委托加工应税消费品是指由委托方提供原料和主要材料，受托方只收取加工费和代垫部分辅助材料加工的应税消费品。企业委托加工应税消费品时，应由受托方代收代交消费税。委托加工收回后直接用于出售的，应将受托方代收代交的消费税计入加工成本，借记“委托加工物资”账户，贷记“银行存款”账户。委托加工收回后用于连续生产应税消费品的，所纳税款准予抵扣，借记“应交税费——应交消费税”账户，贷记“银行存款”账户。

（4）进口应税消费品。企业进口应税消费品时，应按关税完税价格和关税计算应交消费税，计入进口物资的成本，借记“材料采购”“固定资产”等账户，贷记“银行存款”等账户。

（5）出口应税消费品。免征消费税的出口应税消费品分别不同情况进行会计处理：

① 属于生产企业直接出口应税消费品或通过外贸企业出口应税消费品，按规定直接予以免税的，可不计算应交消费税。

② 属于委托外贸企业代理出口应税消费品的生产企业，应在计算消费税时，按应交消费税额，借记“应收账款”账户，贷记“应交税费——应交消费税”账户。应税消费税出口收到外贸企业退回的税金时，借记“银行存款”账户，贷记“应收账款”账户。发生退关、退货而补交已退的消费税，做相反的会计分录。

4

【工作任务 4-9】 天丰贸易公司系增值税一般纳税企业，主要从事化妆品生产和销售，增值税税率为13%，消费税税率为30%。2019年8月，有关业务资料如下：

(1) 本月销售化妆品100箱，每箱不含税售价3 100元，成本价1 500元。商品发出，款项存入银行。

(2) 将新生产的化妆品100套用于广告宣传，这套化妆品单位生产成本为200元，该产品销售价格为每套300元。

(3) 委托外单位加工一批化妆品，发出原材料价款18 000元，加工费用6 000元，由受托方代收代缴的消费税600元。材料已加工完毕验收入库，加工费以银行存款支付。委托方收回材料后用于直接销售。

(4) 从国外进口一批化妆品，关税完税价格210 000元，关税21 000元，从海关取得海关进口增值税专用缴款书。价税款339 339元已经支付，商品已经验收入库。

任务处理如下：

(1) 本月销售化妆品时：

借：应收账款	350 300	
贷：主营业务收入		310 000
应交税费——应交增值税(销项税额)		40 300
借：主营业务成本	150 000	
贷：库存商品		150 000
借：税金及附加	93 000	
贷：应交税费——应交消费税		93 000

(2) 将新生产的化妆品用于广告宣传时：

应纳增值税税额＝30 000×13%＝3 900(元)

应纳消费税税额＝30 000×30%＝9 000(元)

编制如下会计分录：

借：销售费用	42 900	
贷：主营业务收入		30 000
应交税费——应交增值税(销项税额)		3 900
——应交消费税		9 000
借：主营业务成本	20 000	
贷：库存商品		20 000

(3) 委托外单位加工化妆品时：

① 发出材料时：

借：委托加工物资	18 000	
贷：原材料		18 000

② 支付加工费、增值税和消费税时：

借：委托加工物资 6 600
　　应交税费——应交增值税(进项税额) 780
　贷：银行存款 7 380

③ 收回加工物资(用于直接销售)时：

借：原材料 246 000
　贷：委托加工物资 246 000

(4) 从国外进口一批化妆品时：

借：库存商品 300 300
　　应交税费——应交增值税(进项税额) 39 039
　贷：银行存款 339 339

【做中学 4－2】 如果上例中，企业委托加工的化妆品用于连续生产应税化妆品，其会计分录应如何编制？

(三) 其他税费的核算

1. 资源税的账务处理

资源税是国家对在我国境内开采矿产品以及生产盐的企业征收的一种税。资源税的纳税义务人是指在中华人民共和国境内开采应税资源的矿产品或生产盐的单位和个人。资源税实行分产品类别从量定额计算征收的方法，设置有上下限的幅度税额。

资源税的应纳税额，按照应税产品的课征数量和规定的单位税额计算。其计算公式为：

应纳税额＝课税数量×单位税额

【工作任务 4－10】 某企业属于煤炭生产企业，本月业务如下：

(1) 自产原煤 3 000 吨。

(2) 对外销售煤炭 2 000 吨。

(3) 产品生产用煤炭 1 000 吨。

(4) 按照税法规定，每吨煤炭应交资源税 2 元。

任务处理如下：

(1) 对外销售应缴纳的资源税＝2 000×2＝4 000(元)，应记入“税金及附加”账户。

(2) 产品生产应缴纳的资源税＝1 000×2＝2 000(元)，应记入“生产成本”账户。

(3) 编制会计分录如下：

借：税金及附加 4 000

  生产成本 2 000

 贷：应交税费——应交资源税 6 000

2. 城市维护建设税和教育费附加的账务处理

城市维护建设税是根据纳税人实际缴纳的增值税、消费税的税额为计税依据，向缴纳这两项税额的单位和个人征收的专门用于城市维护和建设的一种附加税。城市维护建设税实行比例税率，分为三档：7%、5%、1%。

4

教育费附加也是根据纳税人实际缴纳的增值税、消费税的税额为计税依据，是国家为了发展我国的教育事业，提高人民的文化素质而征收的一项费用。教育费附加率为3%。企业按规定计算出的城市维护建设税及教育费附加，记入"税金及附加"账户进行核算。

【工作任务4-11】 某企业本月有关税务资料如下：

(1) 本月应交增值税税额66 000元。

(2) 本月应交消费税税额20 000元。

(3) 按7%计算应交城市维护建设税，按3%计算本月应交的教育费附加。

任务处理如下：

(1) 本月应交城市维护建设税金额=(66 000+20 000)×7%=6 020(元)

(2) 本月应交教育费附加金额=(66 000+20 000)×3%=2 580(元)

(3) 编制会计分录如下：

借：税金及附加 8 600

 贷：应交税费——应交城市维护建设税 6 020

     ——应交教育费附加 2 580

3. 房产税、车船税、城镇土地使用税、印花税的账务处理

房产税是以房产为征税对象，依据房产计税价值或房产租金收入向房产所有人或经营人征收的一种税。房产税的计税依据是房产的计税价值或房产的租金收入。按房产的计税价值征税的，称为从价计征；按房产的租金收入征税的，称为从租计征。

城镇土地使用税是对我国境内使用土地的单位和个人，以其实际占用的土地面积为计税依据而征收的一种税。

车船税是对在我国境内车辆、船舶(以下简称车船)的所有人或者管理人依法所征收的一种税。在我国境内，车辆、船舶的所有人或者管理人为车船税的纳税人。

印花税是对经济活动和经济交往中书立、使用、领受具有法律效力的凭证的单位和个人征收的一种税。一般情况下，企业需要预先购买印花税票，待发生应税行为时，再根据凭证的性质和规定的比例税率或者按件计算应纳税额，将已购买的印花税票粘贴在应税凭证上，并在每枚税票的骑缝处盖戳注销或划销，办理完税手续。所以企业缴纳印花税时，不需要预计应缴纳金额，不会发生应付未付税款的情况。

小企业应缴纳的房产税、车船使用税、城镇土地使用税、印花税均计入税金及附加，除印花税外，其余税金应通过"应交税费"账户核算，借记"税金及附加"账户，贷记"应交税费"账户；企业缴纳的印花税于购买时，借记"税金及附加"等账户，贷记"银行存款"账户。

【工作任务 4-12】 某企业本期有关税务资料如下：

(1) 本月应交房产税 2 200 元，车船使用税 1 800 元，城镇土地使用税 2 500 元，印花税票 400 元。

(2) 以银行存款支付上述各项税金。

任务处理如下：

(1) 计算本月应交税金时：

借：税金及附加	6 500	
贷：应交税费——应交房产税		2 200
——应交车船使用税		1 800
——应交城镇土地使用税		2 500

(2) 支付上述各项税金时：

借：税金及附加	400	
应交税费——应交房产税	2 200	
——应交车船使用税	1 800	
——应交城镇土地使用税	2 500	
贷：银行存款		6 900

七、应付利息的核算

(一) 应付利息概述

应付利息是指小企业按照合同约定应支付的利息费用。反映小企业与资金提供者之间由于资金借贷而产生的资金成本承担和支付的关系。由于小企业使用了他人的资金只要按照合同约定应负担利息费用，不论是银行等金融机构借款还是向第三方借款，也不论是长期借款还是短期借款，都应作为应付利息核算。

(二) 应付利息的账务处理

小企业应设置"应付利息"账户核算按照合同约定应支付的利息费用。在应付利息日，小企业应当按照合同利率计算确定的利息费用，借记"财务费用""在建工程"等账户，贷记"应付利息"账户；实际支付的利息，借记"应付利息"账户，贷记"银行存款"等账户。本账户期末贷方余额，反映小企业应付未付的利息费用。该账户应按照贷款人等进行明细核算。

【工作任务 4-13】 某企业本期有关借款利息业务如下：

(1) 8 月 31 日，计算应付长期借款利息 3 200 元(符合资本化条件)。

(2) 8月31日，本月应付短期借款利息4 100元。

(3) 9月1日，以银行存款支付上述借款利息费用。

任务处理如下：

(1) 计算应付借款利息：

借：在建工程	3 200	
财务费用	4 100	
贷：应付利息		7 300

(2) 支付借款利息：

借：应付利息	7 300	
贷：银行存款		7 300

4

八、应付利润的核算

（一）应付利润概述

应付利润是指小企业向投资者分配的利润。反映小企业与投资者之间分配与取得投资回报的关系。小企业根据相关法律法规的规定或根据投资协议或合同约定应向投资者分配利润，在未支付给投资者之前，形成了一项负债，应作为应付利润核算。

（二）应付利润的账务处理

小企业应设置“应付利润”账户核算其向投资者分配的利润。在应付利息日，小企业根据规定或协议确定的应分配给投资者的利润，借记“利润分配”账户，贷记“应付利润”账户；向投资者实际支付利润，借记“应付利润”账户，贷记“库存现金”“银行存款”账户。该账户期末贷方余额，反映小企业应付未付的利润。该账户应按照投资者进行明细核算。

【工作任务4-14】 某企业本期发生与应付利润有关的业务如下：

(1) 2019年12月31日，企业本年实现净利润180 000元，根据投资协议约定，按照净利润40%分配当年利润。

(2) 2020年1月18日，以银行存款支付应付利润72 000元。

任务处理如下：

(1) 计算应付利润时：

借：利润分配——应付利润	72 000	
贷：应付利润		72 000

(2) 支付应付利润时：

借：应付利润	72 000	
贷：银行存款		72 000

九、其他应付款的核算

（一）其他应付款概述

其他应付款是指小企业除应付账款、预收账款、应付职工薪酬、应交税费、应付利息、应付利润等以外的其他各项应付、暂收的款项，如应付租入固定资产和包装物的租金、存入保证金。具体包括：

（1）应付租入固定资产的租金。

（2）应付租入包装物的租金。

（3）存入保证金。

（4）应付、暂收所属其他单位或个人的款项。

（5）其他应付、暂收款项。

（二）其他应付款的账务处理

为了核算和监督其他各项应付、暂收款项的增减变动及其结果，企业应设置“其他应付款”账户，该账户属负债类账户。贷方登记发生的各种应付、暂收款项；借方登记支付的各种应付、暂收款项；期末余额在贷方，反映企业尚未支付的其他应付款项。该账户按应付、暂收款项的类别和单位或个人设置明细账户，进行明细分类核算。

（1）小企业发生的其他各种应付、暂收款项，借记“管理费用”等账户，贷记“其他应付款”账户。

（2）支付的其他各种应付、暂收款项，借记“其他应付款”账户，贷记“银行存款”等账户。

（3）小企业无法支付的其他应付款，借记“其他应付款”账户，贷记“营业外收入”账户。

【工作任务 4-15】 黄山公司（增值税一般纳税人）发生有关业务如下：

（1）应付 A 公司出租给本公司生产经营设备租金 4 800 元。

（2）收到 B 公司支付的包装物押金 1 000 元（库存现金）。

（3）以银行存款支付固定资产租金 4 800 元。

（4）没收逾期包装物押金 1 000 元。

任务处理如下：

（1）应付固定资产租金时：

借：制造费用	4 800	
贷：其他应付款——A 公司		4 800

（2）收到 B 公司支付的包装物押金时：

借：库存现金	1 000	
贷：其他应付款——B 公司		1 000

（3）支付固定资产租金时：

借：其他应付款——A 公司	4 800	
贷：银行存款		4 800

(4) 没收逾期包装物押金时：

借：其他应付款——B公司 1 000

贷：营业外收入 854.70

应交税费——应交增值税(销项税额) 145.30

任务二 非流动负债的核算

引例 4-2

信华实业公司于2019年2月1日从银行取得一笔长期借款500万元，借款合同上标明用于厂房改造，年利率为6%，期限为2年，利随本清。厂房改造工程自2019年2月10日开工，于2019年12月31日完工。在对2019年借款利息处理上，会计人员发生分歧。

张会计认为，对于这项借款利息全部记入“财务费用”账户。

王会计认为，应将利息分别处理：2019年2月1日至2019年12月31日之间的利息记入“在建工程”账户，对于2020年1月1日至2021年12月31日之间的利息计入“财务费用”账户。

请问：

(1) 在会计核算上，长期借款利息和短期借款利息的处理是否相同？

(2) 长期借款利息可以记入哪些账户？

(3) 你认为张会计和王会计，谁的会计处理正确？为什么？

一、长期借款的核算

(一) 长期借款概述

长期借款是指企业向银行等金融机构借入的期限在1年以上(不含1年)的各项借款。长期借款一般用于固定资产的购建、改扩建工程、大修理工程以及流动资产的正常需要等方面。它是企业长期负债的重要组成部分，必须加强管理与核算。

(二) 长期借款的账务处理

企业应设置“长期借款”账户反映和监督长期借款的借入和归还的情况。该账户的贷方登记长期借款本金的增加额；借方登记偿还的长期借款；期末贷方余额，反映企业尚未偿还的长期借款。该账户按照贷款单位和贷款种类设置明细账进行核算。

1. 取得长期借款

企业借入长期借款应按实际收到的金额，借记“银行存款”账户，贷记“长期借款”账户。

2. 计提长期借款的利息

在应付利息日，小企业应当按照借款本金和借款合同利率计提利息费用。如果长期借款用于购建固定资产、无形资产和经过12个月以上才能达到预定可销售状态的存货所发生的应当资本化的利息支出数，计入相关资产成本，否则应计入财务费用。

长期借款按合同利率计算确定的应付未付利息，记入“应付利息”或“长期借款——应计利息”（一次还本付息的长期借款）账户，分别借记“在建工程”“制造费用”“财务费用”“研发支出”等账户，贷记“应付利息”或“长期借款——应计利息”账户。

3. 长期借款到期归还

企业归还长期借款的本金时，应按归还的金额，借记“长期借款——本金”账户，贷记“银行存款”账户；按归还的利息，借记“应付利息”或“长期借款——应计利息”账户，贷记“银行存款”账户。

【工作任务4-16】 旺达公司因建造厂房向银行借入长期借款，工期为1年。发生有关长期借款业务如下：

(1) 2019年1月2日，向银行借入2年期借款800 000元。该借款合同利率为8%，每年初付息一次、到期还本。

(2) 2019年1月，以银行存款支付工程费用800 000元。

(3) 2019年12月31日，计提长期借款利息。

(4) 2019年12月31日，该厂房已经竣工，投入使用。

(5) 2020年1月1日，支付借款利息。

(6) 2020年12月31日，计提长期借款利息。

(7) 2021年1月1日，支付第二年利息和借款本金。

任务处理如下：

(1) 2019年1月2日，取得借款时：

借：银行存款	800 000	
贷：长期借款——本金		800 000

(2) 2019年1月，支付工程进度款时：

借：在建工程	800 000	
贷：银行存款		800 000

(3) 2019年12月31日，计提长期借款利息时：

借：在建工程	64 000	
贷：应付利息		64 000

(4) 2019年12月31日，工程竣工时：

借：固定资产	864 000	
贷：在建工程		864 000

(5) 2020年1月1日，支付利息时：

借：应付利息	64 000	
贷：银行存款		64 000

(6) 2020 年 12 月 31 日，计提长期借款利息时：

借：财务费用　64 000

　贷：应付利息　64 000

(7) 2021 年 1 月 1 日，支付借款本息时：

借：长期借款　800 000

　　应付利息　64 000

　贷：银行存款　864 000

4

【涉税规定 4-4】《中华人民共和国企业所得税法实施条例》规定：

第三十七条 企业在生产经营活动中发生的合理的不需要资本化的借款费用，准予扣除。企业为购置、建造固定资产、无形资产和经过 12 个月以上的建造才能达到预定可销售状态的存货发生借款的，在有关资产购置、建造期间发生的合理的借款费用，应当作为资本性支出计入有关资产的成本，并依照本条例的规定扣除。

二、长期应付款的核算

（一）长期应付款概述

长期应付款是指小企业除长期借款以外的其他各种长期应付款项，包括应付融资租入固定资产的租赁费、以分期付款方式购入固定资产发生的应付款项等。

（二）长期应付款的账务处理

小企业应设置“长期应付款”账户核算小企业的各种长期应付款。该账户的贷方登记长期应付款的增加；借方登记分期归还的长期应付款；期末贷方余额反映小企业应付未付的长期应付款项。该账户应按照长期应付款的种类和债权人进行明细核算。

1. 融资租入固定资产

小企业融资租入固定资产，在租赁期开始日，按照租赁合同约定的付款总额和在签订租赁合同过程中发生的相关税费等，借记“固定资产”或“在建工程”账户，贷记“长期应付款”等账户。

2. 以分期付款方式购入固定资产

以分期付款方式购入固定资产，应当按照实际支付的购买价款和相关税费（不包括按照税法规定可抵扣的增值税进项税额），借记“固定资产”或“在建工程”账户，按照税法规定可抵扣的增值税进项税额，借记“应交税费——应交增值税（进项税额）”账户，贷记“长期应付款”账户。

【工作任务 4-17】 兴旺公司（属于小规模纳税人）发生融资租赁业务如下：

(1) 2019 年 1 月 2 日，采用融资租赁方式租入生产设备 1 台，价值 300 000 元，租赁期 5 年,租金与设备价值相等,合同约定每年年末等额支付租金 60 000 元(不含税)。租赁期满后设备归承租方所有。该设备不需要安装,已经投入使用。

(2) 该设备预计净残值 6 000 元,采用直线法计提折旧(假定按年计提)。

(3) 2019 年 12 月 31 日,支付第一期租金。

(4) 租赁期满,设备转为本企业所有。

任务处理如下:

(1) 2019 年 1 月 2 日,融资租入设备时:

借:固定资产——融资租入固定资产　　300 000
　贷:长期应付款　　300 000

(2) 每年计提折旧时(假定按年计提):

借:制造费用　　58 800
　贷:累计折旧　　58 800

(3) 每年支付租金时:

借:长期应付款　　60 000
　　应交税费——应交增值税(进项税额)　　10 200
　贷:银行存款　　70 200

(4) 租赁期满,设备转为本企业所有时:

借:固定资产——生产用固定资产　　300 000
　贷:固定资产——融资租入固定资产　　300 000

【涉税规定 4-5】《中华人民共和国企业所得税法实施条例》规定:

第四十七条　企业根据生产经营活动的需要以融资租赁方式租入固定资产发生的租赁费支出,按照规定构成融资租入固定资产价值的部分应当提取折旧费用,分期扣除。

第五十八条　融资租入的固定资产,以租赁合同约定的付款总额和承租人在签订租赁合同过程中发生的相关费用为计税基础,租赁合同未约定付款总额的,以该资产的公允价值和承租人在签订租赁合同过程中发生的相关费用为计税基础。

项目小结

企业的负债包括流动负债和非流动负债。流动负债主要包括短期借款、应付及预收款项、应交税费等。

短期借款是指企业向银行或其他金融机构借入的期限在 1 年以下(含 1 年)的各种借款。企业应设置“短期借款”账户核算,并设置“应付利息”账户核算利息费用。

企业的应付及预收款项包括应付账款、应付票据、应付职工薪酬、预收账款、其他应付款、应付利息和应付利润等，会计上应设置相应账户进行核算。

应付职工薪酬是指小企业为获得职工提供的服务而给予各种形式的报酬以及其他相关支出，包括职工工资、奖金、津贴和补贴、职工福利奖、社会保险奖、住房公积金、工会经费和职工教育经费、非货币福利、辞退福利及其他相关支出。

应交税费是指企业根据税法规定应当缴纳的各种税金，包括增值税、消费税、所得税等。会计上应设置"应交税费"账户，并按照税种设置相应的二级账户进行明细分类核算。

长期借款是指企业向银行等金融机构借入的期限在1年以上(不含1年)的各项借款。会计上应设置"长期借款"账户核算。

长期应付款是指小企业除长期借款以外的其他各种长期应付款项，包括应付融资租入固定资产的租赁费、以分期付款方式购入固定资产发生的应付款项等。

复习思考题

1. 短期借款利息费用如何处理？
2. 应付职工薪酬是由哪几个部分组成的？其含义是什么？
3. 小企业确认的应付职工薪酬可以记入哪些成本和费用账户？
4. 小企业以其自产产品发放给职工，应该如何核算？
5. 增值税一般纳税人和小规模纳税人对增值税是如何核算的？
6. 增值税的销项税额和进项税额有什么关系？
7. 其他应付款包括哪些核算内容？
8. 企业缴纳的税金是否都通过"应交税费"账户进行核算？
9. 小企业非流动负债包括哪些内容？
10. 融资租入固定资产和分期付款购置固定资产在账务处理上是否相同？

习题与实训

一、单项选择题

1. 短期借款核算小企业向银行或其他金融机构等借入的期限在(　　)内的各种借款。

A. 6个月　　B. 9个月　　C. 1年　　D. 2年

2. 企业计提的短期借款利息应借记"财务费用"等账户，贷记(　　)账户。

A. "银行存款"　　B. "短期借款"

C. "应计利息"　　D. "应付利息"

3. 如果企业到期不能偿付商业承兑汇票，应将"应付票据"转作(　　)。

A. 长期应付款　　B. 其他应付款　　C. 短期借款　　D. 应付账款

4. 企业签发银行承兑汇票时，按承兑金额的一定比例支付的承兑手续费，应记入

(　　)账户。

A. “财务费用”　　B. “在建工程”

C. “销售费用”　　D. “长期待摊费用”

5. 企业如果发生无法支付的应付账款,应将其计入(　　)。

A. 营业外收入　　B. 管理费用　　C. 营业外支出　　D. 资本公积

6. 预收账款不多的企业,也可以不设置“预收账款”账户,应将预收的款项直接记入(　　)。

A. “应收账款”账户的借方　　B. “应收账款”账户的贷方

C. “应付账款”账户的借方　　D. “应付账款”账户的贷方

7. 企业为了详细登记商业汇票的种类、号数和出票日期、到期日、票面金额、交易合同号和收款人姓名或单位名称以及付款日期和金额等资料,企业应设置(　　)。

A. 收款单位明细账　　B. 票据种类明细账

C. 收款单位和票据种类明细账　　D. 应付票据备查簿

8. 下列各项中,应通过“其他应付款”账户核算的是(　　)。

A. 租入包装物支付的押金　　B. 应交教育费附加

C. 存入保证金　　D. 应付销货单位货款

9. 下列项目中,不属于小企业应付职工薪酬的是(　　)。

A. 职工出差补助　　B. 职工福利费

C. 住房公积金　　D. 工会经费

10. 因解除与职工的劳动关系给予的补偿,借记(　　)账户,贷记“应付职工薪酬”账户。

A. “生产成本”　　B. “在建工程”　　C. “管理费用”　　D. “制造费用”

11. 下列税金中,与企业计算损益无关的是(　　)。

A. 消费税　　B. 增值税

C. 所得税　　D. 城市建设维护税

12. 小企业(增值税小规模纳税人)购入原材料取得的增值税专用发票上注明:货款 20 000 元,增值税税额 2 600 元,在购入材料的过程中另支付运费 600 元。该企业原材料的入账价值为(　　)元。

A. 20 000　　B. 20 600　　C. 22 600　　D. 23 200

13. 企业缴纳的(　　)等不需要预计应交数的税金,不通过“应交税费”账户核算。

A. 印花税　　B. 增值税　　C. 消费税　　D. 所得税

14. 企业缴纳本月的增值税,应通过(　　)账户核算。

A. “应交税费——应交增值税(已交税金)”

B. “应交税费——未交增值税”

C. “应交税费——应交增值税(转出未交增值税)”

D. “应交税费——应交增值税”

15. 小企业委托加工的应税消费品收回后用于连续生产应税消费品,由受托方代扣代交的消费税,委托方应借记的会计账户是(　　)。

A. “在途物资”　　B. “委托加工物资”

C. “应交税费——应交消费税” D. “税金及附加”

16. 小企业以其自产产品发放给职工的，应当根据收益对象，按照该产品的（ ），计入相关资产成本或当期损益，同时确认应付职工薪酬。

A. 生产成本 B. 销售价格

C. 商业养老保险费 D. 销售价格加增值税销项税额

17. 小企业从职工薪酬中代扣代缴个人所得税时，应借记（ ）账户。

A. “其他应付款” B. “应付职工薪酬”

C. “应交税费——应交个人所得税” D. “应交税费——应交所得税”

18. 小企业从职工薪酬中代扣应由职工负担的住房公积金时，应贷记（ ）账户。

A. “其他应付款” B. “应付职工薪酬”

C. “管理费用” D. “银行存款”

19. 出租、出借包装物因逾期未收回没收的押金应交的消费税，借记（ ）账户，贷记“应交税费——应交消费税”账户。

A. “其他应付款” B. “营业外收入”

C. “税金及附加” D. “营业外支出”

20. 小企业应当在实际收到返还的企业所得税、增值税（不含出口退税）、消费税、营业税等时，借记“银行存款”账户，贷记（ ）账户。

A. “资本公积” B. “营业外收入”

C. “应交税费” D. “税金及附加”

二、多项选择题

1. 下列项目中，属于小企业非流动负债的有（ ）。

A. 应付债券 B. 长期借款

C. 长期应付款 D. 其他应付款

2. 下列各项中，应通过“应付职工薪酬”账户核算的有（ ）。

A. 基本工资 B. 经常性奖金

C. 养老保险费 D. 非货币性福利

3. 下列属于小企业流动负债的有（ ）。

A. 应付账款 B. 预付账款

C. 长期借款 D. 应付利润

4. 社会保险费，是指企业按照国家规定的基准和比例计算，向社会保险经办机构缴纳的（ ）。

A. 医疗保险金 B. 养老保险金

C. 失业保险金 D. 住房公积金

5. 一般纳税人小企业在购入货物或接受劳务时，能够作为当期进项税额抵扣的是（ ）。

A. 取得增值税专用发票上注明的增值税

B. 取得海关完税凭证注明的增值税

C. 购进免税农产品准予抵扣的增值税

D. 增值税发票上未按税法规定注明的增值税

6. 下列税金中，不通过“应交税费”账户核算的有（ ）。

A. 印花税 B. 个人所得税 C. 耕地占用税 D. 契税

7. 下列项目中，属于城市维护建设税税率的是（ ）。

A. 7% B. 5%

C. 3% D. 1%

8. 下列各项中，应通过“其他应付款”账户核算的有（ ）。

A. 应付的租入包装物租金 B. 应付的职工薪酬

C. 应付的客户存入保证金 D. 应付的经营租入固定资产租金

9. 下列各项中，应作为应付职工薪酬核算的有（ ）。

A. 支付的工会经费 B. 支付的职工教育经费

C. 为职工支付的住房公积金 D. 非货币性职工薪酬

10. 企业融资租入一项不需要安装的固定资产时，可能涉及的账户有（ ）。

A. “在建工程” B. “应交税费”

C. “长期应付款” D. “应付账款”

三、判断题

1. 各项流动负债应当按照其实际发生额入账。（ ）
2. 小企业短期借款应当按照借款本金和借款实际利率在应付利息日计提利息费用，计入财务费用。（ ）
3. 企业处理无法支付的应付账款时，应贷记“营业外收入”账户。（ ）
4. 按照纳税人的经营规模及会计核算的健全程度，增值税的纳税人分为一般纳税人和小规模纳税人。（ ）
5. 小规模纳税人销售货物或提供应税劳务，应纳税额等于当期销项税额抵扣当期进项税额后的余额。（ ）
6. 消费税的征收采用从价定率、从量定额两种方法。（ ）
7. 因解除与职工的劳动关系给予的补偿，也称为辞退福利。（ ）
8. 小企业应当在实际收到返还的企业所得税、增值税（不含出口退税）、消费税、营业税等时列入“营业外收入”。（ ）
9. 企业缴纳的各项税金都应通过“应交税费”账户核算。（ ）
10. 各项流动负债和非流动负债，都应当按照其实际发生额入账。（ ）

四、实训题

实 训 一

目的：练习流动负债的核算。

资料：某小企业属于增值税一般纳税人，适用的增值税税率为13%，存货采用实际成本核算。2019年6月发生有关流动负债的经济业务如下：

（1）1日，从工商银行借入为期4个月的借款50万元，存入银行基本存款户，年利率为6%。合同规定，每月计提利息，到期一次还本付息。

(2) 3 日,购进 A 材料 2 000 千克,每千克 3 元,增值税税额为 780 元;对方代垫运费 180 元(其中增值税进项税额 14.86 元)。企业签发一张面值为 6 960 元、期限为 6 个月的银行承兑汇票交付瑞海公司。材料已验收入库。

(3) 3 日,以银行存款支付银行承兑汇票手续费 36 元,增值税税额 2.16 元。

(4) 6 日,购入原材料 B 一批,价款为 26 000 元,增值税税额为 3 380 元,材料已验收入库,款项尚未支付。对方提供的现金折扣为 2/10、1/20、N/30。

(5) 10 日,以银行存款支付 4 月签发的到期商业承兑汇票,价款为 21 510 元。

(6) 10 日,本月应付的电费 28 000 元,增值税税额为 3 640 元。其中,生产车间产品生产用电费 20 000 元,车间照明用电费 3 000 元,行政管理部门用电费 5 000 元。

(7) 12 日,收到瑞丰公司汇来预付货款 30 000 元,存入银行。

(8) 15 日,应付大海公司的账款 14 000 元,因业务关系,由其他企业代付,经批准列为收入。

(9) 18 日,收到瑞博公司交来的包装物押金 6 000 元,存入银行。

(10) 20 日,以银行存款支付经营租入设备的租金 2 500 元,增值税税额 425 元。

(11) 25 日,公司销售给瑞丰公司商品一批,价款为 41 000 元,增值税销项税额为 5 330 元,商品已经发出。

(12) 26 日,以银行存款支付购入原材料 B 的价款。

(13) 30 日,计提本月短期借款利息。

要求:根据上述资料,逐题编制会计分录。

实 训 二

目的:练习应交增值税的核算。

资料:某企业属于增值税一般纳税人,增值税税率为 13%,存货采用实际成本法核算。本月发生下列有关经济业务:

(1) 以银行存款缴纳上月未交的增值税税额 4 500 元。

(2) 销售应交增值税产品 300 000 元,按规定收取增值税税额 39 000 元,货款已收到,存入银行。

(3) 用银行存款支付本月水电费 40 000 元,增值税专用发票上注明的增值税税额为 5 200 元。

(4) 用银行存款购入在建厂房工程材料一批,材料实际成本为 500 000 元。增值税专用发票上注明增值税进项税额为 65 000 元。

(5) 以银行存款购入生产设备一台,价款为 140 000 元,增值税税额为 18 200 元,设备不需要安装,已投入使用。

(6) 在建厂房工程领用本企业生产的产品,产品实际成本为 50 000 元。

(7) 以银行存款购入家具一批,列入周转材料。该批家具价款为 6 000 元,增值税税额为780 元,家具已交付使用。

(8) 从农民手中收购免税农产品一批作为原材料,价款为 35 000 元,货款以现金支付,材料已验收入库。

(9) 因管理不善导致盘亏原材料 1 000 元,应负担的增值税税额为 130 元。

（10）接受会计师事务所审计，以银行存款支付 3 000 元（含税价），并取得增值税专用发票。

要求：根据上述资料，逐题编制会计分录。

实 训 三

目的：练习应付职工薪酬的核算。

资料：华纳公司 2019 年 9 月、10 月发生有关职工薪酬业务如下：

（1）9 月 30 日，根据考勤记录、工时记录、产量记录、工资标准、工资等级等编制“工资表”，本月应付职工薪酬总额为 120 000 元，其中，生产工人工资 80 000 元，生产车间管理人员工资 11 000 元，厂部管理人员工资 29 000 元。

（2）9 月 30 日，按工资总额的 25%、10%、2%和 8%分别计算应由企业负担的社会保险费、住房公积金、工会经费和职工教育经费。

（3）10 月 10 日，计算代扣应由职工负担的社会保险费 12 000 元和住房公积金 9 600 元，代扣个人所得税 800 元。

（4）10 月 11 日，根据实发工资额开出现金支票交开户行，将工资打入职工个人银行卡中。

（5）10 月 14 日，以银行存款上缴代扣和计提的社会保险费和住房公积金。

（6）10 月 15 日，以银行存款支付计提的工会经费。

（7）10 月 18 日，以现金支付企业与一些职工解除劳动关系而给予补偿费用 60 000 元。

（8）10 月 21 日，企业以现金支付职工张某生活困难补助 5 000 元。

（9）10 月 26 日，将本企业生产的产品作为福利发给职工，每人 1 个。该产品单位成本为 400 元，市场价值为 600 元，增值税税率 13%。生产工人、车间管理人员、行政管理人员各为 70 人、3 人和 27 人。

（10）10 月 30 日，为公司高层管理人员提供汽车免费使用，本月应计提的小轿车折旧 8 000 元。

（11）10 月 30 日，以银行存款补助职工食堂 11 000 元。

（12）10 月 31 日，收到上级工会下拨的工会经费 8 000 元。

（13）10 月 31 日，工会开展活动支出费用 7 200 元，以银行存款支付。

（14）10 月 31 日，会计人员报销继续教育费用 3 000 元，以银行存款支付。

要求：根据上述资料，逐题编制会计分录。

实 训 四

目的：练习应交消费税的核算。

资料：某小企业属于增值税一般纳税企业，本月发生下列有关经济业务：

（1）该企业销售摩托车 20 辆，每辆售价为 30 000 元（不含向购买方收取的增值税税额），货款未收到。摩托车每辆成本为 12 000 元。增值税税率为 13%、消费税税率为 10%。

（2）该企业委托外单位加工材料，原材料价款为 100 000 元，加工费用为 24 000 元，由受托方代收代缴的消费税为 6 000 元，增值税税率为 13%。材料已加工完毕验收入库，准备进一步加工应税消费品。加工费以银行存款支付。

要求：根据上述资料，逐题编制会计分录。

实 训 五

目的：练习长期借款的核算。

资料：某小企业为建设办公楼借入一笔长期借款。有关资料如下：

(1) 2019 年 1 月 1 日借入 3 年期借款 200 万元，存入银行。年利率为 8%，每年年初支付利息，到期一次还本。该厂房建设期为 2 年，2 年后竣工交付使用。

(2) 2019 年年末，计提当年长期借款利息。

(3) 2020 年 1 月 1 日支付利息。

(4) 3 年后，长期借款到期，偿还借款本金和支付最后一期利息。

要求：根据上述资料，逐题编制会计分录。

实 训 六

目的：练习融资租入固定资产的核算。

资料：旺发公司发生融资租赁业务如下：

(1) 2019 年 4 月 2 日采用融资租赁方式租入一台生产设备，价值为 600 000 元，增值税税额为 78 000 元。设备已经运到企业投入安装。租赁合同规定：租赁期为 5 年，租金与设备价值相等，增值税在收到设备时一次支付，设备租金每年 4 月等额支付一次。租赁期满后设备归承租方所有。

(2) 以银行存款支付设备安装费 18 500 元。

(3) 设备安装完毕，交付使用。

(4) 该设备预计净残值为 6 000 元，采用直线法计提折旧(假定按年计提)。

(5) 2019 年 4 月 30 日，支付第 1 期租金 120 000 元。

(6) 租赁期满，设备转为本企业所有。

要求：根据上述资料，逐题编制会计分录。

项目五　所有者权益的核算

◇ **职业能力目标**

通过本项目学习，熟悉所有者权益的概念、特点及包含的内容；明确实收资本、资本公积和留存收益的关系；掌握实收资本、资本公积和留存收益的账务处理方法。

◇ **典型工作任务**

实收资本的账务处理；资本公积的账务处理；盈余公积的账务处理；未分配利润的账务处理。

◇ **知识框架**

- 所有者权益的核算
  - 实收资本的核算
    - 实收资本概述
    - 实收资本的账务处理
  - 资本公积的核算
    - 资本公积概述
    - 资本公积的账务处理
  - 留存收益的核算
    - 留存收益概述
    - 留存收益的账务处理

任务一　实收资本的核算

引例 5－1

新新有限责任公司由A、B、C三位股东发起设立，注册资本100万元，分别拥有公司股份的40%、35%、25%。A股东以银行存款出资40万元，B股东以机器设备出资35

万元，C股东以专利权出资25万元。各方投资均已到位，公司宣告成立。

请问：

(1) 新的《中华人民共和国公司法》对投资者出资有何规定？

(2) 新的《中华人民共和国公司法》对有限责任公司有没有注册资本的最低要求？

一、实收资本概述

实收资本，是指投资者按照合同协议约定或相关规定投入到小企业、构成小企业注册资本的部分。实收资本的构成比例即是投资者的出资比例或股东的股权比例，是确定所有者在企业所有者权益中份额的基础，也是企业进行利润或股利分配的主要依据。

《中华人民共和国公司法》(以下简称《公司法》)第二十七条规定，股东可以用货币出资，也可以用实物、知识产权、土地使用权等可以用货币估价并可以依法转让的非货币财产作价出资；但是，法律、行政法规规定不得作为出资的财产除外。对作为出资的非货币财产应当评估作价，核实财产，不得高估或者低估作价。法律、行政法规对评估作价有规定的，从其规定。

无论以何种方式出资，投资者如在投资过程中违反投资合约或协议约定，不按规定如期缴足出资额，企业可以依法追究投资者的违约责任。

【小思考5-1】 什么是注册资本？实收资本与注册资本之间有何区别？

二、实收资本的账务处理

(一) 账户设置

除股份有限公司外，其他企业应设置“实收资本”账户，核算投资者投入资本的增减变动情况。该账户的贷方登记实收资本的增加数额，借方登记实收资本的减少数额，期末贷方余额反映企业期末实收资本实有数额。

股份有限公司应设置“股本”账户，核算公司实际发行股票的面值总额。该账户贷方登记公司在核定的股份总额及股本总额范围内实际发行股票的面值总额，借方登记公司按照法定程序经批准减少的股本数额，期末贷方余额反映公司股本实有数额。

小企业(中外合作经营)根据合同规定在合作期间归还投资者的投资，应在“实收资本”账户设置“已归还投资”明细账户进行核算。

(二) 账务处理

企业收到所有者投入企业的资本后，应根据有关原始凭证(如投资清单、银行通知单等)，分别不同的出资方式进行账务处理。

(1) 小企业收到投资者的出资，借记“银行存款”“其他应收款”“固定资产”“无形资产”等账户，按照其在注册资本中所占的份额，贷记“实收资本”账户，按照其差额，贷记“资本公积”账户。

(2) 根据有关规定增加注册资本，借记“银行存款”“资本公积”“盈余公积”等账户，贷记“实收资本”账户。

（3）根据有关规定减少注册资本，借记“实收资本”“资本公积”等账户，贷记“库存现金”“银行存款”等账户。

（4）小企业（中外合作经营）根据合同规定在合作期间归还投资者的投资，应当按照实际归还投资的金额，借记“实收资本”账户（已归还投资），贷记“银行存款”等账户；同时，借记“利润分配——利润归还投资”账户，贷记“盈余公积——利润归还投资”账户。

【工作任务 5-1】 根据投资协议约定，东海公司、南海公司和北海公司共同出资成立国海有限责任公司，公司注册资本为 400 万元，其中东海公司出资 40%，南海公司和北海公司各出资 30%。公司有关实收资本业务如下：

（1）2019 年 9 月 15 日，国海公司收到东海公司投入的资本 160 万元，其中银行存款为 92.2 万元，固定资产 60 万元，增值税税额 7.8 万元。

（2）2019 年 9 月 21 日，国海公司收到南海公司投入的原材料一批，协议确定的价值为 100 万元，增值税税额为 13 万元，银行存款为 7 万元。

（3）2019 年 9 月 25 日，国海公司收到北海公司投入土地使用权和专利权。该专利权合同约定价值为 40 万元，土地使用权约定价值为 80 万元。

任务处理如下：

（1）2019 年 9 月 15 日，收到东海公司投入资本时：

借：银行存款	922 000	
固定资产	600 000	
应交税费——应交增值税（进项税额）	78 000	
贷：实收资本——东海公司		1 600 000

（2）2019 年 9 月 21 日，收到南海公司投入资本时：

借：原材料	1000 000	
应交税费——应交增值税（进项税额）	130 000	
银行存款	70 000	
贷：实收资本——南海公司		1 200 000

（3）2019 年 9 月 25 日，收到北海公司投入资本时：

借：无形资产——专利权	400 000	
——土地使用权	800 000	
贷：实收资本——北海公司		1 200 000

4. 小企业会计准则——所有者权益

【知识链接 5-1】 第十二届全国人大常委会第六次会议审议并通过了《公司法》修正案草案，修订后的新《公司法》于 2014 年 3 月 1 日起施行，修改的内容主要涉及将注册资本实缴登记制改为认缴登记制、放宽注册资本登记条件以及简化登记事项和登记文件等方面。降低了创业门槛，鼓励更多人投身创业。（根据 2018 年 10 月 26 日第十三届全国人大常委会第六次会议，《公司法》得到第四次修正）

一是放宽了注册资本登记条件。除对法律法规有另行规定的以外，取消了有限责任公司 3 万元、一人有限责任公司 10 万元、股份有限公司最低注册资本 500 万元的限制；不再限制公司设立时股东（发起人）的首次出资比例和缴足出资的期限；公司实收资本不再作为工商登记事项；公司登记时，不需要提交验资报告。也就是说，新《公司法》中在注册资本登记条件方面取消了最低注册资本限制，现在“十元钱办公司”已经被人们津津乐道。

二是将企业年检制度改为年度报告制度。任何单位和个人均可查询，使企业相关信息透明化。建立公平规范的抽查制度，克服检查的随意性，提高政府管理的公平性和效能。

三是按照方便注册和规范有序的原则，放宽市场主体住所（经营场所）登记条件，由地方政府具体规定。

四是推进注册资本由实缴登记制改为认缴登记制。在抓紧完善相关法律法规的基础上，实行由公司股东（发起人）自主约定认缴出资额、出资方式、出资期限等，并对缴纳出资情况真实性、合法性负责的制度。简化登记事项和登记文件方面，有限责任公司股东认缴出资额、公司实收资本不再作为登记事项。

五是大力推进企业诚信制度建设。注重运用信息公开和资源共享等手段，将企业登记备案、年度报告、资质资格等通过市场主体信用信息系统予以公示。推行电子营业执照和全程电子化登记管理；完善信用约束机制，将有违规行为的市场主体列入经营异常的“黑名单”，向社会公布，使其“一处违规、处处受限”，提高企业的“失信成本”。

任务二 资本公积的核算

引例 5－2

某有限责任公司，2017 年 6 月由甲、乙、丙三位股东每人出资 200 万元投资设立，每人占公司股份的三分之一，两年来经营情况良好，企业拥有实收资本 600 万元，盈余公积 80 万元，未分配利润 40 万元。为进一步扩大生产经营规模，公司决定增加注册资本 200 万元，达到 800 万元。经过全面考察，同意丁股东投资入股，并缴足 280 万元占公司 25%的股份。目前，丁投资者已经足额投入资金。

请问：

(1) 企业增加注册资金需要办理哪些手续？

(2) 丁股东享有该公司的股份与甲、乙、丙三位股东相同，为什么比他们多付出 80 万元？

(3) 丁股东多支付的 80 万元在账务上应如何处理？

一、资本公积概述

资本公积是企业收到投资者出资额超出其在注册资本(或股本)中所占份额的部分。资本公积由小企业全体股东享有，其形成的唯一来源是投资者出资超出其在注册资本中所占份额的部分，与企业的净利润无关。

小企业的资本公积只能用来转增资本(股本)，不可以用于弥补亏损。资本公积转增资本(股本)既没有改变企业的投入资本比例，也没有改变企业的所有者权益总额，只是所有者权益内部结构进行调整。

【小思考 5-2】 为什么小企业的资本公积只有唯一来源？

二、资本公积的账务处理

(一) 账户设置

为了核算和监督企业资本公积的形成和变动情况，应设置“资本公积”账户，该账户贷方登记企业取得的资本公积，借方登记按规定用途转出的资本公积，期末贷方余额反映资本公积的结余数。

(二) 账务处理

(1) 小企业收到投资者的出资，借记“银行存款”“其他应收款”“固定资产”“无形资产”等账户，按照其在注册资本中所占的份额，贷记“实收资本”账户，按照其差额，贷记“资本公积”账户。

(2) 根据有关规定用资本公积转增资本，借记“资本公积”账户，贷记“实收资本”账户。

(3) 根据有关规定减少注册资本，借记“实收资本”“资本公积”等账户，贷记“库存现金”“银行存款”等账户。

【工作任务 5-2】 百盛贸易公司发生下列有关资本公积业务：

(1) 目前，公司注册资本为 800 万元。现吸收 A 投资者出资 260 万元银行存款，拥有本企业注册资本的 25%。

(2) 经股东大会决议，并向原企业登记机关办理注册资本变更登记手续后，企业将资本公积 20 万元转增资本。

任务处理如下：

(1) 吸收 A 投资者出资时：

借：银行存款	2 600 000	
贷：实收资本		2 000 000
资本公积		600 000

(2) 将资本公积转增资本：

借：资本公积 200 000
　贷：实收资本 200 000

【涉税规定 5－1】《国家税务总局关于贯彻落实企业所得税法若干税收问题的通知》(国税函〔2010〕79 号)规定：

企业权益性投资取得股息、红利等收入，应以被投资企业股东会或股东大会作出利润分配或转股决定的日期，确定收入的实现。

被投资企业将股权(票)溢价所形成的资本公积转为股本的，不作为投资方企业的股息、红利收入，投资方企业也不得增加该项长期投资的计税基础。

任务三 留存收益的核算

引例 5－3

某有限责任公司，2019 年年初“盈余公积”账户贷方余额为 8 万元，“未分配利润”贷方余额为 10 万元。2019 年实现净利润 30 万元。根据公司章程，企业应按净利润的 10%计提法定盈余公积，按 20%计提任意盈余公积；按可供分配利润的 50%分配利润，剩余部分留待以后年度分配。

该公司会计计提法定盈余公积 4 万元，任意盈余公积 8 万元；确定应付利润 15 万元。

请问：

(1) 法定盈余公积和任意盈余公积是按什么作为计提基础的？

(2) 如果企业年初“未分配利润”为借方余额 10 万元，企业法定盈余公积的计提基数是如何确定的？

(3) 该公司会计计提法定盈余公积、任意盈余公积和确定应付利润的金额是否正确？

一、留存收益概述

留存收益是指企业从实现的利润中提取或形成的资本积累，是企业可以自由使用的资金，包括盈余公积和未分配利润两类。

盈余公积是指小企业按照《公司法》规定在税后利润中提取的法定公积金和任意公积金。法定盈余公积是指企业按照《公司法》规定的比例从净利润中提取的盈余公积；任意公积金是指企业按照股东大会决议提取的盈余公积。

未分配利润是指企业实现的净利润经过弥补亏损、提取盈余公积和向投资者分配利润后留存在企业的、历年结存的利润。相对于所有者权益的其他部分来说，企业对于未分配利润的使用有较大的自主权。

二、留存收益的账务处理

（一）利润分配程序

利润分配是指企业根据国家有关规定和企业章程、投资者协议等，对企业当年可供分配的利润所进行的分配。

企业当年实现的净利润加上年初未分配利润（或减年初未弥补亏损）和其他转入后的余额，为可供分配的利润；可供分配的利润，按下列顺序分配：

（1）提取法定盈余公积。

（2）提取任意盈余公积。

（3）向投资者分配利润。

（二）利润分配账户设置

小企业应设置“利润分配”账户，核算小企业利润的分配（或亏损的弥补）和历年分配（或弥补）后的余额。该账户应设置以下明细账户：

（1）“提取法定盈余公积”——核算按照《公司法》规定的比例从净利润中提取的盈余公积。

（2）“提取任意盈余公积”——核算企业按照股东大会决议规定的比例提取的盈余公积。

（3）“应付利润”——核算企业按照股东大会决议应分配的利润。

（4）“盈余公积补亏”——核算企业使用结余的盈余公积弥补以前年度亏损。

（5）“利润归还投资”——核算小企业（中外合作经营）根据合同规定在合作期间归还投资者的投资。

（6）“未分配利润”——核算小企业利润形成、分配及结余情况。

【知识链接 5－2】 如果小企业属于外商投资企业，按照规定不再提取法定公积金和任意公积金，而是提取储备基金、企业发展基金、职工奖励及福利基金。因此，外商投资的小企业在“利润分配”账户下应设置“提取储备基金”“提取企业发展基金”“提取职工奖励及福利基金”等明细账户分别进行核算。

（三）盈余公积的核算

1. 法律规定

根据我国《公司法》等有关法律规定，公司制企业应以当年实现的净利润（减弥补以前年度亏损）10％的比例提取法定盈余公积，其他企业也可按超过10％的比例提取。当企业提取的法定盈余公积累计额达到公司注册资本的50％以上时，可以不再提取法定盈余公积。任意盈余公积的提取比例由企业自行确定。企业提取的盈余公积可用于弥补亏损，还可以用于扩大生产经营。

【小思考5-3】 如何理解企业提取的盈余公积可以用于扩大生产经营？

2. 账户设置

企业应通过“盈余公积”账户，核算盈余公积的提取、使用等情况。该账户贷方登记企业按照规定提取的各项盈余公积的数额；借方登记企业因将盈余公积用于弥补亏损、转增资本以及分配现金股利或利润等原因而减少盈余公积的数额等；期末贷方余额表示企业提取的盈余公积结存数。该账户可分“法定盈余公积”“任意盈余公积”进行明细核算。小企业（外商投资）还应当分“储备基金”“企业发展基金”进行明细核算。

3. 账务处理

（1）小企业（公司制）按照《公司法》规定提取法定公积金和任意公积金，借记“利润分配——提取法定盈余公积、提取任意盈余公积”账户，贷记“盈余公积——法定盈余公积、任意盈余公积”等账户。

5

小企业（外商投资）按照规定提取储备基金、企业发展基金、职工奖励及福利基金，借记“利润分配——提取储备基金、提取企业发展基金、提取职工奖励及福利基金”账户，贷记“盈余公积——储备基金、企业发展基金”“应付职工薪酬”等账户。

（2）用盈余公积弥补亏损或者转增资本，借记“盈余公积”账户，贷记“利润分配——盈余公积补亏”或“实收资本”账户。

（3）小企业（中外合作经营）根据合同规定在合作期间归还投资者的投资，应当按照实际归还投资的金额，借记“实收资本——已归还投资”账户，贷记“银行存款”等账户；同时，借记“利润分配——利润归还投资”账户，贷记“盈余公积——利润归还投资”。

【工作任务5-3】 A公司2019年年初“利润分配——未分配利润”期初贷方余额为200 000元，发生与盈余公积有关的业务如下：

（1）2019年实现净利润600 000元，净利润的10%提取法定盈余公积。

（2）用盈余公积100 000元转增资本。

任务处理如下：

（1）按净利润提取法定盈余公积时：

借：利润分配——提取法定盈余公积 60 000
　贷：盈余公积——法定盈余公积 60 000

（2）用盈余公积转增资本时：

借：盈余公积——法定盈余公积 100 000
　贷：实收资本 100 000

（四）未分配利润的核算

未分配利润是指企业实现的净利润经过弥补亏损、提取盈余公积和向投资者分配利润后留存在企业的、历年结存的利润。未分配利润有两层含义：一是留待以后年度分配的利润；二是未指定特定用途的利润。

企业未分配利润通过“利润分配——未分配利润”明细账户进行核算。该明细账户的借方登记转入的本年亏损额，以及“利润分配”账户下其他有关明细账户转入的余额，贷方登记转入的本年利润额以及“利润分配”账户有关明细账户转入的余额。年度终了，企业应将全年实现的净利润或发生的净亏损，自“本年利润”账户转入“利润分配——未分配利润”账户，并将“利润分配”账户所属其他明细账户的余额，转入“未分配利润”明细账户。

结转后，“利润分配——未分配利润”账户如为贷方余额，表示累积未分配的利润数额；如为借方余额，则表示累积未弥补的亏损数额。

【工作任务5-4】 宏达公司2019年年初未分配利润为100 000元，本年与“利润分配——未分配利润”有关的业务如下：

(1) 2019年实现净利润180 000元。

(2) 结转本年提取法定盈余公积18 000元，分配利润80 000元。

(3) 计算2019年年末“利润分配——未分配利润”账户的余额。

任务处理如下：

(1) 结转净利润时：

借：本年利润　　180 000

　贷：利润分配——未分配利润　　180 000

(2) 结转“利润分配”各明细账户：

借：利润分配——未分配利润　　98 000

　贷：利润分配——提取法定盈余公积　　18 000

　　　　　　——应付利润　　80 000

(3) “利润分配——未分配利润”账户的余额＝100 000＋180 000－98 000＝1 820 000(元)

【做中学5-1】 假定宏达公司2020年年初未分配利润为借方100 000元(未满弥补期限)，其他条件不变，请你完成利润结转的会计分录。

【工作任务5-5】 某外商投资企业发生2019年年初“利润分配——未分配利润”贷方余额为120 000元，本年发生有关业务如下：

(1) 结转本年实现净利润150 000元到“利润分配——未分配利润”账户。

(2) 根据公司章程规定，分别按税后利润5%、10%和5%的比例提取储备基金、企业发展基金和职工奖励及福利基金。

(3) 按照章程规定，公司从税后利润中拿出100 000元返还外商投资企业，并用银行存款支付。

5

(4) 将本年提取的储备基金、企业发展基金、职工奖励及福利基金及归还投资的利润结转到“利润分配——未分配利润”账户中。

(5) 计算2019年年末“利润分配——未分配利润”账户的余额。

任务处理如下：

(1) 结转净利润时：

借：本年利润	150 000	
贷：利润分配——未分配利润		150 000

(2) 提取储备基金、企业发展基金、职工奖励及福利基金时：

借：利润分配——提取储备基金	7 500	
——提取企业发展基金	15 000	
——提取职工奖励及福利基金	7 500	
贷：盈余公积——储备基金		7 500
——提取企业发展基金		15 000
应付职工薪酬		7 500

(3) 用银行存款归还外商投资时：

借：实收资本	100 000	
贷：银行存款		100 000

同时：

借：利润分配——利润归还投资	100 000	
贷：盈余公积——利润归还投资		100 000

(4) 结转“利润分配”各明细账户：

借：利润分配——未分配利润	130 000	
贷：利润分配——提取储备基金		7 500
——提取企业发展基金		15 000
——提取职工奖励及福利基金		7 500
——利润归还投资		100 000

(5) 2019年年末“利润分配——未分配利润”账户的余额＝120 000＋150 000－130 000＝140 000(元)

项目小结

所有者权益是企业资产中扣除负债后由所有者享有的剩余权益。所有者权益的来源包括实收资本、资本公积、盈余公积和未分配利润等。

实收资本，是指投资者按照合同协议约定或相关规定投入到小企业、构成小企业注册资本的部分。

资本公积是企业收到投资者出资额超出其在注册资本（或股本）中所占份额的部分。

留存收益是指企业从实现的利润中提取或形成的资本积累，是企业可以自由使用的资金，包括盈余公积和未分配利润两类。盈余公积是指小企业按照《公司法》规定在税后利润中提取的法定公积金和任意公积金。未分配利润是指企业实现的净利润经过弥补亏损、提取盈余公积和向投资者分配利润后留存在企业的、历年结存的利润。

企业应设置“实收资本”“资本公积”“盈余公积”“利润分配——未分配利润”等账户，对所有者权益的内容进行核算。

复习思考题

1. 所有者权益的内容包括哪些？
2. 所有者权益和债权人权益有何区别？
3. 新的《公司法》对企业注册资本有何要求？
4. 资本公积的用途是什么？
5. 盈余公积有哪些用途？

习题与实训

一、单项选择题

1. 小企业收到投资者出资超过其在注册资本中所占的份额的部分，应当计入（　　）。
   A. 资本公积　B. 盈余公积　C. 实收资本　D. 未分配利润
2. 下列各项中，不属于留存收益的是（　　）。
   A. 资本溢价　B. 任意盈余公积　C. 未分配利润　D. 法定盈余公积
3. 下列各项中，会导致留存收益总额发生增减变动的是（　　）。
   A. 资本公积转增资本　B. 盈余公积补亏
   C. 盈余公积转增资本　D. 以税前利润弥补以前年度亏损
4. 下列各项中，属于资本公积和盈余公积共同用途的是（　　）。
   A. 弥补亏损　B. 分配股利
   C. 转增资本　D. 支付职工福利
5. 小企业（中外合作经营）根据合同规定在合作期间归还投资者的投资，应当按照实际归还投资的金额，借记“实收资本——已归还投资”账户，贷记“银行存款”等账户；同时，借记“利润分配——利润归还投资”账户，贷记（　　）账户。
   A. “资本公积”　B. “利润分配——未分配利润”
   C. “实收资本”　D. “盈余公积——利润归还投资”
6. 小企业（外商投资）按照法律规定在税后利润中提取储备基金和企业发展基金应通

过( )账户核算。

A. “实收资本”　　B. “利润分配——未分配利润”

C. “资本公积”　　D. “盈余公积”

7. 下列项目中,能够导致小企业留存收益减少的是( )。

A. 以资本公积转增资本　　B. 以盈余公积转增资本

C. 提取法定盈余公积　　D. 提取任意盈余公积

8. 某公司2019年年初所有者权益总额为1 360万元,当年实现净利润450万元,提取盈余公积45万元,向投资者分配现金股利200万元,本年内以资本公积转增资本50万元,投资者追加现金投资30万元。该公司年末所有者权益总额为( )万元。

A. 1 565　　B. 1 595　　C. 1 640　　D. 1 795

9. 某企业年初未分配利润为100万元,本年净利润为1 000万元,按10%计提法定盈余公积,按5%计提任意盈余公积,宣告发放现金股利80万元,该企业年末未分配利润为( )万元。

A. 855　　B. 867　　C. 870　　D. 874

5

10. 某企业2019年年初“盈余公积”余额为20万元,“利润分配——未分配利润”余额30万元。本年实现净利润为120万元,按净利润的10%提取法定盈余公积,分配利润28万元,用盈余公积10万元转增资本。该企业2019年年末留存收益年末余额为( )万元。

A. 62　　B. 80　　C. 132　　D. 142

11. 某企业年初未分配利润贷方余额为20万元,本年利润总额为80万元,本年所得税费用为30万元,按净利润的10%提取法定盈余公积,提取任意盈余公积10万元,向投资者分配利润20万元。该企业年末未分配利润贷方余额为( )万元。

A. 35　　B. 60　　C. 65　　D. 80

二、多项选择题

1. 下列各项目中,能够导致小企业“盈余公积”增减变动的有( )。

A. 以资本公积转增资本　　B. 以盈余公积转增资本

C. 提取法定盈余公积　　D. 提取任意盈余公积

2. 下列各项中属于留存收益的有( )。

A. 资本溢价　　B. 未分配利润

C. 任意盈余公积　　D. 法定盈余公积

3. 关于留存收益,下列说法中正确的有( )。

A. 留存收益是指企业从实现的利润中提取或形成的资本积累

B. 留存收益是企业可以自由使用的资金以现金回购本公司股票

C. 留存收益包括盈余公积和未分配利润两类

D. 留存收益可以弥补亏损

4. 下列各项中,会引起“实收资本”发生增减变动的有( )。

A. 资本公积转增资本　　B. 盈余公积转增资本

C. 盈余公积弥补亏损　　D. 接受投资者投入资本

5. 下列各项中，不会引起留存收益变动的有(　　　　)。
   A. 盈余公积补亏　　B. 计提法定盈余公积
   C. 盈余公积转增资本　　D. 计提任意盈余公积
6. 下列各项，不会引起所有者权益总额发生增减变动的有(　　　　)。
   A. 宣告分配利润　　B. 资本公积转增资本
   C. 盈余公积转增资本　　D. 接受投资者追加投资
7. 小企业的盈余公积主要用于(　　　　)。
   A. 弥补亏损　　B. 转增资本
   C. 扩大再生产　　D. 分配利润
8. 小企业(中外合作经营)根据合同规定在合作期间归还投资者的投资时，应涉及的会计账户有(　　　　)。
   A. "实收资本——已归还投资"　　B. "银行存款"
   C. "利润分配——利润归还投资"　　D. "盈余公积——利润归还投资"
9. 按照《小企业会计准则》规定，可以在"盈余公积"账户核算的有(　　　　)。
   A. 法定公积金　　B. 任意公积金
   C. 外商投资企业提取的储备基金　　D. 外商投资企业提取的企业发展基金
10. 按照《小企业会计准则》规定，小企业(外商投资)的"利润分配"账户可以设置(　　　　)等明细账户。
   A. "提取储备基金"　　B. "提取企业发展基金"
   C. "提取职工奖励及福利基金"　　D. "提取法定盈余公积金"

5

三、判断题

1. 小企业收到的投资者出资额超过其在注册资本或股本中所占份额的部分作为资本公积核算。(　　)
2. 小企业的资本公积不仅包括资本溢价，还包括其他资本公积。(　　)
3. 小企业的资本公积只能用于转增资本，不得用于弥补亏损。(　　)
4. 小企业的盈余公积既可以用于转增资本，也可以用于弥补亏损。(　　)
5. 年度终了，除"未分配利润"明细账户外，"利润分配"账户下的其他明细账户应当无余额。(　　)
6. 盈余公积，是指小企业按照法律规定在税后利润中提取的法定公积金和任意公积金。(　　)
7. 小企业(外商投资)按照法律规定在税后利润中提取的储备基金和企业发展基金应在"资本公积"账户核算。(　　)
8. 未分配利润，是指小企业实现的净利润，经过弥补亏损、提取法定公积金和任意公积金、向投资者分配利润后，留存在本企业的、历年结存的利润。(　　)
9. "利润分配——未分配利润"账户的年末贷方余额，反映企业累积未弥补亏损的数额。(　　)
10. 企业以盈余公积向投资者分配利润，不会引起留存收益总额的变动。(　　)

四、实训题

实 训 一

目的：练习实收资本及资本公积的核算。

资料：根据投资协议约定，黄山公司、南山公司和东山公司共同出资成立金山有限责任公司，公司注册资本100万元，其中黄山公司出资60%，南山公司出资30%，东山公司出资10%。公司有关实收资本业务如下：

(1) 2019年5月15日，金山公司收到黄山公司投入的资本60万元，其中银行存款26.1万元，原材料30万元，增值税税额3.9万元。

(2) 2019年6月22日，金山公司收到南山公司投入的设备一套，协议确定的价值为20万元，增值税税额为2.6万元，银行存款7.4万元。

(3) 2019年6月28日，金山公司收到东山公司投入专利权一项。该专利权合同约定价值为10万元，增值税0.6万元。

5

(4) 由于经营得道，企业准备扩张。拟使注册资本增加到200万元，原有股东各增资50%，其余的50万元进行招商引资。现有天山公司愿意出资70万元认缴股本50万元。目前，已经收到各方投入的银行存款120万元，并已办妥增资注册登记手续。

要求：根据资料，逐题编制会计分录。

实 训 二

目的：练习利润分配的核算。

资料：清华公司2019年年初未分配利润为60 000元(贷方余额)，2019年发生以下业务：

(1) 本年实现净利润160 000元，结转到“利润分配——未分配利润”账户中。

(2) 本年提取法定盈余公积金16 000元。

(3) 宣告发放现金股利40 000元。

(4) 结转本年分配的利润到“利润分配——未分配利润”账户中。

(5) 经批准，将资本公积80 000元和盈余公积10 000元转增资本。

要求：

(1) 根据资料，逐题编制会计分录。

(2) 计算清华公司2019年“利润分配——未分配利润”账户的期末余额。

项目六　收入、费用和利润的核算

◇ 职业能力目标

通过本项目学习，熟悉收入、费用和利润的概念；掌握商品销售收入、提供劳务收入的确认和计量；掌握费用的主要内容和会计处理；掌握利润的构成，营业外收入、政府补助和营业外支出的内容和会计处理；掌握本年利润的会计处理。

◇ 典型工作任务

销售商品收入的核算；提供劳务收入的核算；营业成本的核算；税金及附加的核算；期间费用的核算；利润形成的核算；所得税费用的核算；利润结转的核算。

◇ 知识框架

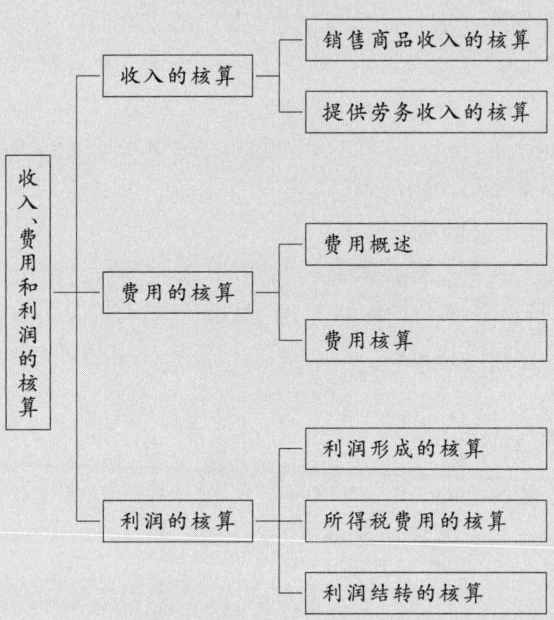

任务一 收入的核算

引例 6-1

风华公司在 2019 年 6 月销售一批商品给天园公司，销售价格为 10 000 元，增值税税额为 1 300 元，尚未收到货款。风华公司为了及早收回货款，在合同中规定现金折扣的条件为：2/10，1/20，n/30（假定计算现金折扣时不考虑增值税），天园公司在第 15 天支付款项。若商品运至天园公司后，天园公司发现该商品质量不合格，双方协商后风华公司在商品价格上给予 10% 的折让，假定已获得税务部门开具的索取折让证明单，并开具了红字增值税专用发票，天园公司在协商成功后的第二日支付了货款，风华公司在发出商品时已确认收入。

请问：

（1）风华公司在享有现金折扣、销售折让时如何确认收入？

（2）风华公司对于现金折扣与销售折让应如何进行账务处理？

一、销售商品收入的核算

（一）销售商品收入的确认

销售商品收入，是指小企业销售商品（或产成品、材料，下同）取得的收入。通常，小企业应当在发出商品且收到货款或取得收款权利时，确认销售商品收入。

（1）销售商品采用托收承付方式的，在办妥托收手续时确认收入。

（2）销售商品采取预收款方式的，在发出商品时确认收入。

（3）销售商品采用分期收款方式的，在合同约定的收款日期确认收入。

（4）销售商品需要安装和检验的，在购买方接受商品以及安装和检验完毕时确认收入。安装程序比较简单的，可在发出商品时确认收入。

（5）销售商品采用支付手续费方式委托代销的，在收到代销清单时确认收入。

（6）销售商品以旧换新的，销售的商品作为商品销售处理，回收的商品作为购进商品处理。

（7）采取产品分成方式取得的收入，在分得产品之日按照产品的市场价格或评估价值确定销售商品收入金额。

（二）销售商品收入的计量

（1）小企业确认商品满足收入时，应当按照从购买方已收或应收的合同或协议价款，确定销售商品收入金额。

（2）销售商品涉及现金折扣的，应当按照扣除现金折扣前的金额确定销售商品收入金额。

（3）销售商品涉及商业折扣的，应当按照扣除商业折扣后的金额确定销售商品收入金额。

（4）已经确认销售商品收入的售出商品发生的销售退回（不论属于本年度还是属于以

前年度的销售），应当在发生时冲减当期销售商品收入。

（5）已经确认销售商品收入的售出商品发生的销售折让，应当在发生时冲减当期销售商品收入。

（三）销售商品业务的账务处理

1. 一般销售商品业务收入的账务处理

小企业销售商品实现的收入，应当按照实际收到或应收的金额，借记“银行存款”“应收账款”等账户，按照税法规定应缴纳的增值税税额，贷记“应交税费——应交增值税（销项税额）”账户，按照确认的销售商品收入，贷记“主营业务收入”账户。

5. 小企业会计准则——收入

小企业应按照存货发出方法，随时或月末计算和结转本次（期）销售商品的实际成本，借记“主营业务成本”账户，贷记“库存商品”等账户核算。

小企业按照规定计算确定的与其日常生产经营活动有关的税费，借记“税金及附加”账户，贷记“应交税费”相关明细账户。

【工作任务 6-1】 甲公司属于增值税一般纳税人，采用先进先出法计算已销商品的实际成本。适用的增值税税率为 13%，消费税税率为 5%。本月发生与销售有关的业务如下：

（1）6 日，销售一批商品，开出的增值税专用发票上注明售价为 54 800 元，增值税税额为 7 124 元，商品已经发出，价款尚未收回。该批商品成本为 25 000 元。

（2）10 日，销售商品一批，开出的增值税专用发票上注明售价为 26 500 元，增值税税额为 3 445 元，商品已经发出，价税款已收到存入银行。该批商品成本为 12 000 元。

（3）14 日，收到 6 日销售商品价税款存入银行。

（4）25 日，销售商品 30 100 元，增值税税额为 3 913 元，以库存现金代垫运费 187 元。商品已经发出，收到购买方开具的银行承兑汇票一张，面值为 34 200 元，到期日为 9 月 25 日。该批商品成本为 16 000 元。

（5）30 日，按销售收入计算本月应交消费税，并编制会计分录。

任务处理如下：

（1）6 日，销售商品时：

借：应收账款　61 924
　贷：主营业务收入　54 800
　　　应交税费——应交增值税（销项税额）　7 124
借：主营业务成本　25 000
　贷：库存商品　25 000

（2）10 日，销售商品时：

借：银行存款　29 945
　贷：主营业务收入　26 500
　　　应交税费——应交增值税（销项税额）　3 445

借：主营业务成本　　12 000
　贷：库存商品　　12 000

(3) 14 日，收到价款时：

借：银行存款　　61 924
　贷：应收账款　　61 924

(4) 25 日，销售商品时：

借：应收票据　　34 200
　贷：主营业务收入　　30 100
　　应交税费——应交增值税（销项税额）　　3 913
　　库存现金　　187
借：主营业务成本　　16 000
　贷：库存商品　　16 000

(5) 30 日，计算消费税时：

本月应交消费税＝(54 800＋26 500＋30 100)×5%＝5 570(元)

借：税金及附加　　5 570
　贷：应交税费——应交消费税　　5 570

6

2. 销售商品涉及商业折扣的账务处理

商业折扣是指企业为促进商品销售而在商品标价上给予的价格扣除。例如，企业为鼓励客户多买商品作出规定，购买 10 件以上商品给予客户 10%的折扣，或客户每买 10 件送 1 件。此外，企业为了尽快出售一些残次、陈旧、冷背的商品，也可能降价（即打折）销售。商业折扣在销售时即已发生，并不构成最终成交价格的一部分。企业销售商品涉及商业折扣的，应当按照扣除商业折扣后的金额确定销售商品收入金额。

【工作任务 6-2】 春华公司属于增值税一般纳税人，采用先进先出法计算已销商品的实际成本。适用的增值税税率为 13%。本月发生与商业折扣有关的业务如下：

(1) 10 日，销售 300 件 A 商品给秋实公司，每件商品标价为 150 元。由于是成批销售，经双方协商在原先标价基础上给予 10%的商业折扣。商品发出，价款尚未收到。

(2) 10 日，结转该批商品销售成本 24 200 元。

(3) 29 日，收到销售商品价税款存入银行。

任务处理如下：

(1) 10 日，销售商品时：

借：应收账款　　45 765
　贷：主营业务收入　　40 500
　　应交税费——应交增值税（销项税额）　　5 265

(2) 10 日，结转销售成本时：

借：主营业务成本　　24 200
　贷：库存商品　　24 200

(3) 29 日，收到价款时：

借：银行存款　　45 765
　贷：应收账款　　45 765

【小思考 6-1】 采用商业折扣方式销售商品时，商业折扣是否影响应收账款的入账金额？

3. 销售商品涉及现金折扣的账务处理

现金折扣是指债权人为鼓励债务人在规定的期限内付款而向债务人提供的债务扣除。现金折扣一般用符号“折扣率/付款期限”表示，例如，“2/10，1/20，n/30”表示：销货方允许客户最长的付款期限为 30 天，如果客户在 10 天内付款；销货方可按商品售价给予客户 2%的折扣；如果客户在 20 天内付款，销货方可按商品售价给予客户 1%的折扣；如果客户在 21 天至 30 天内付款，将不能享受现金折扣。现金折扣发生在企业销售商品之后，企业销售商品后现金折扣是否发生以及发生多少要视买方的付款情况而定，企业在确认销售商品收入时不能确定现金折扣金额。因此，企业销售商品涉及现金折扣的，应当按照扣除现金折扣前的金额确定销售商品收入金额。现金折扣实际上是企业为了尽快回笼资金而发生的理财费用，应在实际发生时计入当期财务费用。

6

【工作任务 6-3】 长江公司属于增值税一般纳税人，采用月末一次加权平均法计算已销商品的实际成本。适用的增值税税率为 13%。本月发生与现金折扣有关的业务如下：

(1) 9 日，销售 A 产品，增值税专用发票上注明的售价为 40 000 元，增值税税额为 5 200 元，合同规定的现金折扣条件为 2/10、1/20、n/30。假定计算现金折扣时不考虑增值税。商品已经发出，价款尚未收到。

(2) 若购货方在 19 日前付款。

(3) 若购货方在 29 日内付款。

(4) 若购货方在 29 日以后付款。

任务处理如下：

(1) 9 日，销售实现时：

借：应收账款　　45 200
　贷：主营业务收入　　40 000
　　应交税费——应交增值税(销项税额)　　5 200

(2) 若购货方在19日前付款,则享有2%的现金折扣。会计分录如下:

借:银行存款 44 400
　　财务费用 800
　贷:应收账款 45 200

(3) 若购货方在29日内付款,则享有1%的现金折扣。会计分录如下:

借:银行存款 44 800
　　财务费用 400
　贷:应收账款 45 200

(4) 若购货方超过29日才付款,则不享有任何现金折扣,应全额付款,会计分录如下:

借:银行存款 45 200
　贷:应收账款 45 200

6

4. 销售商品涉及销售折让的账务处理

销售折让,是指小企业因售出商品的质量不合格等原因而在售价上给予的减让。小企业已经确认销售商品收入的售出商品所发生的销售折让,应当在发生时冲减当期销售商品收入。

【工作任务6-4】 万科公司属于增值税一般纳税人,采用先进先出法计算已销商品的实际成本。适用的增值税税率为13%。本月发生与销售折让有关的业务如下:

(1) 8日,销售一批商品给万达公司,开出的增值税专用发票上注明的售价为80 000元,增值税税额为10 400元。商品已经发出,价款尚未收到。该批商品实际成本为45 000元。

(2) 12日,万达公司反映商品质量不符合合同要求,要求在价格上给予5%的折让。经协商,万科公司同意给予5%的折让,并开具了红字增值税专用发票。

(3) 16日,万科公司收到价款。

任务处理如下:

(1) 8日,销售实现时:

借:应收账款——万达公司 90 400
　贷:主营业务收入 80 000
　　　应交税费——应交增值税(销项税额) 10 400

同时:

借:主营业务成本 45 000
　贷:库存商品 45 000

(2) 12 日，发生销售折让时：

借：主营业务收入 4 000
　　应交税费——应交增值税(销项税额) 520
　贷：应收账款——万达公司 4 520

(3) 16 日，实际收到款项时：

借：银行存款 85 880
　贷：应收账款——万达公司 85 880

【学中做 6-1】 假定上例中，企业在销售商品时已经收回价款，此时如果发生销售折让，会计上应如何处理？

5. 销售商品涉及销售退回的账务处理

销售退回是指企业出售的商品由于质量、品种不符合要求等原因而产生退货。

如果小企业已经确认销售商品收入的售出商品发生销售退回，不论属于本年度还是属于以前年度的销售，应当在发生时冲减当期销售商品收入。如该项销售退回已发生现金折扣的，应同时调整相关财务费用的金额。

【工作任务 6-5】 雅思公司属于增值税一般纳税人，采用先进先出法计算已销商品的实际成本。适用的增值税税率为 13%。本月发生与销售折让有关的业务如下：

(1) 3 日，销售一批商品给雅丽公司，增值税专用发票上注明售价为 100 000 元，增值税税额为 13 000 元。该批商品成本为 65 000 元，商品已经发出，价款已经收到。

(2) 9 日，雅丽公司反映商品存在严重质量问题，要求退货。经协商同意退货，并开具了增值税专用发票(红字)，同时全额退还价款。

(3) 12 日，收到退回的商品。

任务处理如下：

(1) 3 日，销售实现时：

借：银行存款 113 000
　贷：主营业务收入 100 000
　　　应交税费——应交增值税(销项税额) 13 000
借：主营业务成本 65 000
　贷：库存商品 65 000

(2) 9 日，销售退回时：

6

借：主营业务收入 100 000
　　应交税费——应交增值税(销项税额) 13 000
　贷：银行存款 113 000

(3) 12 日，收到退回的商品时：

借：库存商品 65 000
　贷：主营业务成本 65 000

【小思考 6－2】 销售折让和销货退回，在账务处理上有何差别？

6. 采用分期收款方式销售商品的账务处理

分期收款方式销售商品是指商品已经交付，货款分期收回的销售方式。小企业销售商品采用分期收款方式的，在合同约定的收款日期确认收入。

6

【工作任务 6－6】 新新公司属于增值税一般纳税人，适用的增值税税率为 13%。本月发生与分期收款销售商品有关的业务如下：

(1) 1 日，与甲公司签订协议，采用分期收款方式销售商品 100 000 元。合同约定分 5 个月等额支付。假定每月最后一天都收到了货款及增值税税款，并开具了增值税专用发票。

(2) 1 日，新新公司发出商品。该批商品实际成本为 75 000 元。

(3) 31 日，公司收到第 1 次价款和税款存入银行。

任务处理如下：

(1) 1 日，发出商品时：

借：发出商品 75 000
　贷：库存商品 75 000

(2) 31 日，收到价款时：

借：银行存款 22 600
　贷：主营业务收入 20 000
　　　应交税费——应交增值税(销项税额) 2 600
借：主营业务成本 15 000
　贷：发出商品 15 000

【涉税规定 6－1】

(1)《中华人民共和国企业所得税法实施条例》第二十三条规定，以分期收款方式销售货物的，按照合同约定的收款日期确认收入的实现。

（2）《中华人民共和国增值税暂行条例实施细则》第三十八条规定，采取赊销和分期收款方式销售货物，增值税纳税义务发生时间为书面合同约定的收款日期的当天，无书面合同的或者书面合同没有约定收款日期的，增值税的纳税义务发生时间为货物付出的当天。

7. 采用预收款方式销售商品的账务处理

预收款销售方式下，销货方收款时，商品尚未发出，不能确认收入，只有在商品交付给购货方，商品所有权上的主要风险和报酬转移给购货方后，才能确认销售商品收入。

【工作任务6-7】 新华公司属于增值税一般纳税人，采用先进先出法计算已销商品的实际成本。适用的增值税税率为13%。发生与预收账款有关的业务如下：

（1）7月1日，与乙公司签订协议，采用预收款方式销售商品60 000元。合同约定，先预付价款60%，余款及税款在商品发出后结清。当日收到预付款36 000元。

（2）8月15日，新华公司发出商品。该批商品实际成本为30 000元。

（3）8月28日，公司收到剩余价款和税款。

任务处理如下：

（1）7月1日，收到预收款时：

借：银行存款	36 000	
贷：预收账款——乙公司		36 000

（2）8月15日，发出商品时：

借：预收账款——乙公司	67 800	
贷：主营业务收入		60 000
应交税费——应交增值税（销项税额）		7 800
借：主营业务成本	30 000	
贷：库存商品		30 000

（3）8月28日，收到余款时：

借：银行存款	31 800	
贷：预收账款——乙公司		31 800

8. 采用支付手续费方式委托代销商品的账务处理

收取手续费代销方式是指受托方根据所代销的商品数量或金额向委托方收取手续费，这对受托方来说实际上是一种劳务收入。委托方在发出商品时，商品所有权上的主要风险和报酬并未转移给受托方，委托方在发出商品时通常不应确认销售商品收入，而应在收到受托方开出的代销清单时确认销售商品收入，同时将应支付的代销手续费计入销售费用；受托方应在代销商品销售后，按合同或协议约定的方法计算确定代销手续费，确认劳务收入。

受托方收到商品时，借记“受托代销商品”账户，贷记“受托代销商品款”账户。销售商品时，借记“银行存款”账户，贷记“受托代销商品”“应交税费——应交增值税（销项税额）”账户，同时，按可抵扣的进项税额，借记“应交税费——应交增值税（进项税额）”账户、贷记“应付账款”账户。开具代销清单并计算代销手续费时，借记“应付账款”账户，贷记“银行存款”“其他业务收入”或“主营业务收入”等账户。

【工作任务 6-8】 甲公司委托J超市销售商品电子产品，合同规定受托方不得自行定价，受托方按委托方提供的销售清单列明的销售收入给予10%的手续费。有关业务如下：

(1) 4月1日，甲公司发出电子产品50件，每件成本为800元，每件售价1 200元(不含税)。

(2) 5月31日，甲公司收到J超市销售清单，前2个月销售代销商品30件。

(3) 6月10日，收到J超市汇来价款37 080元。

甲公司任务处理如下：

(1) 4月1日，发出商品时：

借：委托代销商品 40 000
　贷：库存商品 40 000

(2) 5月31日，收到代销清单时：

借：应收账款 40 680
　贷：主营业务收入 36 000
　　　应交税费——应交增值税(销项税额) 4 680
借：主营业务成本 24 000
　贷：委托代销商品 24 000
借：销售费用 3 600
　贷：应收账款 3 600

(3) 6月10日，收到货款时：

借：银行存款 37 080
　贷：应收账款 37 080

J超市任务处理如下：

(1) 4月1日，收到商品时：

借：受托代销商品 60 000
　贷：受托代销商品款 60 000

(2) 5月31日，对外销售时：

借：银行存款 40 680
　贷：受托代销商品 36 000
　　　应交税费——应交增值税(销项税额) 4 680

(3) 收到增值税专用发票时：

借：应交税费——应交增值税(进项税额)　　4 680

　贷：应付账款　　4 680

借：受托代销商品款　　36 000

　贷：应付账款　　36 000

(4) 支付货款并确认代销手续费收入时：

借：应付账款　　40 680

　贷：银行存款　　37 080

　　其他业务收入　　3 600

【小思考 6-3】 代销手续费收入在会计上都应该作为“其他业务收入”处理吗？

9. 采用以旧换新方式销售商品的账务处理

以旧换新销售是指销售方在销售商品的同时回收与所售商品相同的旧商品或其他旧商品。小企业销售商品以旧换新的，销售的商品作为商品销售处理，回收的商品作为购进商品处理。

【工作任务 6-9】 S 电器商场采用以旧换新方式销售笔记本电脑 30 台，价款已存入银行。笔记本电脑每台售价为 4 200 元(含增值税)，回收旧电脑每台作价 500 元。该批电脑每台成本价为 3 600 元。

任务处理如下：

借：银行存款　　111 000

　　库存商品　　15 000

　贷：主营业务收入　　111 504.42

　　应交税费——应交增值税(销项税额)　　14 495.58

借：主营业务成本　　108 000

　贷：库存商品　　108 000

【小思考 6-4】 企业收购回来的旧商品，应该如何处理？

10. 采用产品分成方式销售商品的账务处理

小企业采取产品分成方式取得的收入，在分得产品之日按照产品的市场价格或评估价值确定销售商品收入金额。

11. 销售商品需要安装和检验的账务处理

商品需要安装和检验的销售，是指售出的商品需要经过安装、检验等过程的销售方式。

在这种销售方式下，购买方接受商品以及安装和检验完毕时才能确认收入，如扶手电梯的销售。安装程序比较简单的，如空调的销售，可在发出商品时确认收入。

【工作任务6-10】 S电梯公司属于增值税一般纳税人，适用的增值税税率为13%。发生销售电梯有关的业务如下：

(1) 4月1日，与丙公司签订协议，销售给O超市4部扶手电梯，每部成本77 500元。合同约定销售价款400 000元，由购买方预付定金80 000元；电梯由销售方负责安装与调试，并经过相关部门安全检查合格后付清全部余款。当日电梯发出，收到预付定金80 000元。

(2) 5月18日，电梯安装与调试，并符合标准。收到余款存入银行。

(3) 5月18日，结转销售成本310 000元。

任务处理如下：

(1) 4月1日，收到定金并发出商品时：

借：银行存款 80 000
　贷：预收账款 80 000

借：发出商品 310 000
　贷：库存商品 310 000

(2) 5月18日，收到价款时：

借：银行存款 372 000
　　预收账款 80 000
　贷：主营业务收入 400 000
　　　应交税费——应交增值税(销项税额) 52 000

(3) 5月18日，结转销售成本时：

借：主营业务成本 310 000
　贷：发出商品 310 000

6

12. 其他业务收入的账务处理

除了销售商品外，企业在日常活动中还可能发生主要经营活动以外的其他业务活动，如对外销售不需用的原材料、随同商品对外销售单独计价的包装物、出租固定资产或无形资产等业务。企业销售原材料、包装物等存货也视同商品销售，其收入确认和计量原则比照商品销售。企业销售原材料、包装物等存货实现的收入作为其他业务收入处理，结转的相关成本作为其他业务成本处理。

【工作任务6-11】 新华公司向丙公司销售一批原材料，开出的增值税专用发票上注明的售价为30 000元，增值税税额为3 900元，款项已由银行收妥。该批原材料的实际成本为18 000元。

新华公司任务处理如下：

借：银行存款　　33 900
　贷：其他业务收入　　30 000
　　应交税费——应交增值税(销项税额)　　3 900

同时：

借：其他业务成本　　18 000
　贷：原材料　　18 000

二、提供劳务收入的核算

小企业提供劳务的收入，是指小企业从事建筑安装、修理修配、交通运输、仓储租赁、邮电通信、咨询经纪、文化体育、科学研究、技术服务、教育培训、餐饮住宿、中介代理、卫生保健、社区服务、旅游、娱乐、加工以及其他劳务服务活动取得的收入。有的劳务一次就能完成，且一般为现金交易，如饮食、照相等；有的劳务需要花费一段较长的时间才能完成，如安装、培训、远洋运输等。企业提供劳务收入的会计处理，因劳务完成时间的不同而不同。

(一) 不跨会计年度劳务收入的确认和计量

对于一次就能完成的劳务，或在同一会计年度内开始并完成的劳务，应当在提供劳务交易完成且收到款项或取得收款权利时，确认提供劳务收入。提供劳务收入的金额为从接受劳务方已收或应收的合同或协议价款。

对于一次就能完成的劳务，企业应在提供劳务完成时按所确定的收入金额，借记“应收账款”“银行存款”等账户，贷记“主营业务收入”等账户，同时，按提供劳务所发生的相关支出，借记“主营业务成本”等账户，贷记“银行存款”等账户。

对于持续一段时间但在同一会计期内开始并完成的劳务，企业应在为提供劳务相关支出时，借记“劳务成本”账户，贷记“银行存款”“应付职工薪酬”“原材料”等账户。劳务完成确认劳务收入时，按确定的收入金额，借记“应收账款”“银行存款”等账户，贷记“主营业务收入”等账户，同时，结转相关劳务成本，借记“主营业务成本”等账户，贷记“劳务成本”账户。

【工作任务 6－12】 甲公司于 2019 年 6 月 10 日接受一项设备安装任务，该安装任务可一次完成，合同总价款为 12 000 元，在完成安装任务时存入银行。实际发生安装成本 8 000 元，其中安装人员工资 6 000 元，领用材料 2 000 元。假定安装业务属于甲公司的主营业务，不考虑相关税费。

任务处理如下：

借：银行存款　　12 000
　贷：主营业务收入　　12 000
借：主营业务成本　　8 000
　贷：应付职工薪酬　　6 000
　　原材料　　2 000

(二) 跨会计年度劳务收入的确认和计量

1. 跨会计年度劳务收入的确认

跨会计年度的劳务(即劳务的开始和完成分属不同会计年度),通常是指小企业受托加工制造大型机械设备,以及从事建筑、安装、装配工程业务或提供劳务等,持续时间超过12个月。

《小企业会计准则》规定,跨会计年度的劳务应当按照完工进度确认提供劳务收入。小企业可以根据提供劳务的特点,选用下列方法确定提供劳务交易的完工进度:

(1) 已完工作的测量,这是一种比较专业的测量方法,由专业测量师对已经提供的劳务进行测量,并按一定方法计算确定提供劳务交易的完工程度。

(2) 已经提供的劳务占应提供劳务总量的比例,这种方法主要以劳务量为标准确定提供劳务交易的完工程度。

(3) 已经发生的成本占估计总成本的比例,这种方法主要以成本为标准确定提供劳务交易的完工程度。只有反映已提供劳务的成本才能包括在已经发生的成本中,只有反映已提供或将提供劳务的成本才能包括在估计总成本中。

6

【小思考6-5】 为什么《小企业会计准则》中没有涉及对企业提供劳务交易的结果可靠性进行估计来判断是否采用完工百分比法确认收入?

2. 跨会计年度劳务收入的计量

《小企业会计准则》规定,劳务的开始和完成分属不同会计年度的,应采用完工百分比法确认收入和成本。

完工百分比法,是指按照提供劳务交易的完工进度确认收入和费用的方法。

在采用完工百分比法时,企业应当在资产负债表日按照提供劳务收入总额乘以完工进度,扣除以前会计期间累计已确认提供劳务收入后的金额确认当期提供劳务收入;同时按照提供劳务估计总成本乘以完工进度,扣除以前会计期间已确认劳务成本后的金额结转当期劳务成本,用公式表示如下:

本期确认的收入=劳务总收入×本期末止劳务的完工进度-以前期间已确认的收入
本期确认的费用=劳务总成本×本期末止劳务的完工进度-以前期间已确认的费用

【工作任务6-13】 甲公司于2019年12月1日接受一项设备安装任务,安装期为5个月,合同总收入为300 000元,合同预计成本为200 000元。假定甲公司按实际发生的成本占估计总成本的比例确定劳务的完工进度。

有关业务发生如下:

(1) 2019年12月5日,预收安装费150 000元,存入银行。

(2) 2019年实际发生安装费用80 000元,其中安装人员薪酬50 000元,领用材料30 000元。

(3) 按完工百分比法确认 2019 年劳务收入和营业成本。

(4) 2020 年 1—4 月，实际发生安装费用 140 000 元，其中安装人员薪酬 100 000 元，领用材料 40 000 元。

(5) 确认 2020 年劳务收入和营业成本。

任务处理如下：

(1) 2019 年 12 月 5 日，预收安装费时：

借：银行存款　　150 000

　贷：预收账款　　150 000

(2) 2019 年实际发生劳务成本时：

借：劳务成本　　80 000

　贷：应付职工薪酬　　50 000

　　原材料　　30 000

(3) 按完工百分比法确认 2019 年劳务收入和营业成本时：

实际发生的成本占估计总成本的比例＝80 000÷200 000×100％＝40％

确认的劳务收入＝300 000×40％－0＝120 000(元)

确认的费用＝200 000×40％－0＝80 000(元)

借：预收账款　　120 000

　贷：主营业务收入　　120 000

借：主营业务成本　　80 000

　贷：劳务成本　　80 000

(4) 2020 年实际发生劳务成本时：

借：劳务成本　　140 000

　贷：应付职工薪酬　　100 000

　　原材料　　40 000

(5) 确认 2020 年劳务收入和营业成本：

确认的劳务收入＝300 000－120 000＝180 000(元)

确认的费用＝140 000(元)

借：预收账款　　180 000

　贷：主营业务收入　　180 000

借：主营业务成本　　140 000

　贷：劳务成本　　140 000

【小思考 6-6】 为什么在上例中，2020 年不采用完工百分比法计算收入和成本，而是直接推算？

6

任务二 费用的核算

引例 6-2

清新公司本年销售额为 800 万元，本年发生业务招待费 7 万元，其中行政部门业务招待费 5 万元，业务推销招待客户 2 万元。企业将 12 万元的业务招待费分别列入“管理费用”账户 5 万元和“销售费用”账户 2 万元。企业进行税务申报时，12 万元的业务招待费全部进行税前扣除。但税务部门审核企业账目时，要求企业将业务招待费全部列入“管理费用”账户，同时只允许税前扣除 4 万元。该公司的会计人员一头雾水，不知如何是好。

请问：

(1) 为什么会计准则和税法规定，企业的业务招待费全部列入“管理费用”账户？

(2) 企业所得税税法对业务招待费的扣除方法是什么？

一、费用概述

(一) 费用的概念

费用是企业在日常活动中发生的、会导致所有者权益减少的、与向所有者分配利润无关的经济利益的总流出。

(二) 费用的分类

《小企业会计准则》按照费用的功能对小企业的费用进行了分类，具体包括：营业成本、税金及附加、销售费用、管理费用、财务费用等。

1. 营业成本

营业成本，是指小企业所销售商品的成本和所提供劳务的成本。它是小企业计算所得税应纳税所得额的主要项目，一般包括小企业在生产经营活动中发生的销售成本、销货成本、业务支出以及其他耗费。

(1) 销售成本。主要针对制造业为主的生产性企业而言。生产性小企业在生产产品过程中，将生产产品所需的原材料、直接人工以及耗费在产品上的辅助材料、物料等，都作为销售成本的组成部分。

(2) 销货成本。主要针对以商业企业为主的流通性企业而言。流通性企业主要通过购买商品直接销售，或者经过简单包装、处理后销售的商品，盈利的手段是进销差价。所以，此类小企业的销货成本是以购买价加上可直接归属于销售货物所发生的支出。

(3) 业务支出。主要对服务业企业而言。服务业小企业提供的服务往往是五行的劳务，虽然在提供劳务过程中也可能需要一定的辅助材料，但是它必须借助于服务业企业特有的人工或者技术，所以服务业小企业的成本也就成为业务支出。

(4) 其他耗费。这是一个兜底的规定，保证企业发生的与取得收入有关的、合理的支出得以税前扣除。它适用于销售成本、销货成本、业务支出，凡是企业生产产品、销售商品、提供劳务等过程中耗费的直接相关支出，如果没有列入费用的范畴，则将被允许列入成本的范围，准予税前扣除。

2. 税金及附加

税金及附加，是指小企业开展日常生产经营活动应负担的消费税、城市维护建设税、资源税、土地增值税、城镇土地使用税、房产税、车船使用税、印花税和教育费附加、矿产资源补偿费、排污费等。

税金及附加通常反映小企业与税务机关或财政部门之间的关系，但小企业向税务机关缴纳的税收滞纳金及罚款不属于税金及附加，应作为营业外支出。

3. 销售费用

销售费用，是指小企业在销售商品或提供劳务过程中发生的各种费用，包括销售人员的职工薪酬、商品维修费、运输费、装卸费、包装费、保险费、广告费、业务宣传费、展览费等费用。

小企业(批发业、零售业)在购买商品过程中发生的费用(包括运输费、装卸费、包装费、保险费、运输途中的合理损耗和入库前的挑选整理费等)也构成销售费用。

4. 管理费用

管理费用，是指小企业为组织和管理生产经营发生的其他费用，包括小企业在筹建期间内发生的开办费、行政管理部门发生的费用、业务招待费、研究费用、技术转让费、相关长期待摊费用摊销、财产保险费、聘请中介机构费、咨询费(含顾问费)、诉讼费等费用。其主要内容介绍如下：

(1) 小企业在筹建期间内发生的开办费，直接计入当期的管理费用，不得分期摊销。

(2) 行政管理部门发生的费用包括，行政管理人员的薪酬、差旅费、固定资产折旧费、修理费、办公费、水电费等。

(3) 聘请中介机构费，是指小企业聘请会计师事务所、资产评估事务所、代理记账公司所支付的审计、会计、咨询、评估等方面发生的费用。

(4) 相关长期待摊费用摊销，是指小企业发生的已提足折旧的固定资产的改良支出、经营租入固定资产的改良支出、固定资产的大修理支出和其他长期待摊费用等，按期平均摊销计入管理费用的部分。

6

【涉税规定 6-2】《中华人民共和国企业所得税法实施条例》规定：

第四十条 企业发生的职工福利费支出，不超过工资薪金总额14%的部分，准予扣除。

第四十一条 企业拨缴的工会经费，不超过工资薪金总额2%的部分，准予扣除。

第四十二条 除国务院财政、税务主管部门另有规定外，企业发生的职工教育经费支出，不超过工资薪金总额8%的部分，准予扣除；超过部分，准予在以后纳税年度结转扣除。

第四十三条 企业发生的与生产经营活动有关的业务招待费支出，按照发生额的60%扣除，但最高不得超过当年销售(营业)收入的5‰。

第四十四条 企业发生的符合条件的广告费和业务宣传费支出，除国务院财政、税务主管部门另有规定外，不超过当年销售（营业）收入15%的部分，准予扣除；超过的部分，准予在以后纳税年度结转扣除。

第四十五条 企业依照法律、行政法规有关规定提取的用于环境保护、生态恢复等方面的专项资金，准予扣除。上述专项资金提取后改变用途的，不得扣除。

第四十六条 企业参加财产保险，按照规定缴纳的保险费，准予扣除。

第四十七条 企业根据生产经营活动的需要租入固定资产支付的租赁费，按照以下方法扣除：

（一）以经营租赁方式租入固定资产发生的租赁费支出，按照租赁期限均匀扣除；

（二）以融资租赁方式租入固定资产发生的租赁费支出，按照规定构成融资租入固定资产价值的部分应当提取折旧费用，分期扣除。

第四十八条 企业发生的合理的劳动保护支出，准予扣除。

5．财务费用

6 财务费用，是指小企业为筹集生产经营所需资金发生的筹资费用，包括利息费用（减利息收入）、汇兑损失、银行相关手续费、小企业给予的现金折扣（减享受的现金折扣）等费用。

【涉税规定6-3】《中华人民共和国企业所得税法实施条例》第三十八条规定：

企业在生产经营活动中发生的下列利息支出，准予扣除：

（一）非金融企业向金融企业借款的利息支出、金融企业的各项存款利息支出和同业拆借利息支出、企业经批准发行债券的利息支出；

（二）非金融企业向非金融企业借款的利息支出，不超过按照金融企业同期同类贷款利率计算的数额的部分。

二、费用核算

（一）营业成本的核算

营业成本是企业为生产产品、提供劳务等发生的可归属于产品成本、劳务成本等的费用，应当在确认产品销售收入、劳务收入等时，将已销售产品、已提供劳务的成本等计入当期损益。营业成本包括主营业务成本和其他业务成本。

1．主营业务成本

主营业务成本是企业销售商品、提供劳务等经常性活动所发生的成本。企业一般在确认销售商品、提供劳务等主营业务收入时，或在月末，将已销售商品、已提供劳务的成本转入主营业务成本。

企业应通过“主营业务成本”账户，核算主营业务成本的确认和结转情况。企业结转主营业务成本时，借记“主营业务成本”账户，贷记“库存商品”“劳务成本”账户。期末，应将“主营业务成本”账户余额转入“本年利润”账户，借记“本年利润”账户，贷记“主营业务成本”账户。主营业务成本按主营业务的种类进行明细核算。

2. 其他业务成本

其他业务成本是企业确认的除主营业务活动以外的其他经营活动所发生的支出。其他业务成本包括销售材料的成本、出租固定资产的折旧额、出租无形资产的摊销额、出租包装物的成本或摊销额等。

企业应通过“其他业务成本”账户，核算其他业务成本的确认和结转情况。该账户按其他业务成本的种类进行明细核算。企业发生或结转的其他业务成本，借记“其他业务成本”账户，贷记“原材料”“周转材料”“累计折旧”“累计摊销”“银行存款”等账户。期末，应将“其他业务成本”账户余额转入“本年利润”账户，借记“本年利润”账户，贷记“其他业务成本”账户。

【工作任务6-14】 甲公司本月发生与营业成本有关的业务如下：

(1) 销售一批商品，价款存入银行，该批商品成本为17 000元。

(2) 计提出租固定资产的折旧费4 000元。

(3) 销售材料一批，销售成本3 900元。

(4) 按完工百分比法确认本月实现的劳务成本9 000元。

(5) 收到代销清单，本月实现销售的销货成本15 000元。

(6) 将本月发生的营业成本转入“本年利润”账户。

任务处理如下：

(1) 销售商品结转销售成本：

借：主营业务成本	17 000	
贷：库存商品		17 000

(2) 计提出租固定资产的折旧费：

借：其他业务成本	4 000	
贷：累计折旧		4 000

(3) 销售材料结转销售材料成本：

借：其他业务成本	3 900	
贷：原材料		3 900

(4) 确认本月劳务成本：

借：主营业务成本	9 000	
贷：劳务成本		9 000

(5) 结转代销商品的销售成本：

借：主营业务成本	15 000	
贷：委托代销商品		15 000

(6) 期末结转到本年利润：

借：本年利润	48 900	
贷：主营业务成本		41 000
其他业务成本		7 900

6

6. 小企业会计准则——费用

(二)税金及附加的核算

企业应通过“税金及附加”账户，核算企业经营活动发生的消费税、城市维护建设税、资源税、房产税、车船使用税、土地使用税、印花税和教育费附加等相关税费。

企业按照规定计算确定的相关税费，借记“税金及附加”账户，贷记“应交税费”账户。

【工作任务6-15】 甲公司本月发生与税金及附加有关的业务如下：

(1) 月末，计算销售应税消费品应交消费税42 000元。

(2) 应交房产税2 000元。

(3) 应交车船使用税3 900元。

(4) 应交城镇土地使用税2 400元。

(5) 本期实际上交增值税80 000元，消费税42 000元。该企业适用的城市维护建设税税率为7%，教育费附加3%。

(6) 将本月发生的“税金及附加”转入“本年利润”账户。

任务处理如下：

(1) 确认应交消费税时：

借：税金及附加　42 000

　贷：应交税费——应交消费税　42 000

(2) 确认应交房产税时：

借：税金及附加　2 000

　贷：应交税费——应交房产税　2 000

(3) 确认应交车船使用税时：

借：税金及附加　3 900

　贷：应交税费——应交车船税　3 900

(4) 确认应交城镇土地使用税时：

借：税金及附加　2 400

　贷：应交税费——应交城镇土地使用税　2 400

(5) 确认城建税及教育费附加时：

借：税金及附加　12 200

　贷：应交税费——应交城市维护建设税　8 540

　　　　　　——应交教育费附加　3 660

(6) 期末结转到本年利润：

借：本年利润　62 500

　贷：税金及附加　62 500

(三)销售费用的核算

企业应通过“销售费用”账户，核算销售费用的发生和结转情况。企业发生销售费用时，借记"销售费用"账户，贷记"库存现金"或"银行存款"等账户，企业发生的为销售商品而专设的销售机构的职工薪酬、业务费等经营费用，借记"销售费用"账户，贷记"应付职工薪酬""银行存款""累计折旧"等账户。期末，应将"销售费用"账户余额转入"本年利润"账户，借记"本年利润"账户，贷记"销售费用"账户。该账户应按销售费用的费用项目进行明细核算。

【工作任务6-16】 甲公司（属于小规模纳税人）本月发生与销售费用有关的业务如下：

(1) 计算应付销售人员薪酬38 000元。

(2) 以库存现金支付送货上门费用1 000元。

(3) 以银行存款支付销售商品的包装费2 900元。

(4) 以银行存款支付产品广告费5 000元。

(5) 以银行存款支付参加产品展览发生的展览费10 000元。

(6) 将本月发生的销售费用转入"本年利润"账户。

任务处理如下：

(1) 计算应付销售人员薪酬时：

借：销售费用　　38 000
　贷：应付职工薪酬　　38 000

(2) 以库存现金支付送货上门费用时：

借：销售费用　　1 000
　贷：库存现金　　1 000

(3) 以银行存款支付销售商品的包装费时：

借：销售费用　　2 900
　贷：银行存款　　2 900

(4) 以银行存款支付产品广告费时：

借：销售费用　　5 000
　贷：银行存款　　5 000

(5) 以银行存款支付展览费时：

借：销售费用　　10 000
　贷：银行存款　　10 000

(6) 期末结转到本年利润：

借：本年利润　　56 900
　贷：销售费用　　56 900

(四) 管理费用的核算

企业应通过“管理费用”账户，核算管理费用的发生和结转情况。该账户借方登记企业所发生的各项管理费用，贷方登记期末转入“本年利润”账户的管理费用，结转后该账户应无余额。该账户应按管理费用的费用项目进行明细核算。

商品流通企业管理费用不多的，其内容可并入“销售费用”账户核算。

【小思考 6-7】 为什么小型商业企业一般不设置“管理费用”账户？

【工作任务 6-17】 甲公司本月发生与管理费用有关的业务如下：

(1) 计算应付管理人员薪酬 69 000 元。

(2) 计算管理用固定资产折旧费用 6 000 元。

(3) 以银行存款支付业务招待费 5 850 元。

(4) 计算应由本月负担的无形资产摊销 3 000 元。

(5) 以银行存款支付诉讼费 15 000 元。

(6) 摊销管理用固定资产的大修理费用 3 000 元。

(7) 结转不能计入无形资产成本的研发支出 9 000 元。

(8) 将本月发生的管理费用转入“本年利润”账户。

任务处理如下：

(1) 计算应付管理人员薪酬时：

借：管理费用	69 000	
贷：应付职工薪酬		69 000

(2) 计算管理用固定资产折旧费用时：

借：管理费用	6 000	
贷：累计折旧		6 000

(3) 以银行存款支付业务招待费时：

借：管理费用	5 850	
贷：银行存款		5 850

(4) 计算应由本月负担的无形资产摊销时：

借：管理费用	3 000	
贷：累计摊销		3 000

(5) 以银行存款支付诉讼费时：

借：管理费用	15 000	
贷：银行存款		15 000

(6) 摊销管理用固定资产的大修理费用时：

借：管理费用 3 000
　贷：长期待摊费用 3 000

(7) 结转不能计入无形资产成本的研发支出时：

借：管理费用 9 000
　贷：研发支出——费用化支出 9 000

(8) 期末结转到本年利润：

借：本年利润 110 850
　贷：管理费用 110 850

(五) 财务费用的核算

企业应通过“财务费用”账户，核算财务费用的发生和结转情况。企业发生的各项财务费用，借记“财务费用”账户，贷记“银行存款”“应收账款”等账户，企业发生的应冲减财务费用的利息收入、现金折扣，借记“银行存款”“应付账款”等账户，贷记“财务费用”账户。期末，应将“财务费用”账户余额转入“本年利润”账户，借记“本年利润”账户，贷记“财务费用”账户。

6

【工作任务 6-18】 乙公司(属于一般纳税人)本月发生与财务费用有关的业务如下：

(1) 计算应付短期借款利息 6 000 元。

(2) 收到暂时闲置资金的利息收入 800 元。

(3) 以银行存款支付银行承兑汇票手续费 500 元，增值税税额 30 元。

(4) 将一张面值 50 000 元商业承兑汇票(不带息)持往银行贴现，取得贴现款 48 600 元。

(5) 采用托收承付结算方式向乙公司销售商品一批，货款 50 000 元，增值税税额为 6 500 元，商品发出，已办理托收手续。企业提供的信用条件是 2/10、*n*/30。第 9 天收到乙公司支付的价款。假定现金折扣不影响增值税。

(6) 从丙公司购入原材料一批，价款 30 000 元，增值税 3 900 元，材料已验收入库。丙公司提供的信用条件是 2/10、*n*/30。第 9 天本公司支付的价款。假定现金折扣不影响增值税。

(7) 将本月发生的财务费用转入“本年利润”账户。

任务处理如下：

(1) 计算应付短期借款利息时：

借：财务费用 6 000
　贷：应付利息 6 000

(2) 收到暂时闲置资金的利息收入时：

借：银行存款　　800
　贷：财务费用　　800

(3) 以银行存款支付银行承兑汇票手续费时：

借：财务费用　　500
　应交税费——应交增值税(进项税额)　　30
　贷：银行存款　　530

(4) 将商业承兑汇票贴现时：

借：银行存款　　48 600
　财务费用　　1 400
　贷：应付票据　　50 000

(5) 收到销货款时：

借：银行存款　　55 500
　财务费用　　1 000
　贷：应收账款——乙公司　　56 500

(6) 支付应付账款时：

借：应付账款——丙公司　　33 900
　贷：银行存款　　33 300
　　财务费用　　600

(7) 期末结转到本年利润时：

借：本年利润　　7 500
　贷：财务费用　　7 500

任务三 利润的核算

引例 6－3

某企业 2019 年度销售额为 3 000 万元，实现利润总额为 120 万元。其中税收调整项目有：国债利息收入为 2 万元；支付的广告宣传费为 20 万元；支付的业务招待费为 10 万元。假定除上述调整项目以外，无其他纳税调整项目。企业适用的所得税税率为 25%。

请问：

(1) 按《小企业会计准则》计算的“利润总额”为什么不能用来计算应交所得税？

(2) 对于国债利息《企业会计准则》与税法是如何规定的？

(3) 2019 年“所得税费用”和“应交所得税”各是多少？

一、利润形成的核算

(一) 利润的构成

利润,是指小企业在一定会计期间的经营成果,包括营业利润、利润总额和净利润。

1. 营业利润

营业利润,是指营业收入减去营业成本、税金及附加、销售费用、管理费用、财务费用,加上投资收益(或减去投资损失)后的金额。

营业利润＝营业收入－营业成本－税金及附加－销售费用－管理费用－财务费用＋投资收益(－投资损失)

其中:

营业收入是企业经营业务所确认的收入总额,包括主营业务收入和其他业务收入。

营业成本是企业经营业务所发生的实际成本总额,包括主营业务成本和其他业务成本。

投资收益(或损失)是企业以各种方式对外投资所取得的收益(或发生的损失)。

2. 利润总额

利润总额,是指营业利润加上营业外收入,减去营业外支出后的金额。

利润总额＝营业利润＋营业外收入－营业外支出

其中:

营业外收入是企业发生的与其日常活动无直接关系的各项利得。

营业外支出是企业发生的与其日常活动无直接关系的各项损失。

3. 净利润

净利润,是指利润总额减去所得税费用后的金额。

净利润＝利润总额－所得税费用

7. 小企业会计准则——利润及利润分配

(二) 营业外收入的核算

1. 营业外收入的内容

营业外收入,是指小企业非日常生产经营活动形成的、应当计入当期损益、会导致所有者权益增加、与所有者投入资本无关的经济利益的净流入。

小企业的营业外收入包括:非流动资产处置净收益、政府补助、捐赠收益、盘盈收益、汇兑收益、出租包装物和商品的租金收入、逾期未退包装物押金收益、确实无法偿付的应付款项、已作坏账损失处理后又收回的应收款项、违约金收益等。

(1) 非流动资产处置净收益,包括固定资产处置净收益、无形资产出售净收益和生产性生物资产出售净收益。固定资产处置净收益,指企业出售固定资产所取得价款或报废固定资产的材料价值和变价收入等,扣除处置固定资产的账面价值、清理费用、处置相关税费后的净收益;无形资产出售净收益,指企业出售无形资产所取得的价款,扣除无形资产的账面价值、出售相关税费后的净收益；生产性生物资产处置净收益，指企业出售生产性生物资产所取得价款或报废生产性生物资产的变价收入等，扣除处置生产性生物资产的账面价值、处置相关税费后的净收益。

(2) 政府补助，指企业从政府无偿取得货币性资产或非货币性资产形成的利得，不包括政府作为所有者对企业的资本投入。

(3) 捐赠收益，指小企业接受的来自其他企业、组织和个人无偿给予的货币性资产、非货币性资产。

(4) 盘盈收益，指小企业在财产清查中查明的各种财产盘盈，包括材料、产成品、商品、现金、固定资产等溢余。

(5) 汇兑收益，指小企业在汇兑人民币或外汇时可能因为汇率变化而产生的差价收益。

(6) 出租包装物和商品的租金收入，指小企业由于暂时闲置，将不用的包装物、商品出租给第三方使用并取得的租金收入。

(7) 逾期未退包装物押金收益，是指小企业为销售商品而向购买方出租或出借包装物所收的押金，购买方没有按合同约定时间归还而没收的押金收入。对于这项收入，应该换算为不含税价款列入“营业外收入”项目。

6

(8) 确实无法偿付的应付款项，是指小企业债权人放弃了收款的权利，或者债权人因债务重组作出债务让步导致的收益。

(9) 已作坏账损失处理后又收回的应收款项，是指小企业对于无法收回的应收款项已经列为营业外支出，但是如果以后期间小企业又收回全部或部分该笔已核销坏账损失的应收款项。

(10) 违约金收益，是指按照当事人的约定或者法律直接规定，合同一方当事人不履行合同或者履行合同不符合规定时，应向另一方当事人支付的用于赔偿损失的金额。

2. 营业外收入的账务处理

小企业应通过“营业外收入”账户，核算营业外收入的取得及结转情况。该账户贷方登记企业确认的各项营业外收入，借方登记期末结转入本年利润的营业外收入。结转后该账户应无余额。该账户应按照营业外收入的项目进行明细核算。

通常，小企业的营业外收入应当在实现时按照其实现金额计入当期损益。具体处理如下：

(1) 小企业确认非流动资产处置净收益，比照“固定资产清理”“无形资产”等账户的相关规定进行账务处理。

(2) 确认的政府补助收入，借记“银行存款”或“递延收益”账户，贷记“营业外收入”账户。

(3) 小企业按照规定实行企业所得税、增值税(不含出口退税)、消费税等先征后返的，应当在实际收到返还的企业所得税、增值税、消费税等时，借记“银行存款”账户，贷记“营业外收入”账户。

(4) 确认的捐赠收益，借记“银行存款”“固定资产”等账户，贷记“营业外收入”账户。

(5) 确认的盘盈收益，借记“待处理财产损溢——待处理流动资产损溢”或“待处理财产损溢——待处理非流动资产损溢”账户，贷记“营业外收入”账户。

(6) 确认的汇兑收益，借记有关账户，贷记“营业外收入”账户。

(7) 确认的出租包装物和商品的租金收入、逾期未退包装物押金收益、确实无法偿付的应付款项、违约金收益等，借记“应付账款”“其他应付款”等账户，贷记“营业外收入”账户。

（8）确认的已作坏账损失处理后又收回的应收款项，借记“银行存款”等账户，贷记“营业外收入”账户。

【工作任务 6－19】 甲公司本月发生与营业外收入有关的业务如下：

（1）将固定资产报废清理的净收益 3 000 元转作营业外收入。

（2）对现金进行实地盘点，盘盈现金 50 元，经批准转入营业外收入。

（3）接受外单位捐赠 50 000 元，款项存入银行。

（4）结转无法支付的应付账款 1 500 元。

（5）收到政府先征后退的增值税 3 850 元。

（6）将本月发生的营业外收入转入“本年利润”账户。

任务处理如下：

（1）结转固定资产报废清理的净收益时：

借：固定资产清理	3 000	
贷：营业外收入		3 000

（2）结转现金盘盈收益时：

借：待处理财产损溢——待处理流动资产损溢	50	
贷：营业外收入		50

（3）接受外单位捐赠时：

借：银行存款	50 000	
贷：营业外收入		50 000

（4）结转无法支付的应付账款时：

借：应付账款	1 500	
贷：营业外收入		1 500

（5）收到政府先征后退的增值税时：

借：银行存款	3 850	
贷：营业外收入		3 850

（6）期末结转到本年利润：

借：营业外收入	58 400	
贷：本年利润		58 400

（三）政府补助的核算

1．政府补助的概念和特征

政府补助是指企业从政府无偿取得货币性资产或非货币性资产，但不包括政府作为企业所有者投入的资本。

政府补助具有以下特征：

(1) 无偿性。无偿性是政府补助的基本特征。企业经法定程序申请取得政府补助后，应当按照政府规定的用途使用该项补助。“政府”兼具多个角色，既是市场的宏观调控和管理者，也可以是企业的所有者，或者是市场经济活动的参与者(如商品采购方)。政府补助的无偿性，将其与政府资本性投入、政府采购等政府与企业之间双向、互惠的正常商业行为区分开来。

(2) 通常附有条件。第一，政策条件。政府补助是政府为了鼓励或扶持某个行业、区域或领域的发展而给予企业的一种财政支持，具有很强的政策性。企业只有符合相关政府补助政策的规定，才有资格申报政府补助。符合政策规定的，不一定都能够取得政府补助；不符合政策规定、不具备申报政府补助资格的，不能取得政府补助。第二，使用条件。企业已获批准取得政府补助的，应当按照政府相关文件等规定的用途使用政府补助。否则，政府有权按规定责令其改正、终止资金拨付，甚至收回已拨付的资金。例如，企业从政府无偿取得的农业产业化资金，必须用于相关政策文件中规定的农业产业化项目。

(3) 不包括政府的资本性投入。政府如以企业所有者身份向企业投入资本，享有企业相应的所有权，企业有义务向投资者分配利润，政府与企业之间是投资者与被投资者的关系，属于互惠交易。财政拨入的投资补助等专项拨款中，相关政策明确规定作为“资本公积”处理的部分，也属于资本性投入的性质。政府的资本性投入无论采用何种形式，均不属于政府补助的范畴。

6

2. 政府补助的主要形式

政府对小企业的补助通常为货币性资产，也可能存在无偿划拨非货币性资产。其形式主要有以下几种：

(1) 财政拨款，是政府无偿拨付给企业的资金，通常在拨款时明确规定了资金用途。比如，财政部门拨付给企业用于购建固定资产或进行技术改造的专项资金，鼓励企业安置职工就业而给予的奖励款项，拨付企业开展研发活动的研发经费等。

(2) 财政贴息，是政府为支持特定领域或区域发展，根据国家宏观经济形势和政策目标，对承贷企业的银行贷款利息给予的补贴。财政贴息主要有两种方式：第一，财政将贴息资金直接拨付给受益企业。例如，政府为支持中小企业专业化发展，对中小企业以银行贷款为主投资的项目提供贷款贴息。第二，财政将贴息资金拨付给贷款银行，由贷款银行以政策性优惠利率向企业提供贷款，受益企业按照实际发生的利率计算和确认利息费用。例如，某些扶贫资金，由农行系统发放贴息贷款，财政部与农业银行总行结算贴息资金，承贷企业按照实际发生的利率计算和确认利息费用。

(3) 税收返还，是政府按照国家有关规定采取先征后返(退)、即征即退等办法向企业返还的税款，属于以税收优惠形式给予的一种政府补助。实务中，还存在税收奖励的情况，若采用先据实征收、再以现金返还的方式，在本质上也属于税收返还。

除税收返还外，税收优惠还包括直接减征、免征、增加计税抵扣额、抵免部分税额等形式。这类税收优惠并未直接向企业无偿提供资产，不作为会计准则规范的政府补助。

【小思考 6-8】 增值税出口退税是否属于政府补助的范畴？

3. 政府补助的分类

小企业不论通过何种形式取得的政府补助，都应根据其政策效应，划分为与资产相关的政府补助和其他政府补助。

与资产相关的政府补助，是指小企业取得的、用于购建或以其他方式形成固定资产、无形资产、生产性生物资产的政府补助。

其他政府补助，是指除与资产相关的政府补助之外的政府补助。

4. 政府补助的确认

(1) 小企业收到与资产相关的政府补助，应当确认为递延收益，并在相关资产的使用寿命内平均分配，计入营业外收入。

(2) 收到的其他政府补助，用于补偿本企业以后期间的相关费用或亏损的，确认为递延收益，并在确认相关费用或发生亏损的期间，计入营业外收入；用于补偿本企业已发生的相关费用或亏损的，直接计入营业外收入。

(3) 政府补助为货币性资产的，应当按照收到的金额计量。

(4) 政府补助为非货币性资产的，政府提供了有关凭据的，应当按照凭据上标明的金额计量；政府没有提供有关凭据的，应当按照同类或类似资产的市场价格或评估价值计量。

(5) 小企业按照规定实行企业所得税、增值税、消费税、营业税等先征后返的，应当在实际收到返还的企业所得税、增值税(不含出口退税)、消费税、营业税时，计入营业外收入。

【工作任务 6-20】 南海公司(属于小规模纳税人)发生有关政府补助的业务如下：

(1) 2016 年 1 月 10 日，政府拨付公司 120 万元财政拨款，同日到账。该项拨款用于购买科研设备 1 台；并规定若有结余，留归企业自行支配。

(2) 2016 年 2 月 1 日，公司用政府拨款购入不需要安装的大型设备，实际成本为 112.8 万元，增值税 19.176 万元，预计可使用 5 年，采用直线法计提折旧，净残值为零。

(3) 2020 年 4 月 10 日，公司将这台设备出售，取得收入 8.24 万元(含税)。

任务处理如下：

(1) 2016 年 1 月 10 日，收到财政拨款时：

借：银行存款	1 200 000	
贷：递延收益		1 200 000

(2) 2016 年 2 月 1 日，购入设备时：

借：固定资产	1 128 000	
贷：银行存款		1 128 000

(3) 每月计提折旧和分配递延收益：

每月计提折旧额＝1 128 000÷5÷12＝18 800(元)

借：制造费用	18 800	
贷：累计折旧		18 800

每月分配结算递延收益＝1 200 000÷5÷12＝20 000(元)

借：递延收益 20 000

贷：营业外收入 20 000

(4) 2020年4月10日，出售设备时：

借：固定资产清理 188 000

累计折旧 940 000

贷：固定资产 1 128 000

借：银行存款 82 400

贷：固定资产清理 80 000

应交税费——应交增值税 2 400

借：营业外支出 108 000

贷：固定资产清理 108 000

借：递延收益 200 000

贷：营业外收入 200 000

【工作任务6-21】 某软件企业按照国家相关规定，适用增值税即征退政策，按实际缴纳增值税税额退还70%。2019年8月，该企业实际缴纳增值税税额120万元。2019年9月，该企业实际收到返还的增值税税额为84万元。

任务处理如下：

借：银行存款 840 000

贷：营业外收入 840 000

(四) 营业外支出的核算

1. 营业外支出的内容

营业外支出，是指小企业非日常生产经营活动发生的、应当计入当期损益、会导致所有者权益减少、与向所有者分配利润无关的经济利益的净流出。小企业的营业外支出包括：存货的盘亏、毁损、报废损失，非流动资产处置净损失，坏账损失，无法收回的长期债券投资损失，无法收回的长期股权投资损失，自然灾害等不可抗力因素造成的损失，税收滞纳金、罚金、罚款，被没收财物的损失，捐赠支出，赞助支出等。

(1) 存货的盘亏、毁损、报废损失。存货的盘亏损失是指小企业在清查财产过程中查明的存货实存数小于账存数形成的存货短缺，经确认后由企业负担的损失。存货的毁损净损失是指小企业因管理人员保管不当或工人操作失误导致存货毁损，在扣除残料价值和责任人赔偿后的净损失。存货的报废净损失是指因磨损、技术进步、自然灾害等原因引发的报废存货，在扣除残料价值、保险公司和责任人赔偿后的净损失。

(2) 非流动资产处置损失，包括处置固定资产、无形资产、生产性生物资产、长期待摊费用等发生的损失。

(3) 坏账损失是指小企业无法收回或者收回可能性极小的应收及预付款项。

(4) 无法收回的长期债券投资损失是指由于发行债券的债务人因破产等原因无法偿还的债券投资成本和利息。

(5) 无法收回的长期股权投资损失是指由于被投资单位依法宣告破产、关闭、解散，以及财务状况恶化等原因导致长期股权投资无法收回的损失。

(6) 自然灾害等不可抗力因素造成的损失是指小企业因非人力所能抗拒或阻止的原因等发生的资产损失，在扣除保险公司赔偿后应计入营业外支出的净损失。

(7) 税收滞纳金、罚金、罚款，指企业支付的行政罚款、税务罚款，以及其他违反法律法规、合同协议等而支付的罚款、违约金、赔偿金等支出。

(8) 被没收财物的损失是指小企业因从事违法经营被依法没收的财产损失。

(9) 捐赠支出，指企业对外进行的各项捐赠发生的支出。

(10) 赞助支出，指企业发生的与生产经营活动无关的各种非广告性质支出。

2. 营业外支出的账务处理

小企业应通过“营业外支出”账户，核算营业外支出的发生及结转情况。该账户借方登记企业发生的各项营业外支出，贷方登记期末结转入本年利润的营业外支出。结转后该账户应无余额。该账户应按照营业外支出的项目进行明细核算。

通常，小企业的营业外支出应当在发生时按照其发生额计入当期损益。具体处理如下：

(1) 确认存货的盘亏、毁损、报废损失，非流动资产处置净损失，自然灾害等不可抗力因素造成的损失，借记“营业外支出”账户、“生产性生物资产累计折旧”“累计摊销”等账户，贷记“待处理财产损溢——待处理流动资产损溢、待处理非流动资产损溢”“固定资产清理”“生产性生物资产”“无形资产”等账户。

(2) 确认实际发生的坏账损失、长期债券投资损失，应当按照可收回的金额，借记“银行存款”等账户，按照应收账款、预付账款、其他应收款、长期债券投资的账面余额，贷记“应收账款”“预付账款”“其他应收款”“长期债券投资”等账户，按照其差额，借记“营业外支出”账户。

(3) 确认实际发生的长期股权投资损失，按照可收回的金额，借记“银行存款”等账户，按照长期股权投资的账面余额，贷记“长期股权投资”账户，按照其差额，借记“营业外支出”账户。

(4) 支付的税收滞纳金、罚金、罚款，借记“营业外支出”账户，贷记“银行存款”等账户。

(5) 确认被没收财物的损失、捐赠支出、赞助支出，借记“营业外支出”账户，贷记“银行存款”等账户。

【工作任务 6－22】 东方公司 2019 年发生与营业外支出有关的业务如下：

(1) 月末盘点发现甲材料霉烂变质 100 千克，每千克成本价为 20 元，应转出的增值税税额 260 元。经批准列入损失。

(2) 结转出售固定资产净损失 20 000 元。

(3) 确认无法收回的应收账款 6 000 元。

(4) 对外公益性捐赠 50 000 元以银行存款支付。

(5) 将本期的“营业外支出”结转到“本年利润”账户中。

任务处理如下：

（1）结转盘亏甲材料损失时：

借：营业外支出 2 260
　贷：待处理财产损溢 2 260

（2）结转出售固定资产净损失时：

借：营业外支出 20 000
　贷：固定资产清理 20 000

（3）确认无法收回的应收账款时：

借：营业外支出 6 000
　贷：应收账款 6 000

（4）对外公益性捐赠时：

借：营业外支出 50 000
　贷：银行存款 50 000

（5）将本期的营业外支出结转到“本年利润”账户中：

借：本年利润 78 260
　贷：营业外支出 78 260

二、所得税费用的核算

（一）所得税的征收方式

目前，我国小企业所得税有两种征收方式：查账征收和核定征收。不同的征收方式，其应纳税所得额及应交所得税的计算方法是不同的。

1. 查账征收

在查账征收方式下，小企业应当按照企业所得税法规定计算的当期应纳税额，确认所得税费用。

小企业应当在利润总额的基础上，按照企业所得税法规定进行纳税调整，计算出当期应纳税所得额，按照应纳税所得额与适用所得税税率为基础计算确定当期应纳税额。

应交所得税＝应纳税所得额×所得税税率

应纳税所得额＝税前会计利润＋纳税调整增加额－纳税调整减少额

纳税调整增加额是指某些费用或支出，会计上已从利润总额中扣除，但税法规定不可扣除。这种情况比较多。一是企业因违反法律、行政法规而交付的罚金、罚款、被没收财物的损失以及税款滞纳金，非广告性质的赞助支出，非公益性的捐赠支出等，会计上已计入当期损益、减少会计利润，税法规定这些支出一律不得从税前扣除。二是会计上核算的某些费用，税法按规定标准列支，超过部分不得从纳税所得额中扣除。比如，① 与企业生产经营活动有关的业务招待费，按实际发生额的 60% 扣除，且最高不得超过当年销售收入的 5‰；② 职工福利费、工会经费和职工教育经费，分别按工资薪金总额的 14%、2%、8% 提取；③ 广告费和业务宣传费，按当年销售收入的 15% 扣除；④ 公益性的捐赠支出，按企业年度利润总额的 12% 计列。除广告费和业务宣传费的超支部分可在以后纳税年度结转扣除外，上述各项的超支金额均不允许扣除。

纳税调整减少额主要包括按税法规定允许弥补的亏损和准予免税的项目。一是免税收入，如企业购买国债的利息收入以及取得的股息、红利等权益性投资收入。对利息收入免征所得税，是为了鼓励企业购买。二是企业发生的经营亏损，税法规定可以递转后期，即可用以后盈利年度的税前利润弥补，我国规定连续弥补期限不得超过 5 年。

【涉税规定 6-4】《中华人民共和国企业所得税法》规定：

第五条 企业每一纳税年度的收入总额，减除不征税收入、免税收入、各项扣除以及允许弥补的以前年度亏损后的余额，为应纳税所得额。

第七条 收入总额中的下列收入为不征税收入：（一）财政拨款；（二）依法收取并纳入财政管理的行政事业性收费、政府性基金；（三）国务院规定的其他不征税收入。

第二十一条 在计算应纳税所得额时，企业财务、会计处理办法与税收法律、行政法规的规定不一致的，应当依照税收法律、行政法规的规定计算。

6

【工作任务 6-23】 甲公司 2019 年度实现利润总额 150 万元，适用企业所得税税率为 25%。有关纳税调整项目如下：

（1）当年实际支付应付职工薪酬 250 万元，职工福利费 50 万元，工会经费 6 万元，职工教育经费 20 万元。

（2）国债利息收入 3.8 万元。

（3）股票投资收益 8 万元，其中属于居民企业之间的股利收入 6 万元，出售股票价差收益 2 万元。

（4）违法经营罚款支出 12.6 万元。

任务处理如下：

（1）计算应纳税所得额时：

纳税调整数＝(50－35)＋(6－5)－3.8－6＋12.6＝18.8(万元)

应纳税所得额＝150＋18.80＝168.80(万元)

（2）计算应纳所得税额时：

应交所得税额＝168.80×25%＝42.20(万元)

（3）编制计算应交所得税的会计分录：

借：所得税费用　　422 000

　贷：应交税费——应交所得税　　422 000

(4) 编制结转所得税的会计分录：

借：本年利润　　422 000

　贷：所得税费用　　422 000

2. 核定征收

(1) 核定征收的企业范围。

根据《国家税务总局关于印发〈企业所得税核定征收办法〉(试行)的通知》(国税发〔2008〕30号)规定，纳税人具有下列情形之一的，核定征收企业所得税：

① 依照法律、行政法规的规定可以不设置账簿的。

② 依照法律、行政法规的规定应当设置但未设置账簿的。

③ 擅自销毁账簿或者拒不提供纳税资料的。

④ 虽设置账簿，但账目混乱或者成本资料、收入凭证、费用凭证残缺不全，难以查账的。

⑤ 发生纳税义务，未按照规定的期限办理纳税申报，经税务机关责令限期申报，逾期仍不申报的。

6

⑥ 申报的计税依据明显偏低，又无正当理由的。

(2) 核定应税所得税率或者核定应纳税所得额。

税务机关应根据纳税人具体情况，对核定征收企业所得税的纳税人，核定应税所得率或者核定应纳所得税额。具有下列情形之一的，核定其应税所得率：

① 能正确核算(查实)收入总额，但不能正确核算(查实)成本费用总额的。

② 能正确核算(查实)成本费用总额，但不能正确核算(查实)收入总额的。

③ 通过合理方法，能计算和推定纳税人收入总额或成本费用总额的。

纳税人不属于以上情形的，核定其应纳所得税额。

(3) 核定征收方法。

税务机关采用下列方法核定征收企业所得税：

① 参照当地同类行业或者类似行业中经营规模和收入水平相近的纳税人的税负水平核定。

② 按照应税收入额或成本费用支出额定率核定。

③ 按照耗用的原材料、燃料、动力等推算或测算核定。

④ 按照其他合理方法核定。

采用前款所列一种方法不足以正确核定应纳税所得额或应纳税额的，可以同时采用两种以上的方法核定。采用两种以上方法测算的应纳税额不一致时，可按测算的应纳税额从高核定。

采用应税所得率方式核定征收企业所得税的，应纳所得税额计算公式如下：

应纳所得税额＝应纳税所得额×适用税率

应纳税所得额＝应税收入额×应税所得率

应纳税所得额＝成本(费用)支出额/(1－应税所得率)×应税所得率

实行应税所得率方式核定征收企业所得税的纳税人，经营多业的，无论其经营项目是否单独核算，均由税务机关根据其主营项目确定适用的应税所得率。

主营项目应为纳税人所有经营项目中，收入总额或者成本（费用）支出额或者耗用原材料、燃料、动力数量所占比重最大的项目。

应税所得率的幅度标准如表 6－1 所示。

表 6－1 行业应税所得率标准

行　业	应税所得率/%
农、林、牧、渔业	3～10
制造业	5～15
批发和零售贸易业	4～15
交通运输业	7～15
建筑业	8～20
饮食业	8～25
娱乐业	15～30
其他行业	10～30

纳税人的生产经营范围、主营业务发生重大变化，或者应纳税所得额或应纳税额增减变化达到 20%的，应及时向税务机关申报调整已确定的应纳税额或应税所得率。

【工作任务 6－24】 甲、乙、丙三家公司根据《国家税务总局关于印发〈企业所得税核定征收办法〉(试行)的通知》规定，不能适用查账征收方式缴纳企业所得税。经税务机关同意采用核定应税所得税率或者核定应纳税所得额方式计算缴纳企业所得税。有关资料如下：

(1) 甲公司属于建筑业，该公司能正确核算收入总额，但不能正确核算成本费用总额。2019 年实现收入总额 880 万元，税务机关核定的应税所得率 10%。

(2) 乙公司属于零售业，该公司能正确核算成本费用总额，但不能正确核算收入总额。2019 年实现收入总额 340 万元，税务机关核定的应税所得率 15%。

(3) 丙公司属于饮食业，该公司既不能正确核算收入总额，也不能正确核算成本费用总额。2019 年税务机关核定应纳税所得额 280 万元，适用企业所得税率 25%。

任务处理如下：

(1) 甲公司应纳所得税额＝880×10%＝88(万元)

(2) 乙公司应纳所得税额＝340÷(1－15%)×15%＝60(万元)

(3) 丙公司应纳所得税额＝280×25%＝70(万元)

(二) 所得税费用的账务处理

根据《小企业会计准则》的规定，小企业对所得税核算采用应付税款法。也就是说，小企业在所得税核算时不确认时间性差异对所得税的影响金额，当期应交所得税等于所得税费用。

企业应通过“所得税费用”账户，核算企业所得税费用的确认及其结转情况，“所得税费用”属于损益类账户。期末，应将“所得税费用”账户的余额转入“本年利润”账户，借记“本年利润”账户，贷记“所得税费用”账户。小企业按照规定实行企业所得税先征后返的，实际收到返还的企业所得税时，列入“营业外收入”账户。

【小思考 6－9】 为什么《小企业会计准则》规定，小企业对所得税费用的核算只采用应付税款法，而不采用资产负债表债务法？

三、利润结转的核算

（一）本年利润的结转方法

1. 表结法

6

表结法下，各损益类账户每月月末只需结计出本月发生额和月末累计余额，不结转到“本年利润”账户，只有在年末时才将全年累计余额转入“本年利润”账户。但每月月末要将损益类账户的本月发生额合计数填入利润表的本月数栏，同时将本月末累计余额填入利润表的本年累计数栏，通过利润表计算反映各期的利润（或亏损）。表结法下，年中损益类账户无需结转入“本年利润”账户，从而减少了转账环节和工作量，同时并不影响利润表的编制及有关损益指标的利用。采用表结法，无须编制结转收支的会计分录，因而利润的合成非常简单。为了简化核算，企业平时可采用这种方法结算利润。

2. 账结法

账结法下，每月月末均需编制转账凭证，将在账上结计出的各损益类账户的余额转入“本年利润”账户。结转后“本年利润”账户的本月合计数反映当月实现的利润或发生的亏损，“本年利润”账户的本年累计数反映本年累计实现的利润或发生的亏损。账结法在各月均可通过“本年利润”账户提供当月及本年累计的利润（或亏损）额，但增加了转账环节和工作量。

（二）结转本年利润的账务处理

企业应设置“本年利润”账户，核算企业本年度实现的净利润（或发生的净亏损）。

会计期末，企业应将“主营业务收入”“其他业务收入”“营业外收入”等账户的余额分别转入“本年利润”账户的贷方，将“主营业务成本”“其他业务成本”“税金及附加”“销售费用”“管理费用”“财务费用”“营业外支出”“所得税费用”等账户的余额分别转入“本年利润”账户的借方。企业还应将“投资收益”账户的净收益转入“本年利润”账户的贷方，将“投资收益”账户的净损失转入“本年利润”账户的借方。结转后“本年利润”账户如为贷方余额，表示当年实现的净利润；如为借方余额，表示当年发生的净亏损。

年度终了，企业还应将“本年利润”账户的本年累计余额转入“利润分配——未分配利润”账户。如“本年利润”为贷方余额，借记“本年利润”账户，贷记“利润分配——未分配利润”账户；如为借方余额，做相反的会计分录。结转后“本年利润”账户应无余额。

【工作任务6-25】 星海公司2019年12月初"本年利润"贷方余额220 000元。12月末各有关损益类账户的年末结账前余额如表6-2所示(该企业采用表结法年末一次结转损益类账户,所得税税率为25%):

表6-2 损益类账户12月末结账前余额表

账户名称	借或贷	12月发生额/元
主营业务收入	贷	280 000
其他业务收入	贷	50 000
投资收益	贷	6 000
营业外收入	贷	7 000
主营业务成本	借	200 000
其他业务成本	借	20 000
销售费用	借	15 000
管理费用	借	22 000
财务费用	借	3 000
营业外支出	借	2 000

任务处理如下:

(1) 将各收入、利得类账户年末余额结转入"本年利润"账户时:

借:主营业务收入 280 000
　　其他业务收入 50 000
　　投资收益 6 000
　　营业外收入 7 000
　贷:本年利润 343 000

(2) 将各费用、损失类账户年末余额结转入"本年利润"账户时:

借:本年利润 262 000
　贷:主营业务成本 200 000
　　　其他业务成本 20 000
　　　销售费用 15 000
　　　管理费用 22 000
　　　财务费用 3 000
　　　营业外支出 2 000

(3) 应交所得税=(220 000+280 000-262 000)×25%=59 500(元)

① 确认所得税费用:

借:所得税费用 59 500
　贷:应交税费——应交所得税 59 500

6

② 将所得税费用结转入“本年利润”账户：

借：本年利润 59 500
　贷：所得税费用 59 500

(4) 本年净利润＝220 000＋280 000－262 000－59 500＝178 500(元)

(5) 将“本年利润”账户年末余额转入“利润分配——未分配利润”账户：

借：本年利润 178 500
　贷：利润分配——未分配利润 178 500

项目小结

收入是指企业在日常活动中形成的、会导致所有者权益增加的、与所有者投入资本无关的经济利益的总流入。收入按企业经营业务的主次不同分为主营业务收入和其他业务收入。

销售商品收入在满足确认条件时，应当按照已收或协议价款的市场价值确定销售商品金额。但是在存在商业折扣、现金折扣和销售折让时，销售商品收入的金额的确定方法有所不同。

对于一次就能完成的劳务，或在同一会计期内开始并完成的劳务，应在提供劳务交易完成时确认收入，确认的金额通常为从接受劳务方已收或应收的合同或协议价款，确认原则可参照销售商品收入的确认原则。劳务的开始和完成分属不同的会计期间应采用完工百分比法确认收入。

费用是企业在日常活动中发生的、会导致所有者权益减少的、与向所有者分配利润无关的经济利益的总流出。具体包括营业成本、税金及附加、销售费用、管理费用和财务费用。

利润，是指小企业在一定会计期间的经营成果，包括营业利润、利润总额和净利润。营业利润，是指营业收入减去营业成本、税金及附加、销售费用、管理费用、财务费用，加上投资收益(或减去投资损失)后的金额。利润总额，是指营业利润加上营业外收入，减去营业外支出后的金额。净利润，是指利润总额减去所得税费用后的净额。

我国小企业所得税有两种征收方式：查账征收和核定征收。不同的征收方式，其应纳税所得额及应交所得税的计算方法是不同的。小企业对所得税核算采用应付税款法。

本年利润的结转方法有表结法和账结法。我国会计制度规定一般采用账结法，即每月月末均需编制转账凭证，各月均可通过“本年利润”账户提供当月及本年累计的利润(或亏损)额，但增加了转账环节和工作量。

复习思考题

1. 如何核算存在现金折扣、商业折扣与销售折让的收入？三者之间有什么区别？

2. 什么是完工百分比法？如何确定完工百分比？
3. 政府补助的特征及其主要形式？
4. 如何核算与资产相关的政府补助和其他政府补助？
5. 税金及附加包括哪些内容？
6. 营业利润、利润总额及净利润的构成怎样？
7. 营业外收入、营业外支出包括的内容有哪些？
8. 小企业所得税有哪些征收方式？
9. 小企业所得税费用采用什么方法核算？
10. 会计期末结转本年利润的方法有哪几种？两者之间有何区别？

习题与实训

一、单项选择题

1. 企业采用支付手续费方式委托代销商品，委托方确认商品销售收入的时间是（　　）。

A. 签订代销协议时　　B. 发出商品时

C. 收到代销清单时　　D. 收到代销款时

2. 企业对外销售商品时，若安装或检验任务是销售合同的重要组成部分，则确认该商品销售收入的时点是（　　）。

A. 发出商品时　　B. 开出销售发票账单时

C. 收到商品销售货款时　　D. 商品安装完毕并检验合格时

3. 按照《小企业会计准则》规定，对于购货方实际享受的现金折扣，销售企业应作的会计处理是（　　）。

A. 冲减当期主营业务收入　　B. 增加当期财务费用

C. 增加当期主营业务成本　　D. 减少当期财务费用

4. 下列各项中，应增加财务费用的是（　　）。

A. 应收票据贴现利息　　B. 符合资本化条件的利息支出

C. 国债利息收入　　D. 购买短期持有股票支付的交易费用

5. 企业为购买原材料所发生的银行承兑汇票手续费，应当计入（　　）。

A. 管理费用　　B. 财务费用　　C. 原材料　　D. 材料采购

6. 企业销售部门支付的业务招待费，应计入（　　）。

A. 管理费用　　B. 财务费用　　C. 销售费用　　D. 制造费用

7. 小企业（批发企业、零售企业）在购买商品过程中发生的运输费、包装费、运输途中的合理损耗等，应计入（　　）。

A. 库存商品　　B. 管理费用　　C. 在途物资　　D. 销售费用

8. 小企业（批发企业、零售企业）管理费用不多的，可将发生的管理费用并入（　　）账户核算。

A. “销售费用”　　B. “主营业务成本”

6

C. “其他业务成本” D. “营业外支出”

9. 企业支付的超标准业务招待费应计入（ ）。

A. 营业外支出 B. 管理费用 C. 主营业务成本 D. 销售费用

10. 下列各项中，应计入管理费用的是（ ）。

A. 筹建期间的开办费 B. 广告宣传费

C. 支付的研究费用 D. 商品维护费

11. 下列各项中，符合收入会计要素定义，可以确认为收入的是（ ）。

A. 出售无形资产收取的价款 B. 出售固定资产收取的价款

C. 出售原材料收到的价款 D. 收到的罚款收入

12. 销售商品采用托收承付方式的，确认收入的时间为（ ）。

A. 发出商品时 B. 收到货款时

C. 办妥托收手续时 D. 在合同约定日

13. 企业采用预收账款方式销售商品，确认收入的时点是（ ）。

A. 收到货款时 B. 按合同约定的日期

C. 发出商品时 D. 收到支付凭证时

14. 不跨年度劳务收入采用（ ）确认。

A. 完成合同法 B. 完工百分比法

C. 约当产量法 D. 直线法

15. 下列各项中，不属于营业外收入的是（ ）。

A. 出售无形资产净收益 B. 出租固定资产租金收益

C. 确实无法支付的应付账款 D. 盘盈收益

16. 下列各项中，不属于营业外支出的是（ ）。

A. 税收滞纳金 B. 坏账损失

C. 投资损失 D. 无法收回的长期股权投资损失

17. 企业用税前利润弥补亏损时，应（ ）。

A. 借记“本年利润”账户，贷记“利润分配——未分配利润”账户

B. 借记“利润分配——未分配利润”账户，贷记“本年利润”账户

C. 借记“利润分配——未分配利润”账户，贷记“盈余公积”账户

D. 无需专门做会计处理

18. 某工业企业本期的营业收入100万元，营业成本50万元，期间费用10万元，投资收益20万元，所得税费用18万元，营业外收入3万元。除此以外，无其他因素。该企业本期营业利润为（ ）万元。

A. 40 B. 42 C. 60 D. 72

19. 某企业2019年8月1日赊销一批商品，售价为120 000元（不含增值税），适用的增值税税率为13%。规定的现金折扣条件为2/10，1/20，n/30，计算现金折扣时考虑增值税。客户于2019年8月19日付清货款，该企业收款金额为（ ）元。

A. 135 600 B. 134 244 C. 134 200 D. 134 400

20. 小企业取得与资产相关的政府补助，应借记“银行存款”账户，贷记（ ）账户。

A. “资本公积” B. “营业外收入” C. “其他业务收入” D. “递延收益”

21. 小企业收到的其他政府补助，用于补偿本企业已发生的相关费用或亏损的，直接计入(   )。

A. 资本公积　B. 营业外收入　C. 其他业务收入　D. 递延收益

22. 下列项目中，应计入其他业务成本的是(   )。

A. 库存商品盘亏净损失　B. 经营租出固定资产折旧
C. 向灾区捐赠的商品成本　D. 火灾导致原材料毁损净损失

23. 某企业 2019 年度的利润总额为 1 000 万元，其中包括本年收到的国债利息收入 10 万元，赞助性支出 80 万元，公益性捐款 180 万元，企业所得税税率为 25%。该企业 2019 年所得税费用为(   )万元。

A. 312.5　B. 272.5　C. 262.5　D. 282.5

二、多项选择题

1. 企业取得下列款项中，符合“收入”会计要素定义的有(   )。

A. 出租固定资产收取的租金　B. 出售固定资产收取的价款
C. 出售原材料收取的价款　D. 出售无形资产收取的价款

2. 下列各项中，会导致工业型小企业当期营业利润减少的有(   )。

A. 出售无形资产发生的净损失　B. 计提行政管理部门固定资产折旧
C. 办理银行承兑汇票支付的手续费　D. 出售短期债券投资发生的净损失

3. 下列各项中，属于费用范畴的有(   )。

A. 主营业务成本　B. 其他业务成本
C. 税金及附加　D. 期间费用

4. 下列各项中，最终会归集到期间费用的有(   )。

A. 业务招待费　B. 生产车间经营租赁租入设备的租金
C. 企业管理人员的工资　D. 生产工人的劳动保护费

5. 下列各项中，属于销售费用的有(   )。

A. 销售人员的薪酬　B. 零售小企业购买商品发生的运费
C. 业务宣传费　D. 销售部门的业务招待费

6. 下列各项，属于企业期间费用的有(   )。

A. 销售费用　B. 制造费用　C. 管理费用　D. 财务费用

7. 下列各账户，年末应无余额的有(   )。

A. 管理费用　B. 所得税费用
C. 递延收益　D. 长期待摊费用

8. 下列项目中，属于管理费用开支范围的有(   )。

A. 城镇土地使用税　B. 筹建期间的开办费
C. 业务招待费　D. 办公设备的维修费

9. 下列各项中，属于政府补助的有(   )。

A. 财政拨款　B. 财政贴息　C. 税收优惠　D. 税收返还

10. 下列项目，应计入财务费用的有(   )。

A. 出售产品而发生的现金折扣　B. 购买产品而取得的现金折扣

6

C. 应收票据贴现利息
D. 生产经营周转借款发生的利息支出

11. 下列各项，应计入营业外收入的有(　　)。
A. 政府补贴
B. 捐赠收入
C. 出售固定资产取得的净收益
D. 罚款收入

12. 构成并影响营业利润的项目有(　　)。
A. 主营业务成本
B. 投资收益
C. 其他业务成本
D. 管理费用

13. 企业费用的主要内容包括(　　)。
A. 营业成本
B. 税金及附加
C. 期间费用
D. 制造费用

14. 下列各项中，可用于确定所提供劳务完工进度的方法有(　　)。
A. 根据测量的已完工工作量加以确定
B. 按已经发生的成本占估计总成本的比例计算确定
C. 按已经收到的金额占合同总金额的比例计算确定
D. 按已经提供的劳务占应提供劳务总量的比例计算确定

15. 下列各项中，应计入财务费用的有(　　)。
A. 企业发行股票支付的手续费
B. 企业支付的银行承兑汇票手续费
C. 企业购买商品时取得的现金折扣
D. 企业销售商品时发生的现金折扣

16. 下列各项中，不应确认为财务费用的有(　　)。
A. 企业筹建期间的借款费用
B. 资本化的借款利息支出
C. 销售商品发生的商业折扣
D. 支付的银行承兑汇票手续费

17. 下列各项中，不应计入管理费用的有(　　)。
A. 总部办公楼折旧
B. 生产设备改良支出
C. 经营租出专用设备的修理费
D. 专设销售机构房屋的修理费

18. 企业销售商品缴纳的下列各项税费，记入“税金及附加”账户的有(　　)。
A. 消费税　B. 增值税　C. 教育费附加　D. 城市维护建设税

三、判断题

1. 企业在销售收入确认之后发生的销售折让，一般应在实际发生时冲减发生当期的收入。(　　)
2. 现金折扣和销售折让，均应在实际发生时计入当期财务费用。(　　)
3. 如劳务的开始和完成分属不同的会计年度，应按完工百分比法确认收入。(　　)
4. 在分期收款销售方式下，企业应按合同收款日期分期确认收入。(　　)
5. 企业在确定商品销售收入时，不考虑各种可能发生的现金折扣和商业折扣。(　　)
6. 收入能够导致企业所有者权益增加，但导致所有者权益增加的不一定都是收入。(　　)
7. 企业出售无形资产和出租无形资产取得的收益，均应作为其他业务收入。(　　)
8. 企业在年终结转利润后，“本年利润”和“利润分配”账户一定没有余额。(　　)

9. 企业取得与资产相关的政府补助，应当确认为递延收益，并在该项资产使用寿命内分期计入当期损益。 （ ）

10. 小企业（批发业、零售业）在购买商品过程中发生的费用（包括运输费、包装费、保险费、运输途中的合理损耗和入库前的挑选整理费等）也构成销售费用。 （ ）

四、实训题

实 训 一

目的： 练习销售商品收入的核算。

资料： 甲公司为增值税一般纳税人小企业，采用先进先出法计算已销商品的实际成本。适用的增值税税率为13%，消费税税率为5%。商品销售价格不含增值税，在确认销售收入时逐笔结转销售成本。假定不考虑其他相关税费。某年6月份甲公司发生如下业务：

（1）2日，销售B商品一批给秋月公司，价款尚未收回。开出的增值税专用发票上注明售价为35 100元，增值税税额为4 563元，商品发出以现金代垫运费133元，增值税11.97元。该批商品成本为25 000元。

（2）7日，销售400件A商品给鼎捷公司，每件商品标价为120元。由于是成批销售，经双方协商在原先标价基础上给予10%的商业折扣。商品发出，价款尚未收到。该批商品销售成本26 000元。

（3）8日，销售C产品一批给南通公司，增值税专用发票上注明的售价为50 000元，增值税税额为6 500元，合同规定的现金折扣条件为2/10、1/20、n/30。假定计算现金折扣时不考虑增值税。商品发出，价款尚未收到。该批商品销售成本31 000元。

（4）10日，与嘉信公司签订协议，采用分期收款方式销售B商品80 000元。合同约定分4个月等额支付，每月10日收到货款及增值税税款，并开具了增值税专用发票。商品当日发出，并收到第1批价款。该批商品实际成本为60 000元。

（5）12日，委托欧尚超市销售A商品，合同规定受托方不得自行定价，委托方按受托方提供的销售清单列明的销售收入给予10%的手续费。当日发出A商品100件，每件成本为300元，每件售价为500元（不含税）。

（6）15日，采用以旧换新方式销售电视机80台，价款已存入银行。电视机每台售价为5 000元（含增值税），回收旧电视每台作价500元。该批电视机每台成本价为3 500元。

（7）18日，收到销售给南通公司的货款，存入银行。

（8）20日，收到秋月公司的通知，销售的B商品与合同的规定不符，要求退货，经协商给予5%的销售折让。

（9）23日，收到4月份委托欧尚超市代销的商品清单，共计销售商品36 000元，扣除手续费10%后的价税款存入银行。该批商品的销售成本为24 000元。

（10）25日，销售多余的材料一批，取得销售收入6 000元，增值税税额780元，价税款存入银行。经核算，该批材料的实际成本为4 800元。

要求： 根据资料，逐题编制会计分录。

实 训 二

目的： 练习提供劳务收入的核算。

资料：新新公司属于增值税一般纳税人。提供安装服务的增值税税率为9%。该公司于2018年11月1日接受一项设备安装任务，安装期为6个月，合同总收入为436 000元(含税)，合同预计成本为340 000元。假定新新公司按实际发生的成本占估计总成本的比例确定劳务的完工进度。有关业务发生如下：

(1) 2018年11月1日，收到预收款218 000元，存入银行。

(2) 至2018年12月31日，公司实际发生安装费用136 000元，其中应付安装人员薪酬100 000元，领用原材料36 000元。

(3) 按完工百分比法确认2018年劳务收入和营业成本。

(4) 2019年1—3月，实际发生安装费用215 000元，其中安装人员薪酬120 000元，领用材料45 000元，以银行存款支付其他费用50 000元。

(5) 确认2019年劳务收入和营业成本。

要求：根据资料，逐题编制会计分录。

实 训 三

目的：练习期间费用的核算。

资料：某企业本月发生下列经济业务：

(1) 采购员报销差旅费1 500元(其中住宿费增值税60元)，以现金支付。

(2) 本月应付企业管理人员工资为60 000元，销售人员工资为50 000元。

(3) 本月业务招待费2 000元，以转账支票付讫。

(4) 以银行存款支付广告费8 800元，增值税528元。

(5) 摊销本月管理部门使用的无形资产2 700元。

(6) 计算本月应付管理部门、销售机构本月水电费分别为1 380元和1 400元。

(7) 计提本月固定资产折旧费6 600元，其中管理部门4 600元，销售机构2 000元。

(8) 以银行存款支付本月固定资产修理费4 000元，增值税520元，其中管理部门3 000元，销售机构1 000元。

(9) 支付银行承兑汇票的手续费80元，增值税4.8元。

(10) 计提本月短期借款利息4 800元。

(11) 计提本月职工基本养老保险8 000元，其中，生产工人占40%，销售人员占25%，管理部门占35%。

(12) 计提分期付息长期借款利息40 000元，该借款用于生产12个月以上才能完工达到预定可销售状态的存货，本年费用化利息40%。

(13) 将上述的期间费用转入“本年利润”账户。

要求：根据资料，逐题编制会计分录。

实 训 四

目的：练习营业外收支的核算。

资料：甲公司本年发生与营业外收入和营业外支出有关的业务如下：

(1) 将固定资产报废清理的净收益4 500元转作营业外收入。

(2) 对现金进行实地盘点，盘亏现金50元，经批准转入营业外支出。

(3) 没收逾期未退包装物押金 22 600 元(含税),经批准列入营业外收入。

(4) 结转无法支付的应付账款 3 500 元。

(5) 结转出售固定资产净损失 12 600 元。

(6) 核销确认无法收回的应收账款 3 000 元。

(7) 收到政府先征后退的增值税 6 000 元。

(8) 收到政府拨付的用于购置固定资产的补助 150 000 元存入银行。本月摊销 1 000 元。

(9) 以银行存款支付违法经营罚款 18 000 元。

要求: 根据资料,逐题编制会计分录。

实 训 五

目的: 练习收入及利润的核算。

资料: 甲公司系工业企业(一般纳税人),货物适用的增值税税率为 13%,应税劳务增值税税率为 6%,所得税税率为 25%,按应付税款法对所得税进行核算。销售价格均为不含税的价格。按 10%提取法定盈余公积。2019 年年初未分配利润为50 000元。2019 年发生下列经济业务:

(1) 销售产品的货款 800 000 元,其中赊销 200 000 元,其余款项收到存入银行。该产品的实际成本为 500 000 元。

(2) 采用分期收款方式销售产品,不含税售价为 300 000 元,实际成本为 200 000 元。价款分 3 次等额还清,每月支付一次(增值税于每次收到价款时收取,同时开具增值税专用发票)。本次应收价税款 113 000 元已收到存入银行。

(3) 收到委托欧尚超市代销的商品清单,共计销售商品 40 000 元,扣除手续费 10%后的价税款存入银行。该批商品的销售成本为 32 000 元。

(4) 出售不需用的设备一台,原价为 85 000 元,已提折旧 60 000 元,出售收入为 13 560 元(含税)存入银行。

(5) 确认跨年的劳务收入为 20 000 元,应承担的劳务成本为 15 000 元。

(6) 没收逾期未退包装物押金 4 972 元,经批准列入营业外收入。

(7) 收到上半年销售退回的产品,销售收入为 30 000 元,销售成本为 25 000 元,同时冲减应收账款,商品已入库。

(8) 本年管理费用为 100 000 元,其中应付管理人员薪酬 50 000 元,累计折旧 18 000 元,累计摊销 2 000 元,以银行存款支付其他费用 30 000 元。

(9) 本年发生销售费用 42 000 元,其中以银行存款支付 10 000 元,应付营销人员薪酬 32 000 元。

(10) 支付利息费用 5 800 元。

(11) 收到利息收入 450 元。

(12) 出售短期投资收回价款 42 000 元,其中投资成本 28 000 元。

(13) 收到增值税返还金额 20 000 元,存入银行。

(14) 计算本年各项收益,并结转到“本年利润”账户中。

(15) 计算本年各项费用、支出,并结转到“本年利润”账户中。

(16) 计算本年应交所得税,并结转本年损益(假定企业纳税调整项目)。

(17) 按税后利润的10%提取法定盈余公积,按税后利润的20%分配利润。

(18) 结转并计算年末未分配利润。

要求: 根据资料,逐题编制会计分录。

项目七　外币业务的核算

◇ 职业能力目标

通过本项目学习，熟悉记账本位币的概念和记账本位币的确定方法；熟悉外币折算的一般程序；掌握外币交易处理中的外币货币性项目的核算和外币非货币性项目的核算；掌握外币交易的初始确认和期末调整或结算的会计处理；掌握外币财务报表的折算方法。

◇ 典型工作任务

确定记账本位币；外汇汇率的确认；外币交易的初始确认；资产负债表日外币业务的账项调整；境外经营的企业财务报表的折算。

◇ 知识框架

- 外币业务的核算
  - 外币交易的核算
    - 记账本位币的确定
    - 外币折算汇率的确定
    - 外币交易的会计核算
  - 外币财务报表的折算
    - 外币财务报表折算的原则
    - 外币财务报表折算的实例

任务一　外币交易的核算

引例 7－1

佳华公司为外贸自营出口企业，超过75%的营业收入来自向日本的出口，其商品销售价格主要受日元的影响，以日元计价；另外该公司除厂房设施、30%的人工成本在国内以人民币采购或支付外，生产所需原材料、机器设备及70%以上的人工成本都以日元在日本采购或支付。

请问：

(1) 中国内地的企业是否都必须采用人民币作为记账本位币？

(2) 佳华公司的会计核算应确定的记账本位币是哪种货币？

(3) 佳华公司编制的会计报表应该使用哪种货币？

一、记账本位币的确定

(一) 企业记账本位币的确定

企业的记账本位币，是指企业经营所处的主要经济环境中的货币。主要经济环境，通常是指小企业主要产生和支出现金的环境，使用该环境中的货币能反映小企业的主要交易的经济结果。对于记账本位币以外的货币，则称为外币。根据《会计法》规定，我国企业一般采用人民币作为记账本位币。

《会计法》规定，会计核算以人民币为记账本位币，但业务收支以人民币以外的货币为主的单位，可以选定其中一种货币作为记账本位币，但是编制的财务会计报告应当折算为人民币。由此可见，我国《会计法》允许企业选择非人民币为记账本位币。

小企业选定记账本位币应当考虑下列因素：

(1) 该货币主要影响商品和劳务的销售价格，通常以该货币进行商品和劳务的销售价格计价和结算。例如，A公司为外贸自营出口企业，超过90%以上的营业收入来自对澳大利亚的出口，其商品销售价格主要受澳元的影响。因此，从影响商品和劳务的销售价格的角度，A公司以澳元作为记账本位币。

(2) 该货币主要影响商品和劳务所需人工、材料和其他费用，通常以该货币进行上述费用的计价和结算。例如，B公司除厂房、40%的人工成本在国内以人民币采购或支付外，生产所需的原材料、机器设备及60%以上的人工成本都以美元采购或支付，则可确定B公司的记账本位币为美元。

(3) 融资活动获得的货币以及保存从经营活动中收取款项时所使用的货币。例如，C公司90%以上的人工成本、原材料及相应的厂房设施、机器设备等在国内支付或采购并以人民币计价，C公司取得的营业收入在汇回国内时直接兑换成人民币存款，那么，C公司可以选择人民币作为记账本位币。

通常在确定企业记账本位币时，应综合考虑两个因素，如果仍难以确定，还需要兼顾第三个因素。

【小思考7-1】 在确定企业的记账本位币时，是否需要企业管理层根据实际情况进行职业判断？

(二) 境外经营记账本位币的确定

境外经营是指小企业在境外设立的子公司、合营企业、联营企业、分支机构。当小企业在境内的子公司、联营企业、合营企业或者分支机构，选定的记账本位币与企业的记账本位币不同的，也应当视同境外经营。

确定境外经营记账本位币，除考虑上述确定小企业记账本位币时需要考虑的因素外，还应考虑下列有关该境外经营与小企业之间关系的一些因素：

（1）境外经营对其所从事的活动是否拥有很强的自主性。

（2）境外经营活动中与企业的交易是否在境外经营活动中占有较大比重。

（3）境外经营活动产生的现金流量是否直接影响企业的现金流量、是否可以随时汇回。

（4）境外经营活动产生的现金流量是否足以偿还其现有债务和可预期的债务。

（三）记账本位币的变更

小企业选择的记账本位币一经确定，不得随意变更。

小企业因有确凿证据证明经营所处的主要经济环境发生重大变化，确需变更记账本位币的，应当采用变更当日的即期汇率将所有项目折算为变更后的记账本位币，折算后的金额作为以新的记账本位币计量的历史成本，由于采用同一即期汇率进行折算，不会产生汇兑差额。小企业变更记账本位币，应当提供确凿的证据，并在财务报告附注中披露变更的理由。

二、外币折算汇率的确定

（一）汇率

汇率，是指两种货币相兑换的比率，是一种货币用另一种货币单位所表示的价格。我们通常在银行见到的汇率有三种表示方式：买入价、卖出价和中间价。买入价和卖出价，是从银行角度而言的。

买入价，是指银行向客户买入外汇时所采用的汇率。企业卖出外汇，即银行买入外汇，这就要按买入价结算。

卖出价，是指银行向客户出售外汇时所采用的汇率。企业买入外汇，即银行卖出外汇，这就要按卖出价结算。

中间价，是银行买入价和卖出价的平均价。

（二）折算汇率

小企业在交易日对外币交易进行初始确认时，涉及折算汇率的选择问题。《小企业会计准则》规定了两种折算汇率，即即期汇率和交易当期平均汇率。

1. 即期汇率

无论是买入价，还是卖出价，均为立即支付的结算价格，都是即期汇率。即期汇率是相对于远期汇率而言的，远期汇率是在未来某一日交付时的结算价格。为方便核算，《小企业会计准则》规定，小企业用于记账的即期汇率，是指中国人民银行公布的当日人民币外汇牌价的中间价。但是，在企业发生单纯的货币兑换交易或涉及货币兑换交易时，仅用中间价不能反映货币买卖的损益，应当按照交易实际采用的汇率（即银行买入价或卖出价）折算。

2. 交易当期平均汇率

当汇率变动不大时，为简化核算，小企业在外币交易日或对外币报表的某些项目进行折

7

算时，可以选择交易当期平均汇率。所谓交易当期平均汇率，是指外币交易当期的期初即期汇率和期末即期汇率的平均数。

三、外币交易的会计核算

【知识链接 7-1】 外币统账制

目前，我国绝大多数企业采用外币统账制折算，只有少数金融企业由于外币交易频繁，涉及外币币种较多，可以采用外币分账制进行核算。

在外币统账制下，外币交易的会计处理主要涉及两个环节：一是在交易日对外币交易进行初始确认，将外币金额采用交易发生日的即期汇率或交易当期平均汇率折算为记账本位币金额；二是在资产负债表日对相关项目进行折算，将所有外币货币性项目的外币余额，按照期末即期汇率折算为记账本位币金额，因汇率变动产生的差额计入当期汇兑损益。

（一）账户设置

小企业进行外币交易核算时，应设置相应的外币账户。外币账户包括：外币库存现金、外币银行存款以及外币结算的债权债务账户。外币结算的债权账户包括应收票据、应收账款、预付账款等；外币结算的债务账户包括短期借款、长期借款、应付票据、应付账款、预收账款等。

外币统账制下，小企业对外币交易金额因汇率变动而产生的损失在“财务费用”账户设置二级账户“汇兑损失”核算，小企业发生的汇兑收益，在“营业外收入”账户核算，不在“财务费用”账户核算。

（二）外币核算的基本程序

企业发生外币交易，其会计核算的基本程序为：

1. 日常业务处理

在外币业务发生时，将外币金额按照交易日的即期汇率或交易当期平均汇率折算为记账本位币金额，按照折算后的记账本位币金额登记有关账户；在登记有关记账本位币的同时，按照外币金额登记相应的外币账户。

2. 期末业务处理

期末，将所有外币货币性项目的外币金额，按照期末即期汇率折算为记账本位币金额，并与原记账本位币金额相比较，其差额记入“财务费用”账户或“营业外收入”账户。

3. 结算外币货币性项目时

结算外币货币性项目时，将其外币结算金额按照当日即期汇率折算为记账本位币金额，并与原记账本位币金额相比较，其差额记入“财务费用”或“营业外收入”账户。

（三）外币交易日的账务处理

企业发生外币交易的，应在初始确认时采用交易发生日的即期汇率或交易当期平均汇率将外币金额折算为记账本位币金额，按照折算后的记账本位币金额登记有关账户；在登记有关记账本位币账户的同时，按照外币金额登记相应的外币账户。

1. 进出口业务

企业从国外或境外购进原材料、商品或引进设备时，按照当日的即期汇率将支付的外币或应支付的外币折算为人民币记账，以确定购入原材料等货物及债务的入账价值，同时按照外币的金额登记有关外币账户。

8. 小企业会计准则——外币业务

【工作任务 7-1】 东海公司属于增值税一般纳税人，记账本位币为人民币，其外币交易采用交易日即期汇率折算。2019 年 3 月发生下列与外币有关的业务：

(1) 1 日，从美国甲公司购入原材料，货款为 30 万美元，假定当日的即期汇率为 1 美元＝6.71 人民币，按照规定应缴纳的进口关税为 201 300 人民币，支付进口增值税为 287 859 人民币，货款尚未支付，进口关税及增值税已由银行存款支付。

(2) 18 日，向美国乙公司销售商品一批，货款共计 15 万美元，尚未收到，假定当日即期汇率为 1 美元＝6.72 元人民币。不考虑增值税等相关税费。

任务处理如下：

(1) 1 日进口原材料时：

借：原材料(300 000×6.71＋201 300)	2 214 300	
应交税费——应交增值税(进项税额)	287 859	
贷：应付账款——甲公司(美元)		2 013 000
银行存款		489 159

(2) 18 日出口产品时：

借：应收账款——美元户(150 000×6.72)	1 008 000	
贷：主营业务收入		1 008 000

2. 外币借款业务

企业借入外币时，按照借入外币时的即期汇率折算为记账本位币入账，同时，按照借入外币金额登记相关的外币账户。

【工作任务 7-2】 东海公司 2019 年 6 月 22 日从中国建设银行借入 40 万美元，期限为 6 个月，年利率为 8%，假定当日的即期汇率为 1 美元＝6.718 元人民币。借入款项存入银行账户。任务处理如下：

借：银行存款——美元户	2 687 200	
贷：短期借款——美元户		2 687 200

3. 接受外币投资业务

企业收到投资者以外币投入的资本时，按照交易日的即期汇率折算为记账本位币金额入账，同时，按照收到外币金额登记相关外币账户。

【工作任务7-3】 东海公司根据其与外商签订的投资合同，外商将分两次投入外币资本，投资合同约定的汇率是1美元=6.8元人民币。2019年6月25日，第一次收到外商投入资本20万美元，当日即期汇率为1美元=6.70元人民币；2019年9月30日，第二次收到外商投入资本20万美元，当日即期汇率为1美元=6.82元人民币。不考虑其他因素。

任务处理如下：

(1) 2019年6月25日，第一次收到外商投入资本时：

借：银行存款——美元户(200 000×6.70)	1 340 000	
贷：实收资本		1 340 000

(2) 2019年9月30日，第二次收到外商投入资本时：

借：银行存款——美元户(200 000×6.82)	1 364 000	
贷：实收资本		1 364 000

4. 外币兑换业务

外币兑换业务是指企业从银行或其他金融机构购入外币或售出外币业务。企业发生的外币兑换业务或涉及兑换的交易事项，应当以交易实际采用的汇率，即银行买入价或卖出价折算。由于汇率变动产生的折算差额，计入当期损益。

7

【工作任务7-4】 西方公司2019年6月28日，将货款10万美元到银行兑换成人民币，银行当日的美元买入价为1美元=6.73元人民币，中间价为1美元=6.84元人民币。

本例中，企业与银行发生货币兑换，兑换所用汇率为银行的买入价，而通常记账所用的即期汇率为中间价，由此产生的汇兑差额计入当期财务费用。

任务处理如下：

借：银行存款——××银行(人民币)(100 000×6.73)	673 000	
财务费用——汇兑损失	11 000	
贷：银行存款——××银行(美元)(100 000×6.84)		684 000

【工作任务7-5】 新华公司2019年4月1日，以人民币向中国银行购入50万美元，银行当日的美元卖出价为1美元=6.87人民币元，中间价为1美元=6.82元人民币。

本例中，企业与银行发生货币兑换，兑换所用汇率为银行的卖出价，而通常记账所用的即期汇率为中间价，由此产生的汇兑差额计入当期财务费用。

任务处理如下：

借：银行存款——××银行(美元)(500 000×6.82)　　3 410 000
　财务费用——汇兑损失　　25 000
　贷：银行存款——××银行(人民币)(500 000×6.87)　　3 435 000

【小思考7-2】 企业在外币兑换中，是否会产生营业外收入？为什么？

(四) 资产负债表日的账务处理

资产负债表日，小企业对外币业务应当分货币性项目和非货币性项目进行处理。

1. 货币性项目的账务处理

货币性项目是指企业持有的货币或将以规定或可确定金额的货币收取的资产或偿付的负债。货币性资产包括库存现金、银行存款、应收账款和应收票据以及长期债券投资等；货币性负债包括应付账款、其他应付款、短期借款、应付债券、长期借款、长期应付款等。

对于货币性项目，资产负债表日应按照资产负债表日的即期汇率对货币性项目余额进行折算。因资产负债表日即期汇率与货币性项目初始确认时或者前一资产负债表日即期汇率不同而产生的汇兑差额，计入当期损益。

2. 非货币性项目的账务处理

非货币性项目是指企业持有的除货币性项目以外的项目，如存货、固定资产、无形资产和长期股权投资等。以历史成本计量的外币非货币性项目，仍采用交易发生日的即期汇率折算，不改变其记账本位币金额。

7

【工作任务7-6】 承【工作任务7-1】。2019年东海公司发生业务如下：

(1) 3月31日，东海公司尚未收回美国乙公司所欠货款，当日即期汇率为1美元＝6.78元人民币。

(2) 4月25日，A公司收回乙公司货款，当日即期汇率6.83元人民币。款项已存入银行。会计处理如下：

任务处理如下：

(1) 3月31日，月末调整时：

借：应收账款——美元户　　9 000
　贷：财务费用——汇兑收益　　9 000

(2) 4月25日收到价款时

借：银行存款——美元户(150 000×6.83)　　1 024 500
　贷：应收账款——美元户(150 000×6.78)　　1 017 000
　　财务费用——汇兑收益　　7 500

【工作任务7-7】 南方公司以人民币作为记账本位币，其外币交易采用交易日即期汇率折算，按月计算汇兑损益。南方公司在银行开设有欧元账户。

南方公司有关外币账户2019年5月31日的余额如表7-1所示。

表7-1 2019年5月31日外币账户的期末余额

项　目	外币账户余额/欧元	汇率	人民币账户余额/人民币元
银行存款	80 000	7.55	604 000
应收账款	40 000	7.55	302 000
应付账款	20 000	7.55	151 000

南方公司2019年6月份发生的有关外币交易或事项如下：

(1) 5日，以人民币向银行买入20 000欧元。当日即期汇率为1欧元=7.69元人民币，当日银行卖出价为1欧元=7.75元人民币。

(2) 12日，从国外购入一批原材料，总价款为40 000欧元。该原材料已验收入库，货款尚未支付。当日即期汇率为1欧元=7.64元人民币。另外，以银行存款支付该原材料的进口关税55 280人民币元，增值税41 714.40人民币元。

(3) 16日，出口销售一批商品，销售价款为60 000欧元，货款尚未收到。当日即期汇率为1欧元=7.75元人民币。假设不考虑相关税费。

(4) 25日，收到应收账款30 000欧元，款项已存入银行。当日即期汇率为1欧元=7.80元人民币。该应收账款系2月份出口销售发生的。

(5) 30日，即期汇率为1欧元=7.64元人民币。

任务处理如下：

(1) 5日，买入欧元时：

借：银行存款——欧元(20 000×7.69)　　153 800
　　财务费用——汇兑差额　　1 200
　贷：银行存款——人民币(20 000×7.75)　　155 000

(2) 12日，从国外购入原材料时：

借：原材料　　320 880
　　应交税费——应交增值税(进项税额)　　41 714.40
　贷：应付账款——××单位(欧元)(40 000×7.64)　　305 600
　　　银行存款——人民币　　56 994.40

(3) 16日，出口销售商品，货款尚未收到：

借：应收账款——××单位(欧元)(60 000×7.75)　　465 000
　贷：主营业务收入　　465 000

(4) 25日，收到应收款项，已存入银行时：

借：银行存款——欧元(30 000×7.80)　　234 000
　贷：应收账款——××单位(欧元)(30 000×7.80)　　234 000

(5) 30 日，计算期末产生的汇兑差额：

① 银行存款欧元户余额＝80 000＋20 000＋30 000＝130 000(欧元)
按当日即期汇率折算为人民币金额＝130 000×7.64＝993 200(元)
汇兑收益＝993 200－(604 000＋153 800＋234 000)＝1 400(元)

② 应收账款欧元户余额＝40 000＋60 000－30 000＝70 000(欧元)
按当日即期汇率折算为人民币金额＝70 000×7.64＝534 800(元)
汇兑收益＝534 800－(302 000＋465 000－234 000)＝1 800(元)

③ 应付账款欧元户余额＝20 000＋40 000＝60 000(欧元)
按当日即期汇率折算为人民币金额＝60 000×7.64＝458 400(元)
汇兑损失＝458 400－(151 000＋305 600)＝1 800(元)

④ 月末调整会计分录如下：

借：银行存款——欧元　　1 400
　　应收账款　　1 800
　贷：营业外收入　　3 200
借：财务费用　　1 800
　贷：应付账款　　1 800

7

【做中学 7－1】 假定 2019 年 6 月 30 日即期汇率为 1 欧元＝9.55 元人民币，请你完成南方公园资产负债表日的外币账户调整，并编制调整分录。

【涉税规定 7－1】《中华人民共和国企业所得税法实施条例》规定：

第二十二条　企业所得税法第六条第(九)项所称其他收入，是指企业取得的除企业所得税法第六条第(一)项至第(八)项规定的收入外的其他收入，包括企业资产溢余收入、逾期未退包装物押金收入、确实无法偿付的应付款项、已作坏账损失处理后又收回的应收款项、债务重组收入、补贴收入、违约金收入、汇兑收益等。

第三十九条　企业在货币交易中，以及纳税年度终了时将人民币以外的货币性资产、负债按照期末即期人民币汇率中间价折算为人民币时产生的汇兑损失，除已经计入有关资产成本以及与向所有者进行利润分配相关的部分外，准予扣除。

第一百二十九条　企业所得以人民币以外的货币计算的，预缴企业所得税时，应当按照月度或者季度最后一日的人民币汇率中间价，折合成人民币计算应纳税所得额。年度终了汇算清缴时，对已经按照月度或者季度预缴税款的，不再重新折合计算，只就该纳税年度内未缴纳企业所得税的部分，按照纳税年度最后一日的人民币汇率中间价，折合成人民币计算应纳税所得额。

经税务机关检查确认，企业少计或者多计前款规定的所得的，应当按照检查确认补税或者退税时的上一个月最后一日的人民币汇率中间价，将少计或者多计的所得折合成人民币计算应纳税所得额，再计算应补缴或者应退的税款。

任务二 外币财务报表的折算

引例 7－2

新新公司的记账本位币为人民币，该公司在境外有一子公司新美公司，新美公司确定的记账本位币为美元。根据合同约定，新新公司拥有新美公司 30％的股权，并能够对新美公司的财务和经营政策施加重大影响。2018 年度新美公司的有关资料如下：

(1) 2018 年 12 月 31 日的汇率为 1 美元＝6.85 元人民币，2018 年的平均汇率为 1 美元＝6.8 元人民币。

(2) 股本、资本公积发生日的即期汇率为 1 美元＝6.7 元人民币，股本为 50 万美元，折算为人民币为 335 万元人民币；累计盈余公积为 5 万美元，折算为人民币为 33.5 万元人民币；累计未分配利润为 12 万美元，折算为人民币为 80.4 万元人民币。

(3) 新美公司当年提取的盈余公积为 4 万美元。

请问：

(1) 企业在什么情况下需要进行外币财务报表折算？

(2) 企业境外经营财务报表进行折算前应做好哪些工作？

(3) 外币财务报表的折算如何选择折算汇率？

一、外币财务报表折算的原则

外币财务报表折算是将一种货币反映的财务报表，通过一定的程序和方法按选定的汇率折合为另一种货币来反映。《小企业会计准则》规定，小企业应当选择人民币作为记账本位币。业务收支以人民币以外的货币为主的小企业，可以选定其中一种货币作为记账本位币，但编报的财务报表应当折算为人民币财务报表。

小企业应当采用资产负债表日的即期汇率对外币资产负债表、利润表和现金流量表的所有项目进行折算。

二、外币财务报表折算的实例

【工作任务 7－8】 北方公司的记账本位币为人民币，该公司在德国有一子公司——

南方公司，南方公司确定的记账本位币为欧元。北方公司拥有南方公司30%的股权，并能够对南方公司的财务和经营政策实施控制。北方公司采用即期汇率1欧元=7.82元人民币对南方公司资产负债表、利润表的所有项目进行折算。如表7-2和表7-3所示。

表7-2 利润表

编制单位：南方公司 2018年度 单位：元

项 目	本年金额/欧元	折算汇率	折算为人民币金额
一、营业收入	340 000	7.82	2 658 800
减：营业成本	180 000	7.82	1 407 600
税金及附加	20 000	7.82	156 400
管理费用	50 000	7.82	391 000
财务费用	8 000	7.82	62 560
加：投资收益	30 000	7.82	234 600
二、营业利润	112 000	7.82	875 840
加：营业外收入	50 000	7.82	391 000
减：营业外支出	20 000	7.82	156 400
三、利润总额	142 000	7.82	1 110 440
减：所得税费用	28 400	7.82	222 088
四、净利润	113 600	7.82	888 352

表7-3 资产负债表(简表)

2018年12月31日 单位：元

资 产	期末数/欧元	折算汇率	折算为人民币金额	负债和所有者权益	期末数/欧元	折算汇率	折算为人民币金额
流动资产：				流动负债：			
货币资金	8 000	7.82	62 560	短期借款	50 000	7.82	391 000
应收账款	20 000	7.82	156 400	应付票据	12 000	7.82	93 840
存货	50 000	7.82	391 000	应付职工薪酬	5 000	7.82	39 100
其他流动资产	15 000	7.82	117 300	应交税费	2 500	7.82	19 550
流动资产合计	93 000		727 260	其他应付款			
非流动资产：				流动负债合计	69 500		543 490

续 表

资　产	期末数/欧元	折算汇率	折算为人民币金额	负债和所有者权益	期末数/欧元	折算汇率	折算为人民币金额
固定资产	250 000	7.82	1 955 000	非流动负债：			
减：累计折旧	80 000	7.82	625 600	长期借款	30 000	7.82	234 600
固定资产账面价值	170 000	7.82	1 329 400	长期应付款			
在建工程	10 000	7.82	78 200	其他非流动负债			
工程物资	8 000	7.82	62 560	非流动负债合计	30 000		234 600
固定资产清理				负债合计	99 500		778 090
生产性生物资产				所有者权益：			
无形资产	45 000	7.82	351 900	实收资本	200 000	7.82	1 564 000
开发支出	8 000	7.82	62 560	盈余公积	30 000	7.82	234 600
长期待摊费用				未分配利润	4 500	7.82	35 190
非流动资产合计	241 000		1 884 620	所有者权益合计	234 500		1 833 790
资产总计	334 000		2 611 880	负债和所有者权益总计	334 000		2 611 880

7

项目小结

记账本位币是指企业经营所处的主要经济环境中的货币。在我国，大多数企业主要产生和支出现金的环境在国内，因此，一般以人民币作为记账本位币。小企业因经营所处的主要经济环境发生重大变化，确需变更记账本位币的，应当采用变更当日的即期汇率将所有项目折算为变更后的记账本位币。企业记账本位币一经确定，不得随意变更。

汇率是指两种货币相兑换的比率，是一种货币单位用另一种货币单位所表示的价格。常见的汇率有三种表示方式：买入价、卖出价和中间价。《小企业会计准则》规定，企业用于记账的即期汇率一般指当日中国人民银行公布的人民币汇率的中间价。外币交易在初始确认时，采用交易发生日的即期汇率将外币金额折算为记账本位币金额；也可以采用交易当期平均汇率折算。小企业收到投资者以外币投入的资本，应当采用交易发生日即期汇率折算，不得采用合同约定汇率和交易当期平均汇率折算。

小企业在资产负债表日，应当区分外币货币性项目和外币非货币性项目分别进行处理：

(1) 外币货币性项目，采用资产负债表日的即期汇率折算。因资产负债表日即期汇率与初始确认时或者前一资产负债表日即期汇率不同而产生的汇兑差额，计入当期损益。

(2) 以历史成本计量的外币非货币性项目，仍采用交易发生日的即期汇率折算，不改变其记账本位币金额。

小企业对外币财务报表进行折算时，应当采用资产负债表日的即期汇率对外币资产负债表、利润表和现金流量表的所有项目进行折算。

复习思考题

1. 什么是记账本位币？我国《会计法》中对企业确定记账本位币是如何规定的？
2. 什么是即期汇率和交易当期平均汇率？
3. 外币交易的核算程序包括哪些步骤？
4. 资产负债表日，对于货币性项目和非货币性项目的会计处理是否相同？
5. 什么是外币报表折算？对于财务报表各项目的折算有什么规定？

习题与实训

一、单项选择题

1. 企业的记账本位币是指（　　）。
   A. 企业经营所处的主要经济环境中的货币
   B. 人民币
   C. 企业总机构所在地使用的货币
   D. 企业主管部门确定的货币
2. 某企业采用人民币作为记账本位币，下列项目中，不属于该企业外币业务的是（　　）。
   A. 与外国企业发生的以人民币计价结算的购货业务
   B. 与国内企业发生的以美元计价的销售业务
   C. 与外国企业发生的以美元计价结算的购货业务
   D. 与中国银行之间发生的美元与人民币的兑换业务
3. 小企业因经营所处的主要经济环境发生重大变化，确需变更记账本位币的，应当采用（　　）将所有项目折算为变更后的记账本位币。
   A. 变更当期期初的市场汇率
   B. 变更当期期末的市场汇率
   C. 交易当期平均汇率
   D. 变更当日的即期汇率
4. 企业在发生外币业务时，下列不属于外币账户的是（　　）。
   A. “短期借款”　　B. “实收资本”　　C. “应收账款”　　D. “应付账款”
5. 企业在采用交易发生日的即期汇率作为折算汇率的情况下，将人民币兑换成外币时所产生的汇兑损益，是指（　　）。

A. 账面汇率与当日市场汇率之差所引起的折算差额
B. 账面汇率与当日银行卖出价之差所引起的折算差额
C. 银行买入价与交易发生日的即期汇率之差所引起的折算差额
D. 银行卖出价与交易发生日的即期汇率之差所引起的折算差额

6. 小企业收到投资者以外币投入的资本,应当采用(　　)折算。
A. 合同约定汇率　　B. 变更当期期末的市场汇率
C. 交易当期平均汇率　　D. 交易发生日的即期汇率

7. 小企业发生的汇兑收益,在(　　)账户核算。
A. "资本公积"　B. "财务费用"　C. "营业外收入"　D. "营业外支出"

8. 外币货币性项目,采用资产负债表日的即期汇率折算。因资产负债表日即期汇率与初始确认时或者前一资产负债表日即期汇率不同而产生的汇兑差额,计入(　　)。
A. 营业外收入　B. 当期损益　C. 财务费用　D. 管理费用

9.《小企业会计准则》中所指的即期汇率,是指中国人民银行公布的当日人民币外汇牌价的(　　)。
A. 买入价　B. 卖出价　C. 中间价　D. 远期价格

10. 企业发生的下列外币业务中,即使汇率变动不大,也不得使用交易当期平均汇率进行折算的是(　　)。
A. 取得的外币借款　　B. 投资者以外币投入的资本
C. 以外币购入的固定资产　　D. 销售商品取得的外币营业收入

7

二、多项选择题

1. 下列说法中正确的有(　　)。
A. 企业记账本位币一经确定,不得随意变更,除非企业经营所处的主要经济环境发生重大变化
B. 企业记账本位币一经确定,不得变更
C. 企业的记账本位币一定是人民币
D. 企业确需变更记账本位币的,应当采用变更当日的即期汇率将所有项目折算为变更后的记账本位币

2. 企业选定记账本位币,应当考虑的因素有(　　)。
A. 该货币主要影响商品和劳务的销售价格,通常以该货币进行商品和劳务的计价和结算
B. 该货币主要影响商品和劳务所需人工、材料和其他费用,通常以该货币进行上述费用的计价和结算
C. 融资活动获得的货币以及保存从经营活动中收取款项所使用的货币
D. 会计人员的素质

3. 企业的境外经营机构选择记账本位币时,应考虑的因素包括(　　)。
A. 境外经营机构对其所从事的活动是否拥有很强的自主性
B. 与企业的交易是否在境外经营活动中占有较大比重

C. 境外经营活动产生的现金流量是否直接影响企业的现金流量
D. 境外经营活动产生的现金流量是否可以随时汇回

4. 企业发生下列核算项目时，应当设置外币账户的有(　　　)。
A.“固定资产”　B.“应收账款”　C.“银行存款”　D.“应付账款”

5. 企业的下列外币业务中，在发生时就可能产生汇兑差额的有(　　　)。
A. 外币借贷业务　B. 企业将外币出售给银行
C. 企业从银行买入外币　D. 以外币结算的购销业务

6. 下列外币货币性项目在本期均未发生增减变动，在期末市场汇率上升的情况下将其折算为记账本位币，产生汇兑收益的有(　　　)。
A. 应收账款　B. 银行存款　C. 应付账款　D. 短期借款

7. 小企业在资产负债表日，对外币货币性项目因资产负债表日即期汇率与初始确认时或者前一资产负债表日即期汇率不同而产生的汇兑差额，可能记入的账户有(　　　)。
A.“营业外收入”　B.“营业外支出”　C.“财务费用”　D.“管理费用”

8. 下列外币货币性项目在本期均未发生增减变动，在期末市场汇率上升的情况下将其折算为记账本位币，产生汇兑损失的有(　　　)。
A. 应收票据　B. 货币资金　C. 应付账款　D. 短期借款

9. 下列各项中，在资产负债表日应按该日即期汇率折算的有(　　　)。
A. 以外币购入的存货　B. 外币债权债务
C. 以外币购入的固定资产　D. 以外币标价的交易性金融资产

10. 小企业的外币交易包括(　　　)。
A. 买入以外币计价的商品或劳务　B. 借入外币资金
C. 卖出以外币计价的商品或劳务　D. 接受外币投资

三、判断题

1. 外币交易，是指以人民币以外的货币计价或者结算的交易。(　　)
2. 即期汇率，通常是指中国人民银行公布的当日人民币外汇牌价的中间价。(　　)
3. 企业发生的外币兑换业务或涉及外币兑换的交易事项，应当按照交易实际采用的汇率(即银行买入价或卖出价)折算。(　　)
4. 外币交易在初始确认时，采用交易发生日的即期汇率将外币金额折算为记账本位币金额；也可以采用交易当期平均汇率折算。(　　)
5. 企业因经营所处的主要经济环境发生重大变化，确需变更记账本位币的，应当采用合同约定的汇率将所有项目折算为变更后的记账本位币。(　　)
6. 按照规定，企业各外币账户的外币金额采用资产负债表日即期汇率折合为记账本位币的金额，与原账面记账本位币金额之间的差额，均应计入当期损益。(　　)
7. 企业发生收到投入外币资本业务时，在有合同约定汇率的情况下，有关资产和实收资本账户均应按合同约定汇率折合为人民币金额记账。(　　)
8. 在资产负债表日，外币非货币性项目，仍采用交易发生日的即期汇率折算，不改变其记账本位币金额。(　　)

9. 对于以历史成本计量的外币非货币性项目，由于已在交易发生日按当日即期汇率折算，资产负债表日不应改变其原记账本位币金额，不产生汇兑差额。 （ ）

10. 小企业应当采用资产负债表日的即期汇率对外币资产负债表、利润表和现金流量表的所有项目进行折算。 （ ）

四、实训题

目的：练习外币交易的期末调整或结算的会计处理。

资料：美丽华公司的外币交易采用交易发生时的市场汇率进行折算，并按月计算汇兑损益。2019 年 4 月 30 日，市场汇率为 1 美元＝6.7 元人民币。有关外币账户期末余额如表 7－4 所示。

表 7－4 相关外币账户期末余额表

项 目	外币账户金额/美元	汇率	记账本位币金额/人民币
银行存款	50	6.7	335
应收账款	20	6.7	134
应付账款	10	6.7	67

美丽华公司 5 月份发生如下外币业务（假设不考虑有关税费）：

（1）8 日，购入一批原材料，该批原材料的价款为 50 万美元，款项尚未支付，当日的市场汇率为 1 美元＝6.756 元人民币。

（2）10 日，对外销售一批商品，售价为 30 万美元，当日的市场汇率为 1 美元＝6.76 元人民币，款项尚未收到。

（3）16 日，收到国外的投资 20 万美元，合同约定的汇率为 1 美元＝6.78 元人民币，款项已收到，当日的市场汇率为 1 美元＝6.753 元人民币。

（4）23 日，收到前应收货款 20 万美元，款项已存入银行，当日的市场汇率为 1 美元＝6.755 元人民币。

（5）28 日，归还应付账款 5 万美元，当日的市场汇率为 1 美元＝6.754 元人民币。

（6）31 日，当日的市场汇率为 1 美元＝6.756 元人民币。

要求：

（1）根据资料（1）—（5），逐题编制会计分录。

（2）计算期末汇兑损益并作出相关的账务处理。（假定不考虑税费的影响）

7

项目八　财务报表的编制

◇ 职业能力目标

通过本项目学习，了解资产负债表的作用与报表格式、现金流量表的编制基础、现金流量的分类；了解会计政策的内涵、会计估计的内涵与特点；理解资产负债表的结构和内容、利润表的结构和组成项目、财务报表附注的内涵和作用；理解会计政策变更、会计估计变更、会计差错的内涵及原因；掌握资产负债表、利润表、现金流量表及附注的编制方法；掌握会计政策变更、会计估计变更的会计处理、会计差错更正的方法。

◇ 典型工作任务

编制资产负债表；编制利润表；编制现金流量表；编制附注；会计政策变更的会计处理；会计估计变更的会计处理；会计差错更正。

◇ 知识框架

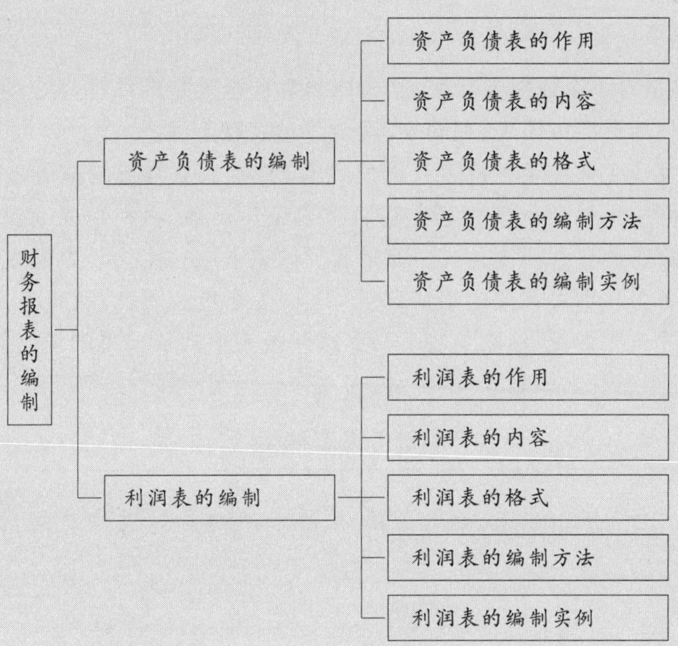

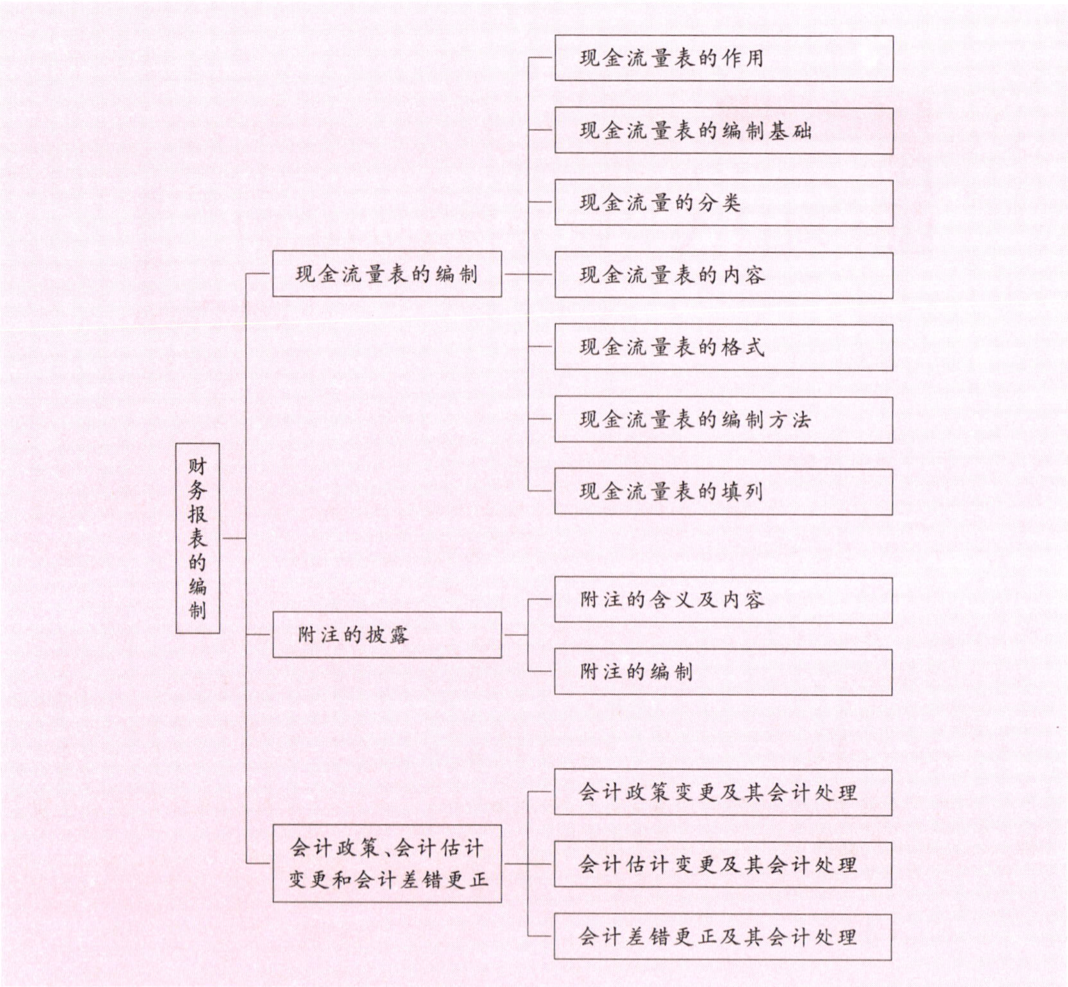

财务报表，是指对小企业财务状况、经营成果和现金流量的结构性表述。一套完整的财务报表至少应当包括资产负债表、利润表、现金流量表和附注。

资产负债表反映企业在某一特定日期所拥有的资产、需偿还的债务以及投资者拥有的净资产情况。利润表反映企业在一定会计期间的经营成果（即利润或亏损）的情况，表明企业运用所拥有的资产的获利能力。现金流量表反映企业在一定会计期间现金流入和流出的情况。附注是财务报表不可或缺的组成部分，是对在资产负债表、利润表、现金流量表中列示项目的文字描述或明细资料，以及对未能在这些报表中列示项目的说明等。《小企业会计准则》规定的财务报表种类如表 8－1 所示。

表 8－1　　财务报表种类

编　号	报表名称	编报期
会小企 01 表	资产负债表	月报、年报
会小企 02 表	利润表	月报、年报
会小企 03 表	现金流量表	月报、年报

任务一 资产负债表的编制

引例 8－1

某小企业 2018 年 12 月 31 日结账后有关账户余额如表 8－2 所示。

9. 小企业会计准则——财务报表

表 8－2 有关科目余额表 单位：万元

总账账户	明细账户	借方余额		贷方余额	
		总账余额	明细账户余额	总账余额	明细账户余额
应收账款		800			
	——A 公司		1 000		
	——B 公司				200
预收账款				5 000	
	——C 公司				7 000
	——D 公司		2 000		

请问：

(1) 根据上述资料，如何填制小企业资产负债表中的“应收账款”项目？

(2) 根据上述资料，如何填制小企业资产负债表中的“预收账款”项目？

8

一、资产负债表的作用

资产负债表是指反映小企业在某一特定日期的财务状况的报表。资产负债表是以“资产＝负债＋所有者权益”这一会计基本等式为基础进行编制的，是反映企业静态财务状况的主要报表。通过提供资产负债表，可以反映企业在某一特定日期所拥有或控制的经济资源，也能反映企业所承担的现时义务和所有者对净资产的要求权。概括地说，主要表现在以下几个方面：

(1) 资产负债表可以提供小企业在某一特定日期的资产总额及其结构，表明小企业拥有或控制的资源及其分布情况，有助于小企业财务报表的外部使用者一目了然地从资产负债表上了解小企业的生产经营规模，以及小企业经济资源的分布状况，据此可以分析小企业资产结构的合理性、资产的流动性和清偿债务的能力。

(2) 资产负债表可以反映小企业在某一定特定日期的负债总额、债务结构，表明小企业未来需要多少资产或劳务来清偿债务，据此可以分析小企业的债务是否适度，结构是否合理。

(3) 资产负债表可以反映小企业拥有的所有者权益总额及其构成，表明投资者在小企业资产中所占的份额，据此可以判断资本保值、增值的情况以及对小企业负债的保障程度。如与负债相比，可以分析小企业融资结构优劣和财务风险的大小。

(4) 资产负债表为信息使用者提供财务分析的基本资料，通过对相同时期不同项目的横向比较和不同时期相同项目的纵向比较，可以分析和预测小企业未来财务状况的变动趋势和经营潜力。

二、资产负债表的内容

我国小企业的资产负债表采用账户式结构。账户式资产负债表分左右两方，左方为资产项目，大体按资产的流动性大小排列，流动性大的资产（如“货币资金”“短期投资”等）排在前面，流动性小的资产（如“长期股权投资”“固定资产”等）排在后面。右方为负债及所有者权益项目，一般按要求清偿时间的先后顺序排列。“短期借款”“应付票据”“应付账款”等需要在1年以内或者长于1年的一个正常营业周期内偿还的流动负债排在前面，“长期借款”“应付债券”等在1年以上才需偿还的非流动负债排在中间，在企业清算之前不需要偿还的所有者权益项目排在后面。《小企业会计准则》规定了小企业资产负债表的资产、负债、所有者权益类项目至少应当列示的信息：

（一）资产负债表中的资产类至少应当单独列示反映下列信息的项目

（1）货币资金。

（2）应收及预付款项。

（3）存货。

（4）长期债券投资。

（5）长期股权投资。

（6）固定资产。

（7）生产性生物资产。

（8）无形资产。

（9）长期待摊费用。

（二）资产负债表中的负债类至少应当单独列示反映下列信息的项目

（1）短期借款。

（2）应付及预收款项。

（3）应付职工薪酬。

（4）应交税费。

（5）应付利息。

（6）长期借款。

（7）长期应付款。

（三）资产负债表中的所有者权益类至少应当单独列示反映下列信息的项目

（1）实收资本。

（2）资本公积。

（3）盈余公积。

（4）未分配利润。

（四）其他应单独列示反映的项目

（1）资产类应当包括流动资产和非流动资产的合计项目。

（2）负债类应当包括流动负债、非流动负债和负债的合计项目。

（3）所有者权益类应当包括所有者权益的合计项目。

（4）资产负债表应当列示资产总计项目，负债和所有者权益总计项目。

【小思考 8－1】 为什么我国《小企业会计准则》把资产负债表作为企业对外报告第1号报表？

三、资产负债表的格式

资产负债表一般有表首、正表两部分。其中，表首概括地说明报表名称、编制单位、编制日期、报表编号、货币名称、计量单位等，正表是资产负债表的主体，列示了用以说明小企业财务状况的各个项目。每个项目又分为“期末余额”和“年初余额”两栏分别填列。资产负债表的格式如表 8－3 所示。

表 8－3 资产负债表

会小企 01 表

编制单位： 年 月 日 单位：元

资 产	行次	期末余额	年初余额	负债和所有者权益	行次	期末余额	年初余额
流动资产：				流动负债：			
货币资金	1			短期借款	31		
短期投资	2			应付票据	32		
应收票据	3			应付账款	33		
应收账款	4			预收账款	34		
预付账款	5			应付职工薪酬	35		
应收股利	6			应交税费	36		
应收利息	7			应付利息	37		
其他应收款	8			应付利润	38		
存货	9			其他应付款	39		
其中：原材料	10			其他流动负债	40		
在产品	11			流动负债合计	41		
库存商品	12			非流动负债：			
周转材料	13			长期借款	42		
其他流动资产	14			长期应付款	43		
流动资产合计	15			递延收益	44		

续 表

资　产	行次	期末余额	年初余额	负债和所有者权益	行次	期末余额	年初余额
非流动资产：				其他非流动负债	45		
长期债券投资	16			非流动负债合计	46		
长期股权投资	17			负债合计	47		
固定资产原价	18						
减：累计折旧	19						
固定资产账面价值	20						
在建工程	21						
工程物资	22						
固定资产清理	23						
生产性生物资产	24			所有者权益(或股东权益)：			
无形资产	25			实收资本(或股本)	48		
开发支出	26			资本公积	49		
长期待摊费用	27			盈余公积	50		
其他非流动资产	28			未分配利润	51		
非流动资产合计	29			所有者权益(或股东权益)合计	52		
资产总计	30			负债和所有者权益(或股东权益)总计	53		

四、资产负债表的编制方法

(一) 资产负债表项目的填列方法

资产负债表的各项目均需填列“年初余额”和“期末余额”两栏。

1.“年初余额”的填列方法

资产负债表“年初余额”栏内各项数字，应根据上年末资产负债表的“期末余额”栏内所列数字填列。如果上年度资产负债表规定的各个项目的名称和内容与本年度不一致，应对上年年末资产负债表各项目的名称和数字按照本年度的规定进行调整，填入本表“年初余额”栏。

2.“期末余额”的填列方法

资产负债表的“期末余额”栏内各项数字填列方法如下：

(1) 根据总账账户的余额填列。资产负债表中的有些项目可直接根据有关总账账户的余额填列，如“短期投资”“短期借款”“应付票据”“应付职工薪酬”等项目。有些项目则需根据几个总账账户的余额计算填列。例如，“货币资金”项目需根据“库存现金”“银行存款”“其他货币资金”三个总账账户余额合计填列。

(2) 根据有关明细账户的余额计算填列。资产负债表中的有些项目需要根据明细账户余额填列，如“应付账款”项目需要分别根据“应付账款”和“预付账款”两个账户所属明细账户的期末贷方余额计算填列。

(3) 根据总账账户和明细账户的余额分析计算填列。资产负债表的有些项目需要依据总账账户和明细账户两者的余额分析填列。例如，“长期借款”项目应根据“长期借款”总账账户余额扣除“长期借款”账户所属的明细账户中将在资产负债表日起 1 年内到期且企业不能自主地将清偿义务展期的长期借款后的金额填列。

(4) 根据有关账户余额减去其备抵账户余额后的净额填列。例如，资产负债表中的“生产性生物资产”“无形资产”应根据“生产性生物资产”“无形资产”等账户的期末余额减去“生产性生物资产累计折旧”“累计摊销”等账户余额后的净额填列。

(5) 综合运用上述填列方法分析填列。例如，资产负债表中的“存货”项目需根据“原材料”“库存商品”“委托加工物资”“周转材料”“材料采购”“在途物资”“发出商品”“材料成本差异”“生产成本”等总账账户期末余额的分析汇总数，再减去“材料成本差异”“商品进销差价”等备抵账户余额后的金额填列。

(二) 资产负债表项目的填列说明

资产负债表中资产、负债和所有者权益主要项目的填列说明如下：

(1) “货币资金”项目，反映小企业库存现金、银行存款、其他货币资金的合计数。本项目应根据“库存现金”“银行存款”和“其他货币资金”账户的期末余额合计填列。

(2) “短期投资”项目，反映小企业购入的能随时变现并且持有时间不准备超过 1 年的股票、债券和基金投资的余额。本项目应根据“短期投资”账户的期末余额填列。

(3) “应收票据”项目，反映小企业收到的未到期收款也未向银行贴现的应收票据(银行承兑汇票和商业承兑汇票)。本项目应根据“应收票据”账户的期末余额填列。

8

(4) “应收账款”项目，反映小企业因销售商品、提供劳务等日常生产经营活动应收取的款项。本项目应根据“应收账款”账户的期末余额分析填列。如“应收账款”账户期末为贷方余额，应当在“预收账款”项目列示。

(5) “预付账款”项目，反映小企业按照合同规定预付的款项，包括根据合同规定预付的购货款、租金、工程款等。本项目应根据“预付账款”账户的期末借方余额填列。如“预付账款”账户期末为贷方余额，应当在“应付账款”项目列示。

属于超过 1 年期以上的预付账款的借方余额应当在“其他非流动资产”项目列示。

(6) “应收股利”项目，反映小企业应收取的现金股利或利润。本项目应根据“应收股利”账户的期末余额填列。

(7) “应收利息”项目，反映小企业债券投资应收取的利息。小企业购入一次还本付息债券应收的利息，不包括在本项目内。本项目应根据“应收利息”账户的期末余额填列。

(8) “其他应收款”项目，反映小企业除应收票据、应收账款、预付账款、应收股利、应收利息等以外的其他各种应收及暂付款项，包括各种应收的赔款、应向职工收取的各种垫付款项等。本项目应根据“其他应收款”账户的期末余额填列。

(9) “存货”项目，反映小企业期末在库、在途和在加工中的各项存货的成本，包括各种原材料、在产品、半成品、产成品、商品、周转材料(包装物、低值易耗品等)、消耗性生物资产等。本项目应根据“材料采购”“在途物资”“原材料”“材料成本差异”“生产成本”“库存商品”“商品进销差价”“委托加工物资”“周转材料”“消耗性生物资产”等账户的期末余额分析填列。

（10）“其他流动资产”项目，反映小企业除以上流动资产项目外的其他流动资产（含1年内到期的非流动资产）。本项目应根据有关账户的期末余额分析填列。

（11）“长期债券投资”项目，反映小企业准备长期持有的债券投资的本息。本项目应根据“长期债券投资”账户的期末余额分析填列。

（12）“长期股权投资”项目，反映小企业准备长期持有的权益性投资的成本。本项目应根据“长期股权投资”账户的期末余额填列。

（13）“固定资产原价”和“累计折旧”项目，反映小企业固定资产的原价（成本）及累计折旧。这两个项目应根据“固定资产”账户和“累计折旧”账户的期末余额填列。

（14）“固定资产账面价值”项目，反映小企业固定资产原价扣除累计折旧后的余额。本项目应根据“固定资产”账户的期末余额减去“累计折旧”账户的期末余额后的金额填列。

【小思考8-2】 小企业资产负债表为什么单独将“固定资产”大项分为“固定资产原价”“累计折旧”和“固定资产账面价值”三个小项目分别列示？

（15）“在建工程”项目，反映小企业尚未完工或虽已完工，但尚未办理竣工决算的工程成本。本项目应根据“在建工程”账户的期末余额填列。

（16）“工程物资”项目，反映小企业为在建工程准备的各种物资的成本。本项目应根据“工程物资”账户的期末余额填列。

8

（17）“固定资产清理”项目，反映小企业因出售、报废、毁损、对外投资等原因处置固定资产所转出的固定资产账面价值以及在清理过程中发生的费用等。本项目应根据“固定资产清理”账户的期末借方余额填列。如“固定资产清理”账户期末为贷方余额，以“－”号填列。

（18）“生产性生物资产”项目，反映小企业生产性生物资产的账面价值。本项目应根据“生产性生物资产”账户的期末余额减去“生产性生物资产累计折旧”账户的期末余额后的金额填列。

（19）“无形资产”项目，反映小企业无形资产的账面价值。本项目应根据“无形资产”账户的期末余额减去“累计摊销”账户的期末余额后的金额填列。

（20）“开发支出”项目，反映小企业正在进行的无形资产研究开发项目满足资本化条件的支出。本项目应根据“研发支出”账户的期末余额填列。

（21）“长期待摊费用”项目，反映小企业尚未摊销完毕的已提足折旧的固定资产的改建支出、经营租入固定资产的改建支出、固定资产的大修理支出和其他长期待摊费用。本项目应根据“长期待摊费用”账户的期末余额分析填列。

（22）“其他非流动资产”项目，反映小企业除以上非流动资产以外的其他非流动资产。本项目应根据有关账户的期末余额分析填列。

（23）“短期借款”项目，反映小企业向银行或其他金融机构等借入的期限在1年内的、尚未偿还的各种借款本金。本项目应根据“短期借款”账户的期末余额填列。

（24）“应付票据”项目，反映小企业因购买材料、商品和接受劳务等日常生产经营活动开出、承兑的商业汇票（银行承兑汇票和商业承兑汇票）尚未到期的票面金额。本项目应根据“应付票据”账户的期末余额填列。

（25）“应付账款”项目，反映小企业因购买材料、商品和接受劳务等日常生产经营活动尚未支付的款项。本项目应根据“应付账款”账户的期末余额填列。如“应付账款”账户期末为借方余额，应当在“预付账款”项目列示。

（26）“预收账款”项目，反映小企业根据合同规定预收的款项，包括预收的购货款、工程款等。本项目应根据“预收账款”账户的期末贷方余额填列。如“预收账款”账户期末为借方余额，应当在“应收账款”项目列示。

属于超过 1 年期以上的预收账款的贷方余额应当在“其他非流动负债”项目列示。

（27）“应付职工薪酬”项目，反映小企业应付未付的职工薪酬。本项目应根据“应付职工薪酬”账户期末余额填列。

（28）“应交税费”项目，反映小企业期末未交、多交或尚未抵扣的各种税费。本项目应根据“应交税费”账户的期末贷方余额填列。如“应交税费”账户期末为借方余额，以“－”号填列。

（29）“应付利息”项目，反映小企业尚未支付的利息费用。本项目应根据“应付利息”账户的期末余额填列。

（30）“应付利润”项目，反映小企业尚未向投资者支付的利润。本项目应根据“应付利润”账户的期末余额填列。

（31）“其他应付款”项目，反映小企业除应付账款、预收账款、应付职工薪酬、应交税费、应付利息、应付利润等以外的其他各项应付、暂收的款项，包括应付租入固定资产和包装物的租金、存入保证金等。本项目应根据“其他应付款”账户的期末余额填列。

8

（32）“其他流动负债”项目，反映小企业除以上流动负债以外的其他流动负债（含 1 年内到期的非流动负债）。本项目应根据有关账户的期末余额填列。

（33）“长期借款”项目，反映小企业向银行或其他金融机构借入的期限在 1 年以上的、尚未偿还的各项借款本金。本项目应根据“长期借款”账户的期末余额分析填列。

（34）“长期应付款”项目，反映小企业除长期借款以外的其他各种应付未付的长期应付款项，包括应付融资租入固定资产的租赁费、以分期付款方式购入固定资产发生的应付款项等。本项目应根据“长期应付款”账户的期末余额分析填列。

（35）“递延收益”项目，反映小企业收到的、应在以后期间计入损益的政府补助。本项目应根据“递延收益”账户的期末余额分析填列。

（36）“其他非流动负债”项目，反映小企业除以上非流动负债项目以外的其他非流动负债。本项目应根据有关账户的期末余额分析填列。

（37）“实收资本（或股本）”项目，反映小企业收到投资者按照合同协议约定或相关规定投入的、构成小企业注册资本的部分。本项目应根据“实收资本（或股本）”账户的期末余额分析填列。

（38）“资本公积”项目，反映小企业收到投资者投入资本超出其在注册资本中所占份额的部分。本项目应根据“资本公积”账户的期末余额填列。

（39）“盈余公积”项目，反映反映小企业（公司制）的法定公积金和任意公积金，小企业

(外商投资)的储备基金和企业发展基金。本项目应根据“盈余公积”账户的期末余额填列。

(40)“未分配利润”项目,反映小企业尚未分配的历年结存的利润。本项目应根据“利润分配”账户的期余额填列。未弥补的亏损,在本项目内以“—”号填列。

五、资产负债表的编制实例

【工作任务8-1】 A公司为增值税一般纳税人小企业,存货采用实际成本进行核算。2018年12月31日的资产负债表如表8-4所示。

表8-4 资产负债表

会小企01表

编制单位:A公司 2018年12月31日 单位:元

资 产	行次	期末余额	负债和所有者权益	行次	期末余额
流动资产:			流动负债:		
货币资金	1	420 000	短期借款	31	350 000
短期投资	2	25 000	应付票据	32	18 000
应收票据	3	14 000	应付账款	33	5 900
应收账款	4	68 000	预收账款	34	
预付账款	5		应付职工薪酬	35	35 000
应收股利	6		应交税费	36	32 000
应收利息	7		应付利息	37	
其他应收款	8	15 800	应付利润	38	
存货	9	699 100	其他应付款	39	18 000
其中:原材料	10	235 000	其他流动负债	40	
在产品	11	189 200	流动负债合计	41	458 900
库存商品	12	260 000	非流动负债:		
周转材料	13	14 900	长期借款	42	300 000
其他流动资产	14		长期应付款	43	
流动资产合计	15	1 241 900	递延收益	44	
非流动资产:			其他非流动负债	45	
长期债券投资	16		非流动负债合计	46	300 000
长期股权投资	17		负债合计	47	758 900
固定资产原价	18	650 000			
减:累计折旧	19	60 000			
固定资产账面价值	20	590 000			

续 表

资　产	行次	期末余额	负债和所有者权益	行次	期末余额
在建工程	21				
工程物资	22				
固定资产清理	23				
生产性生物资产	24		所有者权益：		
无形资产	25	48 000	实收资本	48	1 000 000
开发支出	26		资本公积	49	45 000
长期待摊费用	27		盈余公积	50	35 000
其他非流动资产	28		未分配利润	51	41 000
非流动资产合计	29	638 000	所有者权益合计	52	1 121 000
资产总计	30	1 879 900	负债和所有者权益总计	53	1 879 900

A公司的会计人员根据2019年所登记的会计账簿记录及其他记录，整理出2019年总账及有关明细账余额如表8-5所示。

表8-5　账户余额表　单位：元

借方科目	余　额	贷方科目	余　额
库存现金	3 560	累计折旧	72 000
银行存款	337 110	累计摊销	30 000
其他货币资金	221 140	短期借款	780 000
短期投资	50 000	应付票据	50 000
应收账款	532 026	应付账款	78 000
其他应收款	4 000	其他应付款	11 400
在途物资	38 000	应付职工薪酬	20 900
原材料	75 400	应交税费	24 800
库存商品	271 500	长期借款	310 000
生产成本	28 500	实收资本	1 000 000
长期股权投资	250 000	资本公积	52 831
固定资产	650 000	盈余公积	13 000
无形资产	70 000	未分配利润	98 305
长期待摊费用	10 000		
合计	2 541 236	合计	2 541 236

8

根据《小企业会计准则》的有关规定，企业会计人员编制的资产负债表如表 8－6 所示。

表 8－6 **资产负债表**

会小企 01 表

编制单位：A 公司　　2019 年 12 月 31 日　　单位：元

资　产	行次	期末余额	年初余额	负债和所有者权益	行次	期末余额	年初余额
流动资产：				流动负债：			
货币资金	1	561 810	420 000	短期借款	31	780 000	350 000
短期投资	2	50 000	25 000	应付票据	32	50 000	18 000
应收票据	3		14 000	应付账款	33	78 000	5 900
应收账款	4	532 026	68 000	预收账款	34		
预付账款	5			应付职工薪酬	35	20 900	35 000
应收股利	6			应交税费	36	24 800	32 000
应收利息	7			应付利息	37		
其他应收款	8	4 000	15 800	应付利润	38		
存货	9	413 400	699 100	其他应付款	39	11 400	18 000
其中：原材料	10	75 400	235 000	其他流动负债	40		
在产品	11	28 500	189 200	流动负债合计	41	965 100	458 900
库存商品	12	271 500	260 000	非流动负债：			
周转材料	13	38 000	14 900	长期借款	42	310 000	300 000
其他流动资产	14			长期应付款	43		
流动资产合计	15	1 561 236	1241 900	递延收益	44		
非流动资产：				其他非流动负债	45		
长期债券投资	16			非流动负债合计	46	310 000	300 000
长期股权投资	17	250 000		负债合计	47	1 275 100	758 900
固定资产原价	18	650 000	650 000				
减：累计折旧	19	72 000	60 000				
固定资产账面价值	20	578 000	590 000				
在建工程	21						
工程物资	22						
固定资产清理	23						
生产性生物资产	24			所有者权益：			
无形资产	25	40 000	48 000	实收资本	48	1 000 000	1 000 000
开发支出	26			资本公积	49	52 831	45 000
长期待摊费用	27	10 000		盈余公积	50	13 000	35 000
其他非流动资产	28			未分配利润	51	98 305	41 000
非流动资产合计	29	878 000	638 000	所有者权益合计	52	1 164 136	1 121 000
资产总计	30	2 439 236	1 879 900	负债和所有者权益总计	53	2 439 236	1 879 900

任务二 利润表的编制

引例 8-2

徽商公司属于小企业，2019 年发生的主营业务收入为 400 万元，其他业务收入为 100 万元，主营业务成本为 240 万元，其他业务成本为 60 万元，税金及附加为 6 万元，销售费用为 20 万元，管理费用为 30 万元，财务费用为 7 万元，投资收益为 40 万元，营业外收入为 5 万元，营业外支出为 3 万元，所得税费用为 12 万元。

请问：

（1）营业利润、利润总额和净利润是什么关系？

（2）根据上述资料，如何计算该公司 2019 年的营业利润、利润总额和净利润？

一、利润表的作用

利润表是反映小企业在一定会计期间经营成果的报表。它总括反映了小企业在某一特定期间内利润（或亏损）实际的形成情况，是小企业的主要报表之一。

利润表可以提供的信息有：

（1）小企业在一定期间取得的全部收入，包括营业收入、投资收益等。

（2）小企业在一定期间发生的全部费用，包括从事经营业务发生的成本、销售费用、管理费用、财务费用和所得税费用。

（3）小企业发生的营业外收支项目。

（4）全部收入与费用相抵后计算出的净利润。

通过利润表，可以反映小企业在一定会计期间的收入、成本和费用及净利润（或亏损）的实现及构成情况；同时，通过利润表提供的不同时期的比较数字，可以分析企业的获利能力及利润的未来发展趋势，了解投资者投入资本的保值增值情况。由于利润表既是企业经营业绩的综合体现，又是企业进行利润分配的主要依据。

【小思考 8-3】 企业是一个营利的组织，其经营目标一般是获取最大的利润。但为什么《小企业会计准则》中把利润表作为第 2 号报表？

二、利润表的内容

《小企业会计准则》规定，利润表至少应当单独列示反映下列信息的项目：

（1）营业收入。

（2）营业成本。

（3）税金及附加。

（4）销售费用。

(5) 管理费用。
(6) 财务费用。
(7) 所得税费用。
(8) 净利润。

三、利润表的格式

利润表通过一定的表格来反映企业经营成果，利润表的格式主要有多步式利润表和单步式利润表两种。根据《小企业会计准则》的规定，我国小企业利润表采用多步式格式。根据多步式利润表格式，小企业净利润的计算分为三个步骤进行：

第一步，计算营业利润。

以营业收入为基础减去营业成本、税金及附加、销售费用、管理费用、财务费用、加上投资收益减去投资损失，计算出营业利润。计算公式如下：

营业利润＝营业收入－营业成本－税金及附加－销售费用－管理费用－财务费用＋投资收益(或－投资损失)

【小思考8-4】 为什么把投资收益列入营业利润范围？

第二步，计算利润总额。

以营业利润为基础加上营业外收入减去营业外支出计算出利润总额。计算公式如下：

利润总额＝营业利润＋营业外收入－营业外支出

第三步，计算净利润。

以利润总额为基础，减去所得税费用，计算出净利润(或净亏损)。计算公式如下：

净利润＝利润总额－所得税费用

利润表的格式如表8-7所示。

表8-7 利润表

会小企02表

编制单位： 年 月 单位：元

项 目	行次	本年累计金额	本月金额
一、营业收入	1		
减：营业成本	2		
税金及附加	3		

续 表

项 目	行次	本年累计金额	本月金额
其中：消费税	4		
城市维护建设税	5		
资源税	6		
土地增值税	7		
城镇土地使用税、房产税、车船税、印花税	8		
教育费附加、矿产资源补偿费、排污费	9		
销售费用	10		
其中：商品维修费	11		
广告费和业务宣传费	12		
管理费用	13		
其中：开办费	14		
业务招待费	15		
研究费用	16		
财务费用	17		
其中：利息费用(收入以“－”号填列)	18		
加：投资收益(损失以“－”号填列)	19		
二、营业利润(亏损以“－”号填列)	20		
加：营业外收入	21		
其中：政府补助	22		
减：营业外支出	23		
其中：坏账损失	24		
无法收回的长期债券投资损失	25		
无法收回的长期股权投资损失	26		
自然灾害等不可抗力因素造成的损失	27		
税收滞纳金	28		
三、利润总额(亏损总额以“－”号填列)	29		
减：所得税费用	30		
四、净利润(净亏损以“－”号填列)	31		

8

【小思考8-5】 小企业利润表中，为什么要对“税金及附加”“营业外支出”等项目列示详细项目？

四、利润表的编制方法

利润表各项目均需填列“本年累计金额”和“本月金额”两栏。

(一)“本年累计金额”的填列方法

“本年累计金额”栏反映各项目自年初起至报告期末止的累计实际发生额。如果上年度利润表中的项目名称与本年度不一致，应对上年利润表各项目的名称和数字按照本年度的规定进行调整，填入本表“本年累计金额”栏。

(二)“本月金额”的填列方法

“本月金额”栏反映各项目的本月实际发生额。在编制年度利润表时，应将“本月金额”栏改为“上年金额”栏。

(三)利润表各项目内容及填列方法

(1)“营业收入”项目，反映小企业销售商品和提供劳务所实现的收入总额。本项目应根据“主营业务收入”账户和“其他业务收入”账户的发生额合计填列。

(2)“营业成本”项目，反映小企业所销售商品的成本和所提供劳务的成本。本项目应根据“主营业务成本”账户和“其他业务成本”账户的发生额合计填列。

(3)“税金及附加”项目，反映小企业开展日常生产活动应负担的消费税、城市维护建设税、资源税、土地增值税、城镇土地使用税、房产税、车船使用税、印花税和教育费附加、矿产资源补偿费、排污费等。本项目应根据“税金及附加”账户的发生额填列。

(4)“销售费用”项目，反映小企业销售商品或提供劳务过程中发生的费用。本项目应根据“销售费用”账户的发生额填列。

(5)“管理费用”项目，反映小企业为组织和管理生产经营发生的其他费用。本项目应根据“管理费用”账户的发生额填列。

(6)“财务费用”项目，反映小企业为筹集生产经营所需资金发生的筹资费用。本项目应根据“财务费用”账户的发生额填列。

(7)“投资收益”项目，反映小企业股权投资取得的现金股利(或利润)，债券投资取得的利息收入，处置股权投资和债券投资取得的处置价款扣除成本或账面余额、相关税费后的净额。本项目应根据“投资收益”账户的发生额填列。如为投资损失，以“-”号填列。

(8)“营业利润”项目，反映小企业当期开展日常生产经营活动实现的利润。本项目应根据营业收入扣除营业成本、税金及附加、销售费用、管理费用和财务费用，加上投资收益后的金额填列。如为亏损，以“-”号填列。

(9)“营业外收入”项目，反映小企业实现的各项营业外收入金额，包括非流动资产处置净收益、政府补助、捐赠收益、盘盈收益、汇兑收益、出租包装物和商品的租金收入、逾期未退包装物押金收益、确实无法偿付的应付款项、已作坏账损失处理后又收回的应收款项、违约金收益等。本项目应根据“营业外收入”账户的发生额填列。

（10）“营业外支出”项目，反映小企业发生的各项营业外支出金额，包括存货的盘亏、毁损、报废损失，非流动资产处置净损失，坏账损失，无法收回的长期债券投资损失，无法收回的长期股权投资损失，自然灾害等不可抗力因素造成的损失，税收滞纳金、罚金、罚款，被没收财物的损失，捐赠支出，赞助支出等。本项目应根据“营业外支出”账户的发生额填列。

（11）“利润总额”项目，反映小企业当期实现的利润总额。本项目应根据营业利润加上营业外收入减去营业外支出后的金额填列。如为亏损总额，以“－”号填列。

（12）“所得税费用”项目，反映小企业根据企业所得税法确定的应从当期利润总额中扣除的所得税费用。本项目应根据“所得税费用”账户的发生额填列。

（13）“净利润”项目，反映小企业当期实现的净利润。本项目应根据利润总额扣除所得税费用后的金额填列。如为净亏损，以“－”号填列。

五、利润表的编制实例

【工作任务 8－2】 B公司2019年各损益类账户1—6月累计发生数和7月发生额如表8－8所示。

表8－8　损益表类账户本年累计数　　单位：元

项　　目	1—6月累计金额	7月发生额
主营业务收入	3 500 000	512 000
其他业务收入	800 000	61 000
主营业务成本	2 105 000	320 000
其他业务成本	500 000	38 000
税金及附加	118 500	9 230
其中：消费税	100 000	6 800
城市维护建设税	7 000	476
城镇土地使用税、房产税、车船税、印花税	8 500	1 750
教育费附加、矿产资源补偿费、排污费	3 000	204
销售费用	49 000	8 000
其中：商品维修费		
广告费和业务宣传费	30 000	4 500
管理费用	189 000	35 200
其中：开办费		
业务招待费	75 000	9 200
研究费用		

8

续 表

项　　目	1—6 月累计金额	7 月发生额
财务费用	91 000	14 000
其中：利息费用	91 000	14 000
投资收益	5 100	900
营业外收入	6 300	1 200
其中：政府补助		
营业外支出	4 800	2 200
其中：坏账损失	3 500	
自然灾害等不可抗力因素造成的损失	1 300	2 200

根据以上资料，编制的 B 公司 2019 年 7 月利润表如表 8－9 所示。

表 8－9　　利润表

会小企 02 表

编制单位：B公司　　2019 年 7 月　　单位：元

项　　目	行次	本年累计金额	本月金额
一、营业收入	1	4 873 000	573 000
减：营业成本	2	2 963 000	358 000
税金及附加	3	127 730	9 230
其中：消费税	4	106 800	6 800
城市维护建设税	5	7 476	476
资源税	6		
土地增值税	7		
城镇土地使用税、房产税、车船税、印花税	8	10 250	1 750
教育费附加、矿产资源补偿费、排污费	9	3 204	204
销售费用	10	57 000	8 000
其中：商品维修费	11		
广告费和业务宣传费	12	34 500	4 500
管理费用	13	224 200	35 200
其中：开办费	14		
业务招待费	15	84 200	9 200
研究费用	16		

8

续　表

项　　目	行次	本年累计金额	本月金额
财务费用	17	105 000	14 000
其中：利息费用（收入以“－”号填列）	18	105 000	14 000
加：投资收益（损失以“－”号填列）	19	6 000	900
二、营业利润（亏损以“－”号填列）	20	1 402 070	149 470
加：营业外收入	21	7 500	1 200
其中：政府补助	22		
减：营业外支出	23	7 000	2 200
其中：坏账损失	24	3 500	
无法收回的长期债券投资损失	25		
无法收回的长期股权投资损失	26		
自然灾害等不可抗力因素造成的损失	27	3 500	2 200
税收滞纳金	28		
三、利润总额（亏损总额以“－”号填列）	29	1 402 570	148 470
减：所得税费用	30		
四、净利润（净亏损以“－”号填列）	31	1 402 570	148 470

任务三　现金流量表的编制

引例 8－3

新源公司属于生产制造型企业，按其规模和资产划定为小企业。2019 年 4 月 10 日将一条生产线出售。该生产线原始价值为 500 000 元，已提累计折旧 400 000 元，以银行存款支付清理费用 50 000 元；出售价款 70 200 元（其中增值税 10 200 元）存入银行。

请问：

（1）新源公司出售生产线产生的现金流量属于哪一类？

（2）新源公司该项业务对 2019 年 4 月现金流量影响额有多大？

一、现金流量表的作用

现金流量表，是指反映小企业在一定会计期间现金流入和流出情况的报表。

小企业的现金流转情况在很大程度上影响着小企业的生存和发展，现金流量管理越来越成为小企业财务管理的一个重要方面。通过现金流量表可以起到以下作用：

（1）有助于了解和评价小企业的支付能力、偿债能力和周转能力。

（2）有助于预测小企业未来现金流量。

（3）有助于分析小企业收益质量及影响现金净流量的因素，掌握小企业经营活动、投资活动和筹资活动的现金流量。

二、现金流量表的编制基础

现金流量表是以现金为基础编制的。现金流量表中的“现金”是指小企业的库存现金以及可以随时用于支付的存款和其他货币资金。具体包括：

（1）库存现金。库存现金是指小企业持有的随时用于支付的现金限额，即与会计核算中“库存现金”账户所包括的内容一致。

（2）银行存款。银行存款是指小企业存放在金融机构可以随时用于支付的存款，即与会计核算中“银行存款”账户所包括的内容一致。

（3）其他货币资金。其他货币资金是指小企业存在金融机构有特定用途的资金，如外埠存款、银行汇票存款、银行本票存款等，即与会计核算中“其他货币资金”账户所包括的内容一致。

三、现金流量的分类

现金流量表应当按照经营活动产生的现金流量、投资活动产生的现金流量和筹资活动产生的现金流量分别反映。现金流量应当分别按照现金流入和现金流出总额列报。

（一）经营活动产生的现金流量

经营活动，是指小企业投资活动和筹资活动以外的所有交易和事项。经营活动的现金流入主要是指销售商品或提供劳务等所收到的现金；经营活动的现金流出主要是指购买货物、接受劳务、广告宣传、支付职工薪酬、缴纳税款等所支出的现金。通过经营活动产生的现金流量的计算，可以反映企业经营活动对现金流入和现金流出净额的影响程度，判断企业在不动用对外筹集资金的情况下，是否足以维持生产经营、偿还债务、支付股利、对外投资等。

（二）投资活动产生的现金流量

投资活动，是指企业固定资产、无形资产和其他非流动资产的购建和短期投资、长期债券投资、长期股权投资及其处置活动。投资活动的现金流入主要包括收回投资收到现金、分得利润或取得债券利息收入收到的现金，以及处置固定资产、无形资产和其他非流动资产收到的现金等；投资活动的现金流出则是指购建固定资产、无形资产和其他非流动资产所支付的现金，以及进行长期债券投资或长期股权投资所发生的现金。通过投资活动产生的现金流量的计算，可以分析企业经由投资获取现金流量的能力，以及投资产生的现金流量对企业现金流量净额的影响程度。

（三）筹资活动产生的现金流量

筹资活动，是指导致小企业资本及债务规模和构成发生变化的活动。筹资活动的现金流入包括吸收权益性投资或借款所收到的现金；筹资活动的现金流出主要包括偿还债务或减少资本所支付的现金，发生筹资费用所支付的现金，分配利润或偿付利息所支付的现金等。通过筹资活动产生的现金流量的计算,可以分析企业筹资的能力,以及筹资产生的现金流量对企业现金流量净额的影响程度。

四、现金流量表的内容

《小企业会计准则》规定,现金流量表应当分别经营活动、投资活动和筹资活动列报现金流量,每一类应列示的项目如下:

(一)经营活动产生的现金流量列示内容

小企业经营活动产生的现金流量应当单独列示反映下列信息的项目:

(1)销售产成品、商品、提供劳务收到的现金。

(2)购买原材料、商品、接受劳务支付的现金。

(3)支付的职工薪酬。

(4)支付的税费。

(二)投资活动产生的现金流量列示内容

小企业投资活动产生的现金流量应当单独列示反映下列信息的项目:

(1)收回短期投资、长期债券投资和长期股权投资收到的现金。

(2)取得投资收益收到的现金。

(3)处置固定资产、无形资产和其他非流动资产收回的现金净额。

(4)短期投资、长期债券投资和长期股权投资支付的现金。

(5)购建固定资产、无形资产和其他非流动资产支付的现金。

(三)筹资活动产生的现金流量列示内容

(1)取得借款收到的现金。

(2)吸收投资者投资收到的现金。

(3)偿还借款本金支付的现金。

(4)偿还借款利息支付的现金。

(5)分配利润支付的现金。

8

五、现金流量表的格式

小企业现金流量表一般有表首、正表两部分。其中,表首说明报表的名称、编制单位、编制日期、报表编号、货币名称、计量单位等。正表是现金流量表的主体,反映小企业经营活动、投资活动和筹资活动列报现金的流入量、流出量和净流量。现金流量表的格式如表 8-10 所示。

表 8-10　　　　现金流量表

会小企 03 表

编制单位:　　　　年　　月　　　　单位:元

项　　目	行次	本年累计金额	本月金额
一、经营活动产生的现金流量:			
销售产成品、商品、提供劳务收到的现金	1		

续 表

项　　目	行次	本年累计金额	本月金额
收到其他与经营活动有关的现金	2		
购买原材料、商品、接受劳务支付的现金	3		
支付的职工薪酬	4		
支付的税费	5		
支付其他与经营活动有关的现金	6		
经营活动产生的现金流量净额	7		
二、投资活动产生的现金流量：			
收回短期投资、长期债券投资和长期股权投资收到的现金	8		
取得投资收益收到的现金	9		
处置固定资产、无形资产和其他非流动资产收回的现金净额	10		
短期投资、长期债券投资和长期股权投资支付的现金	11		
购建固定资产、无形资产和其他非流动资产支付的现金	12		
投资活动产生的现金流量净额	13		
三、筹资活动产生的现金流量：			
取得借款收到的现金	14		
吸收投资者投资收到的现金	15		
偿还借款本金支付的现金	16		
偿还借款利息支付的现金	17		
分配利润支付的现金	18		
筹资活动产生的现金流量净额	19		
四、现金净增加额	20		
加：期初现金余额	21		
五、期末现金余额	22		

现金流量表的第 21 行“期初现金余额”和 22 行“期末现金余额”的数额与资产负债表首行“货币资金”的“期初余额”和“期末余额”相等。

六、现金流量表的编制方法

小企业在编制现金流量表时，可以采用工作底稿法或 T 形账户法编制，也可以直接根据有关账户记录分析填列。

（一）工作底稿法

工作底稿法就是以工作底稿为手段，以利润表和资产负债表数据为基础，结合有关账户的记录，对现金流量表的每一项目进行分析并编制调整分录，从而编制出现金流量表。

采用工作底稿法编制现金流量表的程序是：

第一步，将资产负债表的年初余额和期末余额过入工作底稿的年初余额和期末余额栏。

第二步，对当期业务进行分析并编制调整分录。在调整分录中，有关现金的事项，并不直接借记或贷记现金，而是分别记入“经营活动产生的现金流量”“投资活动产生的现金流量”“筹资活动产生的现金流量”有关项目，借记表明现金流入，贷记表明现金流出。

第三步，将调整分录过入工作底稿中的相应部分。

第四步，核对调整分录，借贷合计应相等，资产负债表项目年初余额加减调整分录中的借贷金额以后，应当等于期末余额。

第五步，根据工作底稿中的现金流量表项目部分编制正式的现金流量表。

（二）T 形账户法

T 形账户法就是以 T 形账户为手段，以利润表和资产负债表数据为基础，对每一项目进行分析并编制调整分录，从而编制出现金流量表。

采用 T 形账户法编制现金流量表的程序如下：

第一步，为所有的非现金项目（包括资产负债表项目和利润表项目）分别开设 T 形账户，并将各自的年初、期末变动数过入各该账户。

第二步，开设一个大的“现金”T 形账户，每边分为经营活动、投资活动和筹资活动三个部分，左边记现金流入，右边记现金流出。与其他账户一样，过入年初、期末变动数。

第三步，以利润表项目为基础，结合资产负债表分析每一个非现金项目的增减变动，并据此编制调整分录。

第四步，将调整分录过入各 T 形账户，并进行核对，该账户借贷相抵后的余额与原先过入的期末期初变动数应当一致。

第五步，根据大的“现金”T 形账户编制正式的现金流量表。

（三）分析填列法

分析填列法是直接根据资产负债表、利润表和有关总账和明细账的记录，分析计算出现金流量表各项目的金额，并据以编制现金流量表的一种方法。

七、现金流量表的填列

现金流量表各项目均需填列“本年累计金额”和“本月金额”两栏。

（一）“本年累计金额”的填列方法

“本年累计金额”栏反映各项目自年初起至报告期末止的累计实际发生额。如果上年度现金流量表中的项目名称与本年度不一致，应对上年度现金流量表各项目的名称和数字按照本年度的规定进行调整，填入本表“本年累计金额”栏。

（二）“本月金额”的填列方法

“本月金额”栏反映各项目的本月实际发生额。在编制年度现金流量表时，应将“本月金额”栏改为“上年金额”栏。

（三）现金流量表各项目内容及填列方法

1. 经营活动产生的现金流量

（1）“销售产成品、商品、提供劳务收到的现金”项目，反映小企业本期销售产成品、商品、提供劳务收到的现金。本项目可以根据“库存现金”“银行存款”和“主营业务收入”等账户的本期发生额分析填列。销售产成品、商品、提供劳务收到的现金可用下式计算得出：

销售产成品、商品、提供劳务收到的现金＝营业收入＋增值税销项税额－应收票据、应收账款（期末数－期初数）－应收票据贴现利息－预收账款（期初数－期末数）－本期因销售退回支付的现金

（2）“收到其他与经营活动有关的现金”项目，反映小企业本期收到的其他与经营活动有关的现金。本项目可以根据“库存现金”和“银行存款”等账户的本期发生额分析填列。收到其他与经营活动有关的现金可用下式计算得出：

收到其他与经营活动有关的现金＝除税费返还外的其他支付补助收入的现金＋经营租赁固定资产收到的现金＋流动资产损失中由个人赔偿的现金和保险理赔现金收入＋收取的押金、保证金、违约金＋罚款收入

8

（3）“购买原材料、商品、接受劳务支付的现金”项目，反映小企业本期购买原材料、商品、接受劳务支付的现金。本项目可以根据“库存现金”“银行存款”“其他货币资金”“原材料”“库存商品”等账户的本期发生额分析填列。购买原材料、商品、接受劳务支付的现金可用下式计算得出：

购买原材料、商品、接受劳务支付的现金＝营业成本＋增值税进项税额－应付票据、应付账款（期末数－期初数）－预付账款（期初数－期末数）－存货（期末数－期初数）－当期购货退回收到的现金＋其他用途减少的存货－当期列入生产成本、制造费用、管理费用的职工薪酬－当期列入生产成本、制造费用的非付现成本－以非现金资产清偿债务减少的应付账款

（4）“支付的职工薪酬”项目，反映小企业本期向职工支付的薪酬。本项目可以根据“库存现金”“银行存款”“应付职工薪酬”账户的本期发生额填列。支付的职工薪酬可用下式计算得出：

$$\text{支付的职工薪酬} = \text{本年度发生实际支付给职工的薪酬总额} + \text{应付职工薪酬（期末数－期初数）}$$

（5）“支付的税费”项目，反映小企业本期支付的税费。本项目可以根据“库存现金”“银行存款”“应交税费”等账户的本期发生额填列。支付的税费可用下式计算得出：

$$\text{支付的税费} = \text{本期实际缴纳的流转税、附加费及财产行为税} + \text{本期实际缴纳的企业所得税}$$

（6）“支付其他与经营活动有关的现金”项目，反映小企业本期支付的其他与经营活动有关的现金。本项目可以根据“库存现金”“银行存款”等账户的本期发生额分析填列。支付其他与经营活动有关的现金可用下式计算得出：

$$\text{支付其他与经营活动有关的现金} = \text{销售费用} + \text{管理费用以现金支付的其他部分} + \text{罚款支出} + \text{支付的经营租赁费}$$

2. 投资活动产生的现金流量

（1）“收回短期投资、长期债券投资和长期股权投资收到的现金”项目，反映小企业出售、转让或到期收回短期投资、长期股权投资而收到的现金，以及收回长期债券投资本金而收到的现金，不包括长期债券投资收回的利息。本项目可以根据“库存现金”“银行存款”“短期投资”“长期股权投资”“长期债券投资”等账户的本期发生额分析填列。收回短期投资、长期债券投资和长期股权投资收到的现金可用下式计算得出：

$$\text{收回短期投资、长期债券投资和长期股权投资收到的现金} = \text{出售、转让或到期收回短期投资收到的现金} + \text{出售、转让或到期收回长期股权投资收到的现金} + \text{到期收回长期债券的本金}$$

（2）“取得投资收益收到的现金”项目，反映小企业因权益性投资和债权性投资取得的现金股利或利润和利息收入。本项目可以根据“库存现金”“银行存款”“投资收益”等账户的本期发生额分析填列。取得投资收益收到的现金可用下式计算得出：

$$\text{取得投资收益收到的现金} = \text{股权投资分得的现金股利或利润} + \text{短期债券投资和长期债券投资收到的利息收入}$$

（3）“处置固定资产、无形资产和其他非流动资产收回的现金净额”项目，反映小企业处置固定资产、无形资产和其他非流动资产取得的现金，减去为处置这些资产而支付的有关税费等后的净额。本项目可以根据“库存现金”“银行存款”“固定资产清理”“无形资产”“生产性生物资产”等账户的本期发生额分析填列。处置固定资产、无形资产和其他非流动资产收回的现金净额可用下式计算得出：

处置固定资产、无形资产和其他非流动资产收回的现金净额 = 本期处置固定资产、无形资产和其他非流动资产收回的现金 − 处置固定资产、无形资产和其他非流动资产支付的税费

（4）“短期投资、长期债券投资和长期股权投资支付的现金”项目，反映小企业进行权益性投资和债权性投资支付的现金，包括企业取得短期股票投资、短期债券投资、短期基金投资、长期债券投资、长期股权投资支付的现金。本项目可以根据“库存现金”“银行存款”“短期投资”“长期债券投资”“长期股权投资”等账户的本期发生额分析填列。短期投资、长期债券投资和长期股权投资支付的现金可用下式计算得出：

短期投资、长期债券投资和长期股权投资支付的现金 = 短期投资支付的现金 + 长期债券投资支付的现金 + 长期股权投资支付的现金

（5）“购建固定资产、无形资产和其他非流动资产支付的现金”项目，反映小企业购建固定资产、无形资产和其他非流动资产支付的现金，包括购买机器设备、无形资产、生产性生物资产支付的现金、建造工程支付的现金等现金支出，不包括为购建固定资产、无形资产和其他非流动资产而发生的借款费用资本化部分和支付给在建工程和无形资产开发项目人员的薪酬。为购建固定资产、无形资产和其他非流动资产而发生借款费用资本化部分，在“偿还借款利息支付的现金”项目反映；支付给在建工程和无形资产开发项目人员的薪酬，在“支付的职工薪酬”项目反映。本项目可以根据“库存现金”“银行存款”“固定资产”“在建工程”“无形资产”“研发支出”“生产性生物资产”“应付职工薪酬”等账户的本期发生额分析填列。购建固定资产、无形资产和其他非流动资产支付的现金可用下式计算得出：

购建固定资产、无形资产和其他非流动资产支付的现金 = 购买机器设备支付的现金 + 购买生产性生物资产支付的现金 + 购买无形资产支付的现金 + 建造工程支付的现金

3. 筹资活动产生的现金流量

（1）“取得借款收到的现金”项目，反映小企业举借各种短期、长期借款收到的现金。本项目可以根据“库存现金”“银行存款”“短期借款”“长期借款”等账户的本期发生额分析填列。取得借款收到的现金可用下式计算得出：

取得借款收到的现金＝长期借款收到的现金＋短期借款收到的现金

（2）“吸收投资者投资收到的现金”项目，反映小企业收到的投资者作为资本投入的现金。本项目可以根据“库存现金”“银行存款”“实收资本”“资本公积”等账户的本期发生额分析填列。吸收投资者投资收到的现金可用下式计算得出：

吸收投资者投资收到的现金＝接受投资者投入的资本和资本公积收到的现金

（3）“偿还借款本金支付的现金”项目，反映小企业以现金偿还各种短期、长期借款的本金。本项目可以根据“库存现金”“银行存款”“短期借款”“长期借款”等账户的本期发生额分析填列。偿还借款本金支付的现金可用下式计算得出：

偿还借款本金支付的现金＝归还短期借款、长期借款支付的本金

（4）“偿还借款利息支付的现金”项目，反映小企业以现金偿还各种短期、长期借款的利息。本项目可以根据“库存现金”“银行存款”“应付利息”等账户的本期发生额分析填列。偿还借款利息支付的现金可用下式计算得出：

偿还借款利息支付的现金＝支付短期借款、长期借款的利息

（5）“分配利润支付的现金”项目，反映小企业向投资者实际支付的利润。本项目可以根据“库存现金”“银行存款”“应付利润”等账户的本期发生额分析填列。分配利润支付的现金可用下式计算得出：

分配利润支付的现金＝“应付利润”账户的借方发生额

8

【工作任务 8－3】 远大公司 2019 年度资产负债表（简表）、利润表（简表）和现金流量表（简表）如表 8－11、表 8－12 和表 8－13 所示。

表 8－11　　资产负债表（简表）

会小企 01 表

编制单位：远大公司　　2019 年 12 月 31 日　　单位：元

资　产	期末余额	年初余额	负债和所有者权益	期末余额	年初余额
流动资产：			流动负债：		
货币资金	89 500	30 500	短期借款	50 000	
短期投资	28 000	20 000	应付票据		120 000

续 表

资 产	期末余额	年初余额	负债和所有者权益	期末余额	年初余额
应收票据	39 000	54 000	应付账款	93 000	49 500
存货	165 000	80 000	流动负债合计	143 000	169 500
流动资产合计	321 500	184 500	非流动负债：		
非流动资产：			长期借款	225 000	80 000
固定资产原价	485 000	300 000	非流动负债合计	225 000	80 000
减：累计折旧	31 500	15 000	负债合计	368 000	249 500
固定资产账面价值	453 500	285 000	所有者权益：		
长期待摊费用	15 000		实收资本	240 000	190 000
			未分配利润	182 000	30 000
非流动资产合计	468 500	285 000	所有者权益合计	422 000	220 000
资产总计	790 000	469 500	负债和所有者权益总计	790 000	469 500

表 8-12　利润表(简表)

会小企 02 表

编制单位：远大公司　　2019 年　　单位：元

项　目	行次	本年累计金额
一、营业收入	1	738 000
减：营业成本	2	360 000
税金及附加	3	12 000
销售费用	10	
管理费用	13	61 000
财务费用	17	10 000
加：投资收益(损失以“—”号填列)	19	
二、营业利润(亏损以“—”号填列)	20	295 000
加：营业外收入	21	3 000
减：营业外支出	23	10 000
三、利润总额(亏损总额以“—”号填列)	29	288 000
减：所得税费用	30	102 000
四、净利润(净亏损以“—”号填列)	31	186 000

其他有关资料：

(1) 本年度支付了27 000元投资分红。

(2) 主营业务成本360 000元中，包括工资费用164 000元。管理费用61 000元中，包括折旧费用21 500元，支付其他费用39 500元。

(3) 本年度出售机器一台，原价60 000元，已提折旧5 000元，处置价格为58 000元，已收到现金。

(4) 本年度购入固定资产，价款245 000元，以银行存款支付。

(5) 本年度购入股票作为短期投资，支付价款23 000元。

(6) 本年度出售短期投资收到现金18 000元，成本15 000元。

(7) 本年度偿付长期借款70 000元；新借入的长期借款215 000元，已收到现金。

(8) 本年度发生火灾造成存货损失10 000元，已计入营业外支出。

(9) 本年度支付经营租赁方式租入的固定资产发生的改良支出15 000元。

(10) 本年度接受投资50 000元，已收到现金。

(11) 财务费用10 000元系支付的借款利息。

(12) 期末存货均为外购原材料。

(13) 本年度从银行取得短期借款50 000元。

(14) 本期增值税销项税额为125 460元，本期进项税额为79 390元，本期实际缴纳增值税46 070元。

要求：采用分析填列法编制现金流量表。

任务处理如下：

1. 分析计算确定远大公司2019年现金流量表各项目金额

(1) 销售产成品、商品、提供劳务收到的现金＝738 000＋125 460－(39 000－54 000)＝868 460(元)。

(2) 购买原材料、商品、接受劳务支付的现金＝360 000＋79 390－(0－120 000)－(93 000－49 500)－(80 000－165 000)－164 000＋10 000＝446 890(元)。

(3) 支付的职工薪酬＝164 000(元)。

(4) 支付的税费＝12 000＋46 070＋102 000＝160 070(元)。

(5) 支付其他与经营活动有关的现金＝39 500＋15 000＝54 500(元)。

(6) 收回短期投资、长期债券投资和长期股权投资收到的现金＝18 000(元)。

(7) 处置固定资产、无形资产和其他非流动资产收回的现金净额＝58 000(元)。

(8) 短期投资、长期债券投资和长期股权投资支付的现金＝23 000(元)。

(9) 购建固定资产、无形资产和其他非流动资产支付的现金＝245 000(元)。

(10) 取得借款收到的现金＝215 000＋50 000＝265 000(元)。

(11) 吸收投资者投资收到的现金＝50 000(元)。

(12) 偿还借款本金支付的现金＝70 000(元)。

(13) 偿还借款利息支付的现金＝10 000(元)。

(14) 分配利润支付的现金＝27 000(元)。

表 8-13 **现金流量表**

会小企 03 表

编制单位：远大公司　　2019 年　　单位：元

项目	行次	本年累计金额	上年金额
一、经营活动产生的现金流量：			
销售产成品、商品、提供劳务收到的现金	1	868 460	
收到其他与经营活动有关的现金	2		
购买原材料、商品、接受劳务支付的现金	3	446 890	
支付的职工薪酬	4	164 000	
支付的税费	5	160 070	
支付其他与经营活动有关的现金	6	54 500	
经营活动产生的现金流量净额	7	43 000	
二、投资活动产生的现金流量：			
收回短期投资、长期债券投资和长期股权投资收到的现金	8	18 000	
取得投资收益收到的现金	9		
处置固定资产、无形资产和其他非流动资产收回的现金净额	10	58 000	
短期投资、长期债券投资和长期股权投资支付的现金	11	23 000	
购建固定资产、无形资产和其他非流动资产支付的现金	12	245 000	
投资活动产生的现金流量净额	13	-192 000	
三、筹资活动产生的现金流量：			
取得借款收到的现金	14	265 000	
吸收投资者投资收到的现金	15	50 000	
偿还借款本金支付的现金	16	70 000	
偿还借款利息支付的现金	17	10 000	
分配利润支付的现金	18	27 000	
筹资活动产生的现金流量净额	19	208 000	
四、现金净增加额	20	59 000	
加：期初现金余额	21	30 500	
五、期末现金余额	22	89 500	

8

任务四　附注的披露

引例 8－4

东海公司属于小企业，2019 年年初未分配利润为 22 万元，本年实现利润 100 万元，按税法规定应交企业所得税 20 万元、净利润 80 万元。经研究决定，提取法定盈余公积 8 万元，提取任意盈余公积 16 万元，应付利润 30 万元。经分配后，结余未分配利润 58 万元。

请问：

（1）小企业的利润分配表是哪一个报表的附表？

（2）小企业的利润分配表包括哪些内容？

一、附注的含义及内容

附注，是指对在资产负债表、利润表和现金流量表等报表中列示项目的文字描述或明细资料，以及对未能在这些报表中列示项目的说明等。

附注是为便于会计报表使用者理解会计报表的内容而对会计报表的编制基础、编制依据、编制原则和方法及重要项目所作的解释。附注是财务会计报告的一个重要组成部分，编制和披露会计报表附注，是改善会计报表的一种重要手段，是充分披露原则的体现。

会计报表附注提供的信息十分广泛，各国也不尽相同。《小企业会计准则》规定，小企业应当按照下列顺序披露：

（1）遵循小企业会计准则的声明。

（2）短期投资、应收账款、存货、固定资产项目的说明。

（3）应付职工薪酬、应交税费项目的说明。

（4）利润分配的说明。

（5）用于对外担保的资产名称、账面余额及形成的原因；未决诉讼、未决仲裁以及对外提供担保所涉及的金额。

（6）发生严重亏损的，应当披露持续经营的计划、未来经营的方案。

（7）对已在资产负债表和利润表中列示项目与企业所得税法规定存在差异的纳税调整过程。

（8）其他需要在附注中说明的事项。

二、附注的编制

小企业应当按照《小企业会计准则》规定披露附注信息，主要包括下列内容：

（一）遵循小企业会计准则的声明

小企业应当声明编制的财务报表符合小企业会计准则的要求，真实、完整地反映了小企业的财务状况、经营成果和现金流量等有关信息。

(二) 短期投资、应收账款、存货、固定资产项目的说明

短期投资、应收账款、存货、固定资产是小企业重要的资产，这几项资产的期末市场价值信息、持有时间的长短和新旧程度信息，有助于信息使用者尤其是债权人了解小企业资产的质量。短期投资、应收账款、存货、固定资产项目需要披露的信息如表 8－14、表 8－15、表 8－16 和表 8－17 所示。

1. 短期投资的披露

表 8－14　短期投资明细表　单位：元

项　目	期末账面余额	期末市价	期末账面余额与期末市价的差额
1. 股票			
2. 债券			
3. 基金			
4. 其他			
合计			

2. 应收账款按账龄结构披露

表 8－15　应收账款账龄结构明细表　单位：元

账龄结构	期末账面余额	年初账面余额
1 年以内(含 1 年)		
1 年至 2 年(含 2 年)		
2 年至 3 年(含 3 年)		
3 年以上		
合计		

3. 存货的披露

表 8－16　存货信息明细表　单位：元

项　目	期末账面余额	期末市价	期末账面余额与期末市价的差额
1. 原材料			
2. 在产品			
3. 库存商品			
4. 周转材料			
5. 消耗性生物资产			
……			
合计			

4. 固定资产的披露

表 8-17 固定资产信息明细表 单位：元

项　目	原价	累计折旧	期末账面价值
1. 房屋、建筑物			
2. 机器			
3. 机械			
4. 运输工具			
5. 设备			
6. 器具			
7. 工具			
……			
合计			

(三) 应付职工薪酬、应交税费项目的说明

应付职工薪酬、应交税费情况是小企业职工、债权人、税务机关及政府其他部门重点关注的内容。小企业应根据“应付职工薪酬”和“应交税费”明细账，填列“应付职工薪酬明细表”和“应交税费明细表”。这两个表都是小企业资产负债表的附表，其格式如表 8-18 和表 8-19 所示。

1. 应付职工薪酬的披露

表 8-18 应付职工薪酬明细表

会小企 01 表附表 1

编制单位： 年　月 单位：元

项　目	期末账面余额	年初账面余额
1. 职工工资		
2. 奖金、津贴和补贴		
3. 职工福利费		
4. 社会保险费		
5. 住房公积金		
6. 工会经费		
7. 职工教育经费		
8. 非货币性福利		
9. 辞退福利		
10. 其他		
合计		

2. 应交税费的披露

表 8－19 应交税费明细表

会小企 01 表附表 2

编制单位： 年 月 单位：元

项 目	期末账面余额	年初账面余额
1. 增值税		
2. 消费税		
3. 城市维护建设税		
4. 企业所得税		
5. 资源税		
6. 土地增值税		
7. 城镇土地使用税		
8. 房产税		
9. 车船使用税		
10. 教育费附加		
11. 矿产资源补偿费		
12. 排污费		
13. 代扣代缴的个人所得税		
……		
合计		

（四）利润分配的说明

小企业的利润分配表应当遵循国家的相关法规，结合自己的具体情况，进行科学的分配。小企业利润分配主要通过编制利润分配表形式对外披露。利润分配表是资产负债表的附表，其格式如表 8－20 所示。

表 8－20 利润分配表

会小企 01 表附表 3

编制单位： 年度 单位：元

项 目	行次	本年金额	上年金额
一、净利润	1		
加：年初未分配利润	2		
其他转入	3		

续 表

项　目	行次	本年金额	上年金额
二、可供分配的利润	4		
减：提取法定盈余公积	5		
提取任意盈余公积	6		
提取职工奖励及福利基金*	7		
提取储备基金*	8		
提取企业发展基金*	9		
利润归还投资*	10		
三、可供投资者分配的利润	11		
减：应付利润	12		
四、未分配利润	13		

注：* 为外商投资企业、中外合作经营企业应被披露的信息。

利润分配表是按照“利润分配”账户所属的各明细账户的发生额编制。报表中的“本年金额”栏，根据本年的“本年利润”及“利润分配”账户所属明细账户的记录分析填列。如果上年度利润分配表与本年度利润分配表的项目名称和内容不相一致，应对上年度报表项目的名称和数字按本年度的规定进行调整，填入报表的“上年金额”栏内。利润分配表具体项目填列方法如下：

（1）“净利润”项目，反映小企业全年实现的净利润，根据“本年利润”账户年终结转入“利润分配——未分配利润”账户的发生额填列。如为净亏损，则以“－”号填列。本项目的数字应与利润表中“净利润”项目的“本年累计金额”一致。

（2）“年初未分配利润”项目，反映小企业上年年末的未分配利润。如为未弥补净亏损，则以“－”号填列。本项目的数字应与上年利润分配表中“未分配利润”项目的“本年实际金额”一致。

（3）“其他转入”项目，反映小企业按规定用盈余公积弥补亏损等转入的数额。

（4）“提取法定盈余公积”“提取任意盈余公积”项目分别反映小企业按照规定提取的法定盈余公积和任意盈余公积。

（5）“提取职工奖励及福利基金”“提取储备基金”“提取企业发展基金”这 3 个项目仅适用于小企业（外商投资）按照相关法律规定提取的三项基金。

（6）“利润归还投资”项目，仅适用于小企业（中外合作经营）根据合同规定在合作期间归还投资者的投资。

（7）“应付利润”项目，反映小企业按规定应分配给投资者的利润。

（8）“未分配利润”项目，反映小企业年末尚未分配的利润。如为净亏损，则以“－”号填列。本项目的数字应与资产负债表中“未分配利润”项目的“期末余额”一致。

（五）对外担保和未决诉讼、未决仲裁的信息

1. 对外担保

债务担保在小企业中是较为普遍的现象。作为提供担保的一方，在被担保方无法履行

合同的情况下，常常承担连带责任。从保护投资者、债权人的利益出发，客观、充分地反映小企业因担保义务而承担的潜在风险是十分必要的。

《小企业会计准则》要求，小企业对外担保时需披露用于对外担保的资产名称、账面余额及形成的原因。此外，小企业还应披露对外担保的事由、目前进展情况、对外提供担保所涉及的金额。

2. 未决诉讼、未决仲裁

对于被告人来说，未决诉讼、未决仲裁可能形成一项或有负债或者预计负债。小企业对于发生的法律纠纷合同争议事件，需要披露事由、未决诉讼或未决仲裁进展情况和所涉及的金额。

(六) 严重亏损情况的披露

小企业在日常生产经营活动中，由于规模小、抗风险能力弱，可能会出现因经营决策失误、市场风险等不确定因素导致企业严重亏损，甚至会出现破产清算的情形。如果发生严重亏损，就会对职工、税务机关、债权人、投资者等造成不利影响。在这种情况下，小企业需要披露持续经营的计划、未来经营的方案等补救或改进措施。

(七) 会计与税法的差异及调整过程的披露

由于会计和税法的目的不同，两者之间不可避免地存在差异，并在纳税申报过程中调整，如国债利息收入、无形资产研究开发费用、业务招待费、广告宣传费等。小企业要对已在资产负债表和利润表中列示项目与企业所得税法规定存在差异的纳税调整过程进行披露。

(八) 其他需要说明的事项

8

这是一个兜底条款，是指不属于以上披露项目的内容而又比较重要的信息，如小企业应收票据、长期应收款等也可以比照应收账款按账龄结构进行披露等。

任务五 会计政策、会计估计变更和会计差错更正

引例 8－5

瑞华公司 2019 年 4 月 1 日内部审计部门在审计过程中发现下列问题，并要求会计部门予以更正。

(1) 2018 年 11 月 12 日购入的一项固定资产，价值 500 万元，预计可使用 5 年，预计无残值。会计上采用年限平均法，但当年未计提固定资产折旧。

(2) 2019 年 2 月 18 日销售一批下脚料，价款 2 000 元已经存入银行，列入“其他应付款”账户。

请问：

(1) 对于已入账但尚未计提的固定资产折旧，应如何处理？

(2) 对于销售的下脚料未列入销售收入，应如何处理？

一、会计政策变更及其会计处理

(一)会计政策的概念

会计政策,是指小企业在会计确认、计量和报告中所采用的原则、基础和会计处理方法。

对于会计政策的概念,可以从以下三个方面加以理解:

第一,会计原则,是指小企业按照《小企业会计准则》规定的、适合于小企业会计核算所采用的特定会计原则,如收入确认原则、借款费用资本化原则、自行研发支出资本化原则等。

第二,计量基础,是指为了将会计原则应用于交易或者事项而采取的会计基础。小企业的计量基础主要是历史成本。

第三,会计处理方法,是指小企业在会计核算中从诸多可选择的会计处理方法中所选择的、适合于本企业的具体会计处理方法,如存货发出计价方法(先进先出法、移动加权平均法、月末一次加权平均法和个别计价法等);固定资产折旧方法(年限平均法、年数总和法和双倍余额递减法等);存货的核算方法(实际成本法、计划成本法等)。

(二)会计政策的类型

1. 发出存货成本的计量

发出存货成本的计量,是指企业存货的计价方法。例如,企业发出存货成本的计量是采用先进先出法,还是采用后进先出法等其他计量方法。

2. 固定资产的初始计量

固定资产的初始计量,是指对取得的固定资产初始成本的计量。例如,企业取得的固定资产初始成本是以购买价款,还是以评估价值或市场价值为基础进行计量。

3. 无形资产的确认

无形资产的确认,是指对无形项目的支出是否确认为无形资产。例如,企业内部研究开发项目开发阶段的支出是确认为无形资产,还是在发生时计入当期损益。

4. 收入的确认

收入的确认,是指收入确认所采用的会计方法。例如,建造合同是按完成合同法确认收入,还是按完工百分比法或其他方法确认收入。

5. 借款费用的处理

借款费用的处理,是指借款费用的处理方法,即企业发生的借款费用是采用资本化处置还是费用化处理。

6. 外币折算

外币折算,是指外币折算所采用的方法以及汇兑损益的处理。

(三)会计政策变更的情形

会计政策变更,是指小企业对相同的交易或者事项由原来采用的会计政策改用另一会计政策的行为。企业的会计政策一经确定,不得随意变更。

一般情况下,为保证会计信息的可比性,使财务报告使用者在比较小企业一个以上期间的财务报表时,能够正确判断小企业的财务状况、经营成果和现金流量的趋势。小企业在不同的会计期间应采用相同的会计政策,不应也不能随意变更会计政策。企业不能随意变更会计政策并不意味着企业的会计政策在任何情况下均不能变更。

会计政策变更,并不意味着以前期间的会计政策是错误的,只是由于情况发生了变化,或者掌握了新的信息、积累了更多的经验，使得变更会计政策能够更好地反映企业的财务状况、经营成果和现金流量。

(四) 会计政策变更的会计处理

小企业对会计政策变更应当采用未来适用法继续会计处理。

未来适用法，是指将变更后的会计政策应用于变更日及以后发生的交易或者事项，或者在会计估计变更当期和未来期间确认会计估计变更影响数的方法。通俗地讲，未来适用法就是“老业务新办法、新业务新办法”。

在未来适用法下，不需要计算会计政策变更产生的累积影响数，也无须重编以前年度的财务报表。对于企业会计账簿记录及财务报表上反映的金额，在变更之日仍保留原有的金额，不因会计政策变更而改变以前年度的既定结果，在现有金额的基础上再按新的会计政策进行核算。

二、会计估计变更及其会计处理

(一) 会计估计的概念及特点

会计估计，是指小企业对其结果不确定的交易或事项以最近可利用的信息为基础所作的判断。会计估计具有以下特点：

(1) 会计估计的存在是由于经济活动中内在的不确定性因素的影响。

在会计核算和信息披露过程中，会计估计是不可避免的，会计估计的存在是由经济活动中内在的不确定性因素的影响所造成的。会计准则要求企业采用权责发生制为基础编制财务报表，这样就有必要充分估计未来交易或事项的影响。

(2) 会计估计应当以最近可利用的信息或资料为基础。

8

随着时间的推移或环境的变化，进行会计估计的基础可能会发生变化，因此进行会计估计所依据的信息或资料不得不进行更新。例如，小企业对某项生产设备确定的折旧年限为15年，但由于科学技术的进步，使得企业生产的产品竞争性大幅度降低，为此，小企业将固定资产的折旧年限调整为10年。

(3) 合理进行会计估计是为了保证会计信息质量。

会计核算的基本假设前提有会计分期和货币计量，那么在会计事项的确认和计量过程中，会存在很多尚在延续中且结果不确定的交易或事项予以估计入账。但是，估计是建立在具有确凿证据的前提下，而不是随意的。例如，企业估计固定资产预计使用寿命，应当考虑该项固定资产的技术性能、历史资料、同行业同类固定资产的预计使用年限、本企业经营性质等诸多因素，并掌握确凿证据后确定。企业根据当时所掌握的可靠证据作出的最佳估计，不会削弱会计核算的可靠性。

(二) 会计估计变更的会计处理

1. 会计估计变更的概念

会计估计变更，是指由于资产和负债的当前状况及预期经济利益和义务发生了变化，从而对资产或负债的账面价值或者资产的定期消耗金额进行调整。

由于企业经营活动中内在不确定因素的影响，某些财务报表项目不能精确地计量，而只能加以估计。如果赖以进行估计的基础发生了变化，或者由于取得新的信息、积累更多的经验以及后来的发展变化，可能需要对会计估计进行修正。

2. 会计估计变更的会计处理

会计估计变更应采用未来适用法处理，即在会计估计变更当期及以后期间，采用新的会计估计，不改变以前期间的会计估计，也不调整以前期间的报告结果。具体情况如下：

(1) 如果会计估计的变更仅影响变更当期，有关估计变更的影响应于当期确认。

(2) 如果会计估计的变更既影响变更当期又影响未来期间，有关会计估计变更的影响在当期及以后各期确认。例如，固定资产的使用寿命或预计净残值的估计发生的变更，常常影响变更当期及资产以后使用年限内各个期间的折旧费用。因此，这类会计估计的变更，应于变更当期及以后各期确认。

(3) 企业难以对某项变更区分为会计政策变更或会计估计变更的，应当将其作为会计估计变更处理。

为了使不同会计期间的财务报表可比，会计估计变更的影响数应计入变更当期与前期相同的项目中。

【工作任务 8-4】 甲公司 2016 年 12 月 20 日购入一台管理用设备，原始价值为 100 万元，原估计使用年限为 10 年，预计净残值为 4 万元，按双倍余额递减法计提折旧。由于固定资产所含经济利益预期实现方式的改变和技术因素的原因，已不能继续按原定的折旧方法、折旧年限计提折旧。甲公司于 2019 年 1 月 1 日将设备的折旧方法改为年限平均法，将设备的折旧年限由原来的 10 年改为 8 年，预计净残值仍为 4 万元。甲公司所得税采用应付税款法核算，适用的所得税税率为 25%。

要求：

(1) 计算上述设备 2017 年和 2018 年计提的折旧额。

(2) 计算上述设备 2019 年计提的折旧额。

(3) 计算上述会计估计变更对 2019 年净利润的影响。

任务处理如下：

(1) 设备 2017 年计提的折旧额＝100×20%＝20(万元)

设备 2018 年计提的折旧额＝(100－20)×20%＝16(万元)

(2) 2019 年 1 月 1 日设备的账面净值＝100－20－16＝64(万元)

2019 年应计提的折旧额＝(64－4)÷(8－2)＝10(万元)

按原会计估计，设备 2019 年计提的折旧额＝(100－20－16)×20%＝12.8(万元)

上述会计估计变更使 2019 年净利润增加＝(12.8－10)×(1－25%)＝2.1(万元)。

三、会计差错更正及其会计处理

(一) 会计差错的概念及类型

会计差错，是指在会计核算时，在确认、计量额报告等方面出现的错误，包括：

(1) 计算错误。例如，企业本期应计提折旧 80 000 元，但由于计算出现差错，得出错误数据为 50 000 元。

(2) 应用会计政策错误。例如,《小企业会计准则》规定:为购建固定资产而发生的借款费用,符合资本化条件的应予资本化,计入所购建固定资产的成本;不符合资本化条件的,计入当期损益。如果小企业将固定资产完工后的借款费用也计入该项固定资产成本,予以资本化,则属于采用法律、行政法规或者国家统一的会计准则制度等所不允许的会计政策。

(3) 疏忽或曲解事实以及舞弊产生的影响。例如,企业销售一批商品 60 000 元,但企业实际列入主营业务收入 35 000 元。

(4) 其他前期差错。

(二) 会计差错更正的会计处理

小企业对会计差错更正,应采用未来适用法。即不论是当期发生的会计差错还是当期发现前期发生的会计差错,均在发现会计差错的当期进行更正。属于影响损益的,应直接计入本期与上期相同的净损益项目;属于不影响损益的,应调整本期与前期相同的相关项目。

【工作任务 8-5】 2019 年 12 月 31 日,A 公司发现其在 2018 年 2 月 12 日将一台价值为 9 600 元的物品作为“周转材料”,并在领用时一次性列入“管理费用”。经核对企业固定资产目录,该物品属于固定资产标准,应记入“固定资产”账户,并按平均年限法计提固定资产折旧。该物品估计使用年限为 4 年,无净残值。

任务处理如下:

步骤一,分析前期差错。

由于企业应记入“固定资产”的账户记入“周转材料”账户,导致固定资产账面价值减少,同时也没有反映固定资产折旧的计提情况。但由于涉及的金额只有 9 600 元,对企业的财务状况、经营成果和现金流量影响不大,会计上作为不重要的前期差错进行处理。

步骤二,编制有关项目的调整分录。

影响损益的,应直接记入“管理费用”项目;同时调整“固定资产”和“累计折旧”项目。

借:固定资产	9 600	
贷:管理费用		5 000
累计折旧		4 600

项目小结

财务报告是指小企业对外提供的反映企业某一特定日期的财务状况和某一会计期间的经营成果、现金流量等会计信息的文件,一套完整的财务报告至少应当包括资产负债表、利润表、现金流量表和附注。

资产负债表是指反映企业在某一特定日期的财务状况的报表。利润表是指反映企业在一定会计期间的经营成果的报表。现金流量表是反映企业在一定会计期间现金流入和流出的报表。附注是对在资产负债表、利润表和现金流量表等报表中列示项目的文字描述或明细资料，以及对未能在这些报表中列示项目的说明等，它是财务会计报告的一个重要组成部分。

会计政策是指小企业在会计确认、计量和报告中所采用的原则、基础和会计处理方法。会计估计变更，是指由于资产和负债的当前状况及预期经济利益和义务发生了变化，从而对资产或负债的账面价值或者资产的定期消耗金额进行调整。前期差错包括：计算错误、应用会计政策错误、应用会计估计错误等。小企业对会计政策变更、会计估计变更和会计差错更正应当采用未来适用法进行会计处理。所谓未来适用法，是指将变更后的会计政策和会计估计应用于变更日及以后发生的交易或者事项，或者在会计差错发生或发现的当期更正差错的方法。

复习思考题

1. 编制财务报告应当遵循哪些基本要求？
2. 编制资产负债表时，资产、负债项目的流动性应当如何区分，如何理解营业周期？
3. 资产负债表中的资产、负债应当如何分别列示？
4. 资产负债表中的“存货”项目应如何填列？
5. 资产负债表中的“应收账款”“应付账款”项目应如何填列？
6. 企业营业利润由哪些部分组成？
7. 编制多步式利润表分为哪几个步骤？
8. 现金流量表中的“现金”与会计科目“库存现金”是一回事吗？
9. 小企业的会计政策包括哪些内容？
10. 会计政策变更、会计估计变更和会计差错更正为什么都采用“未来适用法”进行更正？

习题与实训

一、单项选择题

1. 下列资产中，不属于流动资产的是（　　）。

   A. 短期投资　　B. 工程物资　　C. 货币资金　　D. 委托加工物资

2. 某企业 2019 年 3 月“应付账款”账户月末贷方余额 40 000 元，其中：“应付甲公司账款”明细账户贷方余额 35 000 元，“应付乙公司账款”明细账户贷方余额 5 000 元，“预付账款”账户月末借方余额 30 000 元，其中：“预付 A 工厂账款”明细账户借方余额 50 000 元，“预付 B 工厂账款”明细账户贷方余额 20 000 元。该企业月末资产负债表中“应付账款”项目的金额为（　　）元。

   A. 40 000　　B. 30 000　　C. 10 000　　D. 55 000

3. 下列资产负债表项目中，应根据总账账户期末余额直接填列的是（　　）。

8

A. 货币资金　　B. 实收资本　　C. 未分配利润　　D. 存货

4. 下列各项中，不属于现金流量表“筹资活动产的现金流量”的是（　　）。

A. 取得借款收到的现金　　B. 吸收投资收到的现金

C. 取得投资收益收到的现金　　D. 分配利润支付的现金

5. C公司2019年营业收入为600万元，营业成本为400万元，税金及附加为6万元，销售费用为20万元，管理费用为30万元，财务费用为7万元，投资收益为40万元，营业外收入为5万元，营业外支出为3万元。C公司2019年营业利润为（　　）万元。

A. 1 137　　B. 139　　C. 177　　D. 179

6. 下列项目中，不应列入小企业资产负债表“存货”项目的是（　　）。

A. 库存商品　　B. 生产成本

C. 工程物资　　D. 委托加工物资

7. 下列项目中，不属于小企业财务报告范围的是（　　）。

A. 资产负债表　　B. 利润表

C. 现金流量表　　D. 所有者权益变动表

8. 属于超过1年期以上的“预付账款”的借方余额应当在资产负债表中的（　　）。

A. 预付账款　　B. 预收账款

C. 其他应收款　　D. 其他非流动资产

9. 下列项目中，不属于经营活动现金流量的是（　　）。

A. 销售材料收到的现金　　B. 收到包装物押金

C. 支付的银行借款利息　　D. 支付产品生产用电费用

8

10. 小企业收到的、应在以后期间计入损益的政府补助，应列入资产负债表中的（　　）项目。

A. “应收账款”　　B. “递延收益”　　C. “其他应收款”　　D. “长期待摊费用”

11. 小企业对于发生的会计差错应采用的更正方法是（　　）。

A. 追溯调整法　　B. 未来适用法　　C. 追溯重述法　　D. 划线更正法

12. 下列项目中，属于小企业会计政策变更的是（　　）。

A. 发出存货核算由先进先出法改为月末一次加权平均法

B. 固定资产折旧年限由15年改为10年

C. 固定资产折旧方法由年限平均法改为年数总和法

D. 无形资产摊销年限由8年改为10年

二、多项选择题

1. 下列各项中，应记入资产负债表“应收账款”项目的有（　　）。

A. “应收账款”账户所属明细科目的借方余额

B. “应收账款”账户所属明细科目的贷方余额

C. “预收账款”账户所属明细科目的借方余额

D. “预收账款”账户所属明细科目的贷方余额

2. 资产负债表中下列项目，能直接根据某一科目总账余额填列的有（　　）。

A. 实收资本　　B. 长期借款　　C. 短期借款　　D. 资本公积

3. 按《小企业会计准则》规定，企业的财务报告的内容包括(　　)。

A. 资产负债表　　B. 利润表　　C. 现金流量表　　D. 附注

4. 下列属于资产负债表“存货”项目的有(　　)。

A. 材料采购　　B. 生产成本　　C. 工程物资　　D. 制造费用

5. 利润表“税金及附加”项目反映企业应缴纳的税金，主要的内容有(　　)。

A. 城市维护建设税　　B. 增值税

C. 资源税、消费税　　D. 土地使用税、印花税

6. 现金流量表中“支付的职工薪酬”项目包括的内容有(　　)。

A. 支付的辞退福利　　B. 支付的在建工程人员工资

C. 支付的生产工人工资　　D. 支付的行政管理人员工资

7. 资产负债表表中，需要根据总账账户所属明细账户余额合计数填列的项目有(　　)。

A. 应收账款　　B. 预收账款　　C. 应付账款　　D. 预付账款

8. 下列事项中，会引起投资活动产生的现金流量发生变化的有(　　)。

A. 向投资者支付投资分红 6 万元

B. 转让一项专利所有权，取得价款 10 万元

C. 取得短期投资收益 3 万元

D. 吸收投资者投入现金 10 万元

9. 下列属于资产负债表附表的有(　　)。

A. 应付职工薪酬明细表　　B. 应交税费明细表

C. 利润分配明细表　　D. 固定资产信息明细表

10. 下列项目中，属于小企业经营活动产生的现金流量项目的有(　　)。

A. 销售产成品、商品、提供劳务收到的现金

B. 购买原材料、商品、接受劳务支付的现金

C. 支付的职工薪酬

D. 支付的税费

三、判断题

1. 资产负债表中，“货币资金”项目，可以根据“库存现金”“银行存款”“其他货币资金”3 个明细账户的期末余额的合计数填列。(　　)

2. 资产负债表中，“应付职工薪酬”项目要根据“应付职工薪酬”总账账户余额直接填列。(　　)

3. 营业利润的计算以营业收入为基础，减去营业成本、税金及附加、销售费用、管理费用、财务费用、资产减值损失，最后加上投资收益。(　　)

4. 小企业提供的利润表中，“本月金额”栏中的各个项目都要按照本月相关项目的发生额分析填列。(　　)

5. 资产负债表的理论依据是“资产＝负债＋所有者权益”会计等式。(　　)

6. 资产负债表中，“长期借款”项目，应根据“长期借款”的总账余额直接填列。(　　)

8

7. 在资产负债表中,“应收利息”项目只反映企业因债权投资而应收取的利息和企业购入到期一次还本付息债券应收的利息。（ ）
8. 资产负债表中的“开发支出”项目,应根据“研发支出”账户的账面余额填列。（ ）
9. 资产负债表是时点报表,利润表是时期报表,前者主要反映一个企业的财务状况及偿债能力,后者主要反映企业的获利能力。（ ）
10. 偿还应付账款和应付票据属于筹资活动的现金流出。（ ）

四、实训题

实 训 一

目的:练习资产负债表的编制。

资料:甲企业 2019 年 12 月 31 日的有关资料如表 8-21 所示。

表 8-21 账户余额表 单位:元

账户名称	借方余额	贷方余额
库存现金	10 000	
银行存款	57 000	
应收票据	60 000	
应收账款	75 000	
预付账款		30 000
原材料	60 000	
周转材料	10 000	
发出商品	90 000	
材料成本差异		5 000
库存商品	100 000	
应收股利	1 000	
固定资产	800 000	
累计折旧		340 000
在建工程	40 000	
无形资产	150 000	
累计摊销		20 000
长期待摊费用	10 000	
短期借款		10 000
应付账款		70 000
预收账款		10 000

续 表

账户名称	借方余额	贷方余额
应付职工薪酬		4 000
应交税费		13 000
应付利息		1 000
长期借款		80 000
实收资本		500 000
盈余公积		180 000
未分配利润		200 000
合计	1 463 000	1 463 000

债权债务明细账户余额：

应收账款明细资料如下：

应收账款——A 公司　　借方余额　　100 000 元

应收账款——B 公司　　贷方余额　　25 000 元

预付账款明细资料如下：

预付账款——C 公司　　借方余额　　20 000 元

预付账款——D 公司　　贷方余额　　50 000 元

应付账款明细资料如下：

应付账款——E 公司　　贷方余额　　100 000 元

应付账款——F 公司　　借方余额　　30 000 元

预收账款明细资料如下：

预收账款——G 公司　　贷方余额　　40 000 元

预收账款——H 公司　　借方余额　　30 000 元

要求：编制甲企业 2019 年 12 月 31 日的资产负债表，如表 8－22 所示。

表 8－22　　资产负债表(简表)

编制单位：　　年　月　日　　金额单位：元

资　产	期末余额	年初余额	负债和所有者权益	期末余额	年初余额
流动资产：			流动负债：		
货币资金			短期借款		
短期投资			应付票据		
应收票据			应付账款		
应收账款			预收账款		
预付账款			应付职工薪酬		
应收股利			应交税费		

8

续 表

资　产	期末余额	年初余额	负债和所有者权益	期末余额	年初余额
应收利息			应付利息		
其他应收款			应付利润		
存货			其他应付款		
其他流动资产			其他流动负债		
流动资产合计			流动负债合计		
非流动资产：			非流动负债：		
长期债券投资			长期借款		
长期股权投资			长期应付款		
固定资产原价			递延收益		
减：累计折旧			其他非流动负债		
固定资产账面价值			非流动负债合计		
在建工程			负债合计		
工程物资					
固定资产清理			所有者权益：		
无形资产			实收资本		
开发支出			资本公积		
长期待摊费用			盈余公积		
其他非流动资产			未分配利润		
非流动资产合计			所有者权益合计		
资产总计			负债和所有者权益总计		

8

实　训　二

目的：练习利润表的编制。

资料：甲公司为增值税一般纳税人，适用的增值税税率为13%，所得税税率为25%，年末一次确认全年所得税费用。商品、材料销售均不含增值税，商品、材料销售成本随销售收入的确认逐笔结转，本年利润采用表结法核算。有关资料如下：

资料1：2019年1月至11月甲公司损益类账户累计发生额如表8－23所示。

表8－23　损益类累计发生额　　单位：元

账户名称	借方发生额	贷方发生额	账户名称	借方发生额	贷方发生额
主营业务收入		85 000 000	销售费用	4 200 000	
主营业务成本	42 000 000		管理费用	3 800 000	
其他业务收入		16 000 000	财务费用	1 900 000	

续 表

账户名称	借方发生额	贷方发生额	账户名称	借方发生额	贷方发生额
其他业务成本	8 500 000		营业外收入		9 000 000
税金及附加	2 600 000		营业外支出	7 800 000	

资料 2：2019 年 12 月份甲公司发生如下交易或事项：

(1) 5 日，向乙公司销售商品一批，开出的增值税专用发票上注明的价款为 60 万元，增值税税额为 7.8 万元，销售商品实际成本为 45 万元。提货单和增值税专用发票已交购货方，并收到购货方开出的商业承兑汇票。

(2) 10 日，向丙公司销售 A 材料一批。该批处理的销售价格为 5 万元，增值税税额为 0.65 万元，销售材料实际成本为 4 万元。A 材料已发出，销售款项存入银行。

(3) 18 日，结转出售固定资产净收益 8 万元。

(4) 31 日，计提公司管理部门固定资产折旧 5 万元，摊销公司管理部门用无形资产成本 2 万元。

(5) 31 日，确认本月应交的城市维护建设税 7 000 元，教育费附加 3 000 元。

(6) 31 日，确认本年所得税费用 75 万元。

假定除上述资料外，不考虑其他相关因素。

要求：

(1) 根据资料 2 中第(1)项至第(6)项业务，编制甲公司相关的会计分录。

(2) 根据资料 1 和资料 2 所编制的会计分录，编制甲公司 2019 年度利润表，如表 8－24 所示。

表 8－24　　利润表(简表)

会小企 02 表

编制单位：　　　　年　月　　　　单位：元

项　　目	本年累计金额
一、营业收入	
减：营业成本	
税金及附加	
销售费用	
管理费用	
财务费用	
加：投资收益(损失以“－”号填列)	
二、营业利润(亏损以“－”号填列)	
加：营业外收入	
减：营业外支出	
三、利润总额(亏损总额以“－”号填列)	
减：所得税费用	
四、净利润(净亏损以“－”号填列)	

8

实 训 三

目的：练习现金流量表的主要项目的计算。

资料：南方公司 2019 年度有关会计资料如下：

资料 1：资产负债表和利润表如表 8－25 和表 8－26 所示。

表 8－25 资产负债表(简表)

编制单位：南方公司 2019 年 12 月 31 日 单位：元

资 产	期末余额	年初余额	负债及所有者权益	期末余额	年初余额
流动资产：			流动负债：		
货币资金	1 058 240	1 200 000	短期借款	780 000	680 000
短期投资		25 000	应付账款	192 000	192 000
应收账款	534 000	300 000	其他应付款	11 400	11 400
其他应收款	4 000	4 000	应付职工薪酬	20 900	9 700
存货	613 400	580 000	应交税费	24 800	
流动资产合计	2 209 640	2 109 000	其他流动负债		200 000
非流动资产：			流动负债合计	1 029 100	1 093 100
长期债券投资			非流动负债：		
长期股权投资	250 000	250 000	长期借款	310 000	300 000
固定资产	1 250 000	1 200 000	非流动负债合计	310 000	300 000
减：累计折旧	112 000	120 000	负债合计	1 339 100	1 393 100
固定资产账面价值	1 138 000	1 080 000	所有者权益：		
在建工程			实收资本	2 000 000	2 000 000
工程物资			资本公积	92 831	62 000
固定资产清理	42 000	48 000	盈余公积	13 000	13 000
无形资产			未分配利润	204 709	30 900
长期待摊费用	10 000	12 000	所有者权益合计	2 310 540	2 105 900
非流动资产合计	1 440 000	1 390 000			
资产总计	3 649 640	3 499 000	负债及所有者权益总计	3 649 640	3 499 000

8

表 8－26 利润表(简表)

编制单位：南方公司 2019 年度 单位：元

项　目	行次	本期金额	上期金额
一、营业收入	1	600 000	(本栏略)
减：营业成本	4	220 000	
税金及附加	5	10 000	
销售费用	14	20 000	
管理费用	15	72 300	
财务费用	16	16 000	
加：投资收益	19	32 000	
二、营业利润	18	293 700	
加：营业外收入	23		
减：营业外支出	25	1 700	
三、利润总额	27	292 000	
减：所得税费用	28	86 460	
四、净利润	30	205 540	

资料 2：

(1) 利润表有关资料。

① 销售费用为企业支付的产品销售费用 20 000 元。

② 管理费用的组成：工资 20 000 元，社保费 2 800 元，折旧费 17 670 元，无形资产摊销 6 000 元，长期待摊费用摊销 2 000 元，支付的其他费用 23 830 元。

③ 财务费用的组成：支付的短期借款利息 6 000 元，应计的长期借款利息费用 10 000 元。

④ 投资收益的组成：收到股息收入 30 000 元，转让短期投资收益 2 000 元。

⑤ 营业外支出的组成：报废车床一台，原价 50 000 元，已计提折旧 48 000 元，支付的清理费用 500 元，收到残值收入 800 元，增值税税额 104 元。

(2) 资产负债表有关资料。

① 转让短期投资成本 25 000 元，收到价款 27 000 元。

② 存货中含有本年发生的生产成本、制造费用为：工资 60 000 元，社保费 8 400 元，折旧费 25 000 元，无其他费用发生。

③ 用银行存款购买固定资产 100 000 元。

④ 应交税费的组成：发生的增值税销项税额 102 000 元，进项税额 27 200 元；支付的增值税 50 000 元，所得税 86 460 元，城建税 7 000 元。

⑤ 本期用现金支付税金及附加 3 000 元。

⑥ 本期向银行借入新的短期借款 300 000 元，偿还到期短期借款 200 000 元。

要求：根据以上资料计算现金流量表中的主要项目指标，如表 8－27 所示。

8

表 8－27 **现金流量表项目指标** 单位：元

序号	项 目 名 称	金额
1	销售产成品、商品、提供劳务收到的现金	
2	购买原材料、商品、接受劳务支付的现金	
3	支付的职工薪酬	
4	支付的税费	
5	支付的其他与经营活动有关的现金	
6	收回短期投资、长期债券投资和长期股权投资收到的现金	
7	取得投资收益收到的现金	
8	处置固定资产、无形资产和其他非流动资产收回的现金净额	
9	购建固定资产、无形资产和其他非流动资产支付的现金	
10	取得借款所收到的现金	
11	偿还借款本金支付的现金	
12	分配利润支付的现金	

参考文献

[1] 中华人民共和国财政部. 小企业会计准则[M]. 北京：经济科学出版社，2011.

[2] 财政部会计司. 企业会计准则讲解2010[M]. 北京：人民出版社，2010.

[3] 财政部会计司编写组. 小企业会计准则释义(2011)[M]. 北京：中国财政经济出版社，2011.

[4] 财政部会计资格评价中心. 初级会计实务[M]. 北京：中国财政经济出版社，2019.

[5] 卢新国. 小企业会计实务[M]. 徐州：中国矿业大学出版社，2012.

[6] 卢新国. 小企业会计[M]. 北京：高等教育出版社，2014.

[7] 国家税务总局教材编写组. 小企业会计必读[M]. 北京：中国税务出版社，2012.

[8] 李占国. 基础会计[M]. 4版. 北京：高等教育出版社，2017.

[9] 丁增稳，张春想. 基础会计[M]. 大连：东北财经大学出版社，2017.

[10] 朱光应，丁增稳，陈继林. 初级会计实务[M]. 重庆：重庆大学出版社，2013.

[11] 丁增稳，钱胡风. 中级会计实务[M]. 重庆：重庆大学出版社，2015.

[12] 丁增稳，张春想. 基础会计习题与实训[M]. 大连：东北财经大学出版社，2017.

高等教育出版社

教学资源索取单

尊敬的老师：

您好！

感谢您使用丁增稳等编写的《小企业会计实务》(第二版)。为便于教学，本书另配有课程相关教学资源，如贵校已选用了本书，您只要加入会计教师论坛 QQ 群，或者添加服务 QQ 号 800078148，或者把下表中的相关信息以电子邮件方式发至我社即可免费获得。

另外，我们研发有 8 门财会类课程试题库："基础会计""财务会计""成本计算与管理""财务管理""管理会计""税务会计""税法""审计基础与实务"。题库共 25 000 多道试题，知识点全覆盖，题型丰富，可自动组卷与批改。如贵校选用了高教社沪版相关课程教材，我们将免费提供给老师 8 门课程题库生成的各 6 套试卷及答案(Word 格式难中易三档)，老师也可与我们联系获取更多免费题库资源。

我们的联系方式：

(以下 3 个"会计教师论坛"QQ 群，加任何一个即可享受服务，请勿重复加入)

QQ3 群：473802328　　QQ2 群：370279388　　QQ1 群：554729666

联系电话：(021)56961310/56718921　地址：上海市虹口区宝山路 848 号　邮编：200081

电子邮箱：800078148@b.qq.com　　服务 QQ：800078148(教学资源)

姓　　名		性别		出生年月		专　　业	
学　　校				学院、系		教 研 室	
学校地址						邮　　编	
职　　务				职　　称		办公电话	
E-mail						手　　机	
通信地址						邮　　编	
本书使用情况	用于________学时教学，每学年使用________册。						

您还希望从我社获得哪些服务？

☐ 教师培训　　☐ 教学研讨活动

☐ 寄送样书　　☐ 相关图书出版信息

☐ 其他________________________